KB254140

한국불교사 산책

한국불교사 산책

김 상 현 지음

우리출판사

머 리 말

역사란 사람들이 지어온 온갖 업(業)의 축적이다. 인간의 행위에는 선업도 있고 악업도 있기에 역사에도 자랑스러운 것과 부끄러운 것이 함께 한다. 역사에 대한 관심은 개인 또는 집단의 무의식 속에 갈무리되어 있는 무수한 종자들을 살펴보는 일이기도 하다. 그 씨알들은 적당한 인연이 되면 싹이 트고 꽃을 피울 것이며, 때로는 가시가 되기도 하고 혹처럼 불거지기도 할 것이다.

이 땅에 살다간 옛 사람들의 삶의 지혜와 애환을 종합적으로 이해하고자 할 때, 정치 사회적인 시각 못지않게 문화사, 특히 불교사적인 접근은 유익할 때가 많다. 옛날이나 지금이나 인간의 삶에는 어려움과 슬픔이 있게 마련이고, 따라서 사람들은 고통 저편의 평화와 행복을 갈망해 왔던 것이다. 옛날 사람들은 현실의 고통과 슬픔을 어떻게 극복하며 살았던가? 특히 불교는 그들의 삶에 어떤 영향을 주었는지 살펴보는 것은 의미있는 일이다. 불교는 오랜 세월 우리의 삶에 지대한 영향을 끼쳐왔기 때문이다.

저자는 한국불교사 연구로 20여 년의 세월을 보내고 있다. 주로 학술 논문에 매달려 왔지만, 때로는 잡지 등에 대중적인 글을 쓰기도 했다. 비교적 가벼운 마음으로 썼던 글들을 모아서 여기 한 책으로 묶어 《한국불교사 산책》이라고 이름해 봤다.

제1편의 '한국불교사 이야기'는 〈한국불교연구원 회보〉에 연재했던 불교사화를 정리한 것으로, 한국불교사를 이야기하듯 쉽게 소개하려

했던 것이다. 이 중에는 〈천태종보〉나 일본에서 간행되는 《여성불교》
에 실었던 것도 있다. 불교사화를 연재하던 때는 처음 공부를 시작한
대학원 시절이니 벌써 20년 세월이 흘렀다. 제2편 '한국불교사 소묘'
는 주로 잡지사의 청탁으로 썼던 글이다. 제3편 '한국문화의 원류를
찾아서'는 신라문화와 경주에 관한 것이다. 경주에 관한 글은 저자가
동국대학교 경주캠퍼스에 재직한 인연의 흔적인 셈이다.

　역사의 산하에는 양지와 응달이 있다. 한국불교의 역사적 전개 또
한 마찬가지다. 응달에도 역사의 조명은 필요하고 또한 부끄러운 역사
를 굳이 감출 필요는 없다. 이름없이 살다간 스님들의 행적에 관심을
갖기도 하고, 조선시대 승려들의 아픔을 들추기도 한 이유가 여기에
있다. 자랑스러운 역사를 기억하면서 우리의 자긍심을 일깨우고, 역사
적 반성을 통해서 오늘 우리의 행위를 조심하게 되는 것은 역사의 거
울에 우리를 비추어 볼 수 있기 때문이다.

　이 책은 한국불교사의 이곳 저곳을 기웃거리며 살펴본 것이다. 그
래도 가볍게 읽어가는 중에 우리 불교 문화에 대한 새로운 관심을
갖게 되고, 역사 인식을 새롭게 할 수 있는 계기가 된다면 여간 다행
한 일이 아닐 것이다. 출판을 기꺼이 맡아주신 우리출판사에 감사를
드린다.

1995년 4월

김 상 현

차   례

제1편 한국불교사 이야기

Ⅰ. 신라불교 사화

제2편 한국불교사 소묘

Ⅰ. 되새겨보는 경전의 의미

Ⅱ. 이 땅에 정착한 불교

Ⅲ. 한국불교의 역사적 성찰

제3편 한국문화의 원류를 찾아서

Ⅰ. 역사도시 경주의 문화유산론

Ⅱ. 단군신화, 그리고 풍류정신

제 1 편 한국불교사 이야기

Ⅰ. 신라불교 사화

Ⅰ. 신라불교 사화

1. 신라 소지왕대의 승려 원일(元日)

신라에 불교가 전래된 시기는 5세기 초인 눌지왕대(417~458)이고, 법흥왕 15년(528)에 불법을 공인했다. 공인 이전의 소지왕대(479~500)에는 불교를 신봉하는 사람이 늘어갔다. 소지왕 때 아도를 시종하던 세 사람이 경률(經律)을 강독했는데, 갈수록 이를 신봉하는 사람이 늘어갔다는 《계림잡전》의 기록이나, 내전인 천주사에 분수승이 있었다는 《삼국유사》의 기록이 이를 말해 준다. 내전의 분수승이 궁주와 간통하다가 발각되어 죽음을 당했던 것은 하나의 중대한 사건이다. 이 사건을 전하는 《삼국유사》 사금갑조의 기록과 관련이 있는 또 하나의 기록이 있어 주목된다. 즉 《신라운주산안국사사적(新羅雲住山安國寺事跡)》이 그것이다.

《안국사사적》이 전하는 내용은 대략 다음과 같다.

눌지왕 때 모량촌 설씨 집에 한 신동이 있었다. 그는 13세에 스승을 따라 단석산에 들어갔는데, 15세에 옷을 바꾸어 입고 불교를 믿었다. 곧 원일이 그다. 수도가 다른 승려들에 비해 뛰어나 당시 사람들은 모두 그를 도인이라고 했다.

소지왕 10년(488) 천주사의 내전 분수승의 무례한 사건이 있어, 모든 승려가 복주됨에 일월이 빛을 잃고 천지가 어두웠다. 원일은 난을 피해 남산의 석굴에 은거했다. 산에 상서로운 빛이 오래 밝았는데, 이 기이한 정경을 본 소지왕이 이상하게 생각하여 사람을 시켜 살펴보도록 했다. 굴 중에 신승이 있다는 보고를 들은 왕이 그를 궁중으로 맞아서 물었다.

"일월이 음산함이 무슨 변고입니까?"

원일조사가 답했다.

"승도를 주륙하고 불법을 훼척함으로 인해 이와 같은 재앙이 있습니다. 오직 국운에 해로울까 두렵습니다."

왕이 크게 깨닫고 국사로 받들고 다시 불도를 숭봉함에 일월이 빛나고 천지가 밝았다.

국사가 성중에 살기 3년만에 번거로움을 피해 왕도 북쪽 80여 리의 높은 산으로 옮겨 집을 짓고 살았다. 상서로운 구름이 항상 머물고 서기로운 빛이 가득하여, 왕이 국사가 국가를 안호하는 은혜를 잊지 않고 언제나 감사하고 사모하는 뜻으로 산 위의 서색을 바라보고, 친히 산정에 행차하여 지극한 공경을 표했다. 원일은 산정에서 산중으로 옮겨 법당과 선승당을 짓고 승려 100여 명을 거느리며 항상 설법했다. 왕이 스님의 은혜를 잊지 못해 다시 산문에 이르러 범궁(梵宮)을 찬양하고 운주산 안국사(雲住山 安國寺)라 사액했다. 지증왕 5년(504)에 국사는 선화(仙化)했다.

정암 신눌(靜庵訊訥)이 1757년에 쓴 목판본 《안국사사적》은 현재 동국대 도서관에 전한다. 이 사적이 비록 1757년에 쓰여졌지만, 그 이전의 사적을 토대로 하여 쓴 것이다. 즉 이 사적은 18세기 초까지 태백산 각화사(覺華寺) 사고책(史庫冊) 중에 전해지고 있었다.

각화사에 전해진 이 사적은 안동 황산사 대암문인 회암 나식이 지은 것이었다. 나식의 생존 시기를 아직 필자는 확인하지 못했다. 다만 이 사적이 세종 4년(1422)으로부터 경종 3년(1723) 사이의 어느 때에 쓰여졌을 것으로 생각된다. 이 사적에는 지감(智鑑), 법장(法藏) 두 스님이 세종 4년에 안국사를 중창했던 기록이 보이기 때문이다. 1723년에 각화사의 승려 혜환이 안국사의 신눌에게 이 사적이 태화사에 전해지고 있음을 알려주었고, 이 사적을 얻은 신눌이 다시 성편하여 1757년에 판을 새긴 것이 현재의 《안국사사적》이다. 따라서 이 사적의 사료적 가치를 높게만 평가하기에는 문제가 없지 않다. 그러나 필자는 이 사적을 소설적인 것만으로 생각하지는 않는다. 각화사에 전하던 사적은 그 성립 시기를 조선 초까지로도 추정해 볼 수 있을 뿐만 아니라, 《계림잡전》이나 《삼국유사》의 기록과도 부합하기 때문이다.

소지왕대에 불교가 어느 정도 수용되어 있었을 것이고, 분수승의 간통사건으로 불교가 박해를 받았을 것이라는 추측은 일찍부터 있어 왔다. 이 추측이 옳았음을 이 사적은 알려주고 있다. 이 사적이 갖는 의의는 소지왕대의 불교 상황과 분수승의 간통사건으로 빚어졌던 불교 탄압 등에 대한 소식을 접할 수 있음에 있다. 물론 이 사적의 사료적 가치에 대해서는 상당한 토론이 있어야 할 것이다.

2. 자장(慈藏)과 문수보살

신라 선덕여왕(善德女王) 시절, 즉 7세기 전반에 주로 활동했던 자장(慈藏)은 신라불교의 토착화(土着化)를 위해 노력했던 고승이다. 그가 강릉의 오대산(五臺山)에서 문수보살(文殊菩薩)을 친견하였다는 설을 유포한 것도 신라불교 토착화를 위한 '신라불국토설'의 강조와 관련이 있다. 선덕여왕 5년(636)에 당(唐)나라로 유학한 자장은 먼저 성지(聖地) 청량산(淸凉山)을 순례, 그곳 문수보살상 앞에 엎드려 은밀한 감응(感應)을 기도하던 7일만에 문수대성(文殊大聖)으로부터 4구게(四句偈)를 받았고, 또한 신라의 오대산에 일만(一萬)의 문수보살이 항상 거주하니 돌아가 뵙도록 하라는 기별(記別)을 받았다고 한다.

이 이야기는 신라의 오대산 문수보살 주처신앙을 자장이 중국의 오대산 신앙으로부터 이식(移植)시킨 것임을 알게 해준다. 또한 오대산 문수보살 주처신앙이 《화엄경(華嚴經)》의 보살주처품(菩薩住處品)에 그 사상적 배경을 두고 생겨난 것임은 이미 널리 알려진 사실이기도 하다.

자장은 선덕여왕 12년(643)에 당으로부터 귀국하자 곧 오대산으로 가 문수진신을 친견하고자 했다. 그러나 3일 동안이나 날씨가 흐려 문수보살을 만나지 못한 채 왕경(王京)인 경주로 돌아갔다. 그 후 그는 황룡사의 제2대 주지로 취임, 9층탑을 세웠고, 또한 신라 최초의 대국통(大國統)이 되어 당시 불교 교단의 기강을 바로잡는 한편 불교의 홍통(弘通)에 주력, 국민의 8~9할이 불문에 귀의하는 성과를 이룩하기도 했다. 그가 통도사를 창건하고 그곳에 계단(戒壇)을 쌓았던 것도 전국에서 모여드는 수많은 사람들에게 계를 주기 위함이었다. 이처럼 국가와 불교를 위해 노력하던 자장은 만년에야 다시 경주를 떠나 오대산으로 향했다. 문수보살을 친견하기 위해서였다.

《삼국유사(三國遺事)》에는 만년의 자장이 문수보살을 만나고자 했던 다음과 같은 설화가 전해지고 있다.

만년에 자장은 서울을 떠나 강릉군에 수다사(水多寺)를 세우고, 거기에 거처하고 있었다. 그는 이상한 스님을 꿈에 만났는데 그 모습이 당(唐)의 청량산(淸凉山) 북대(北臺)에서 본 모습과 같았다. 그 스님이

와서 고했다. "내일 그대를 대송정(大松汀)에서 보리라"고. 자장은 놀라 깨어나 일찍 대송정으로 갔다. 과연 문수보살이 감응해 이르렀다. 자장은 보살에게 불법의 대요(大要)를 물었다.

"태백산의 칡덩굴이 서리고 있는 곳, 갈반지(葛蟠地)에서 다시 만나리라."

이렇게 알려주고 문수보살은 사라져 버렸다. 자장은 태백산으로 가서 그 칡덩굴이 서리고 있는 곳을 찾았다. 어느 나무 아래에 커다란 구렁이가 몸을 사리고 있는 것을 발견한 그는 시자(侍者)에게 말했다.

"이곳이 이른바 갈반지이니라."

그는 그곳에 석남원(石南院)을 세우고 문수보살의 강림을 기다리고 있었다. 한번은 옷이 남루한 거사가 죽은 강아지를 담은 삼태기를 메고 와서 자장의 시자에게 말했다.

"자장을 만나려고 왔다."

시자는 대꾸했다.

"스님을 모셔온 이래로 우리 스님의 이름을 함부로 불러대는 사람을 아직 본 적이 없는데, 당신은 대체 어떤 사람이기에 그런 미치광이 말버릇을 하는가?"

그 거사는 다시 말했다.

"다만 네 스님에게 고하기나 해라."

드디어 시자는 들어가 자장에게 말했다. 자장은 깨닫지 못하고 시자에게 말했다.

"아마도 미치광이인가 보다."

시자는 밖으로 나와 그 남루하고 방자한 거사를 꾸짖어 내쫓았다.

그 거사는 말했다.

"돌아가리라. 돌아가리라. 어찌 아상(我相)을 가진 자가 나를 볼 수 있겠는가!"

그리고는 그 삼태기를 거꾸로 털었다. 죽은 강아지가 뛰어나와 곧 사자보좌(獅子寶座)로 변했다. 거사는 그 사자좌에 올라 광명을 발하면서 가버렸다. 자장이 듣고, 그제서야 위의(威儀)를 갖추어 광명을 좇아 그

남쪽 산마루로 달려 올라갔다. 그러나 그 빛은 이미 아득히 사라져 가고 있어 따를 수가 없었다. 자장은 마침내 그 자리에 쓰러져 죽었다.

일찍이 중국에서 문수보살의 현신(現身)을 만나 깨우침을 받은 바 있는 자장이 오히려 신라에서는 문수보살을 만나지도 못한 채 비참하게 최후를 마친다는 이 이야기에는 자장에 대한 평가까지 내포하고 있기에 우리의 관심을 끈다. 피나는 수행으로 젊음을 보냈고, 승려로서는 가장 높은 대국통으로서 온 나라 승려들의 기강을 바로 잡았으며, 당시 백성들의 존경의 대상이었던 자장의 최후가 이처럼 비참하게 그려지고 있음은 매우 주목해 볼 만한 일이다.

대송정(大松汀)에서 만난 문수보살에게 자장은 불법의 대요를 물었지만 보살은 다시 태백산의 갈반처(葛蟠處)에서 만날 것을 약속한 채 사라져 버렸다. 자장은 갈반처를 찾아 석남원(石南院)을 세우고 문수보살이 나타나기만을 기다렸다. 문수보살은 초라한 거사 차림으로 자장 앞에 그 모습을 드러냈다. 과연 자장이 불법의 대요를 알 만한 그릇인지를 시험해 보기 위해서다. 그러나 자장은 그 남루한 차림의 거사가 곧 문수보살의 화신(化身)임을 알지 못했다. 교만 탓이었다.

자장은 고승이었지만 규범적이고 윤리적인 성격의 소유자였고, 또한 교만이라는 병을 끝내 고치지 못했던 인물인 것 같다. 출가한 그가 부지런히 수행을 해가던 중 간혹 권태롭고 피곤할 때면 그는 벗은 몸으로 가시덤불로 둘러친 속에 앉아 움직이면 가시에 찔리도록 하는 한편, 끈으로 머리를 천장에 매달아 정신의 혼미함을 물리치도록 할 정도로 매우 엄격한 수행을 했다. 그리고 조정에서 재상 자리가 비어 그를 엄한 명으로 불렀을 때에도 그는 '내 차라리 계를 지키고 하루를 살지언정, 계를 깨고 백년 살기를 원치 않는다.'고 고집할 정도로 지계(持戒)에 준엄했던 승려다.

그러나 당나라 유학 중 신라 왕실의 명으로 귀국한 이후의 자장은 왕실과 매우 밀착되어 있었다. 특히 그는 신라 왕실이 찰제리종(刹帝利種)이라는 설을 유포시키고 황룡사 9층탑을 세우도록 했는데, 이것은 실추된 신라 왕실의 권위를 회복시키기 위함이었다. 또한 대국통이 된 그는 전국의 모든 승려에게 불경을 공부하게 하여 매년 두 차례 시험을 보도록 하고, 한 달에 두 번씩 계를 설하게 하며, 순검사(巡檢使)를 전국에 파견, 지방 사찰 승려들의 과실을 징계하며, 불상과 불경 등을 정중히 모시게 하는 등 교단의 기강을 바로잡는 데 전력을 다했다.

이와 같은 자장의 노력은 매우 급박한 위기에 처해 있던 선덕여왕 당시의 신라 사정을 감안해 볼 때, 국민들의 정신을 단합시키는 데 중요한 역할을 했음에 틀림없다. 그러나 부처님이 부정했던 고대 인도 4성계급(四姓階級) 중의 왕족인 찰제리종을 들추어 신라 왕실과 결부시킨 것은 불교적 입장에서는 중요한 과오였다고 할 수밖에 없다.

신라 승려들의 계에 관한 태도는 상당히 자유로운 것이었던 것 같다. 원효(元曉), 대안(大安), 혜공(惠空), 혜숙(惠宿), 사복(蛇福) 등과 같이 무애도인이 오히려 존경받은 것 같은 느낌이 있기 때문이다. 엄격한 계율의 수호를 고집한 자장이 훗날 비판받게 된 것은 이같은 신라불교의 분위기 탓이었는지도 모를 일이다.

원효는 "세상의 윤리가 일반적으로 해이할 때, 홀로 그 몸가짐이나 계를 바르게 지키는 사람이 있다고 할지라도, 만약 그가 스스로 잘났다는 생각, 남을 능가한다는 생각을 하여 미처 이에 따르지 못하는 사람들을 멸시한다면, 그는 작은 선(善)은 지키는 경우지만, 대금(大禁)을 범해 전복위화(轉福爲禍)가 심한 경우"라고 했다. 문수보살이 거지의 입을 빌려 "아상(我相)을 가진 자가 어찌 나를 보리오."라고 교만한 자장을 힐책했다는 앞의 설화는 곧 원효가 지적한 대금(大禁)을 범한 경우에 해당할 것이다.

아상을 가진 자란 교만으로 인해 코가 높아진 사람, 내노라는 자기의식에 사로잡혀 있는 사람이다. 교만으로 콧대가 높아진 사람, 그들은 불법의 대요를 알지 못하고, 문수보살을 만나지 못할 것이다.

3. 황룡사의 장륙상

　일찍이 신라인들은 나라에 세 가지 보배가 있어서 외적의 침입으로부터 국가를 보호할 수 있다고 믿은 적이 있다. 흔히 신라의 중고기(中古期)로 불리는 법흥왕(法興王)으로부터 진덕여왕(眞德女王)에 이르는 시기, 즉 6세기에서 7세기 전반 무렵에 성립된 황룡사의 장륙상(丈六像) 및 9층탑, 그리고 진평왕(眞平王)의 천사옥대(天賜玉帶) 등을 신라 삼보(新羅三寶)라고 한 것이 그것이다.

　궁실(宮室)을 짓던 본래의 계획을 바꾸어 이룩한 절, 그러기에 신라 최대 규모의 사찰이자 호국사찰로 신라의 역사상 가장 큰 비중을 차지하고 있던 절이 곧 황룡사다. 장륙상의 훈훈한 미소가 감돌고, 9층목탑이 그 위용을 자랑하며, 49만근이 넘는 거대한 종소리가 울려 퍼지던 이 절의 모습을 상상해 보라. 넓고 넓은 경내에는 덕 높은 수행자들이 오락가락하고 어쩌다가 왕의 행차가 있거나 간등회(看燈會)나 팔관회(八關會) 같은 거국적인 불사라도 베풀어질 때면 그 얼마나 부산하던 절이었겠는가.

　그러나 몽고병화에 불타버린 절, 지금은 수많은 세월의 흙더미 속에서 찾아낸 주춧돌이나 금당(金堂) 옛터에 장륙삼존(丈六三尊)을 모셨던 석대좌(石臺座) 등만 남고, 옛날의 그 영화스럽던 모습을 상상하기조차 어렵게 되었다. 지금 우리는 황룡사 옛터에서 장륙상의 자비스럽고 위풍당당한 그 모습을 뵈올 수 없지만, 《삼국유사》에 전하는 다음과 같은 설화로 이 부처님이 황룡사에 모셔지게 된 인연을 알게 된다.

　바다 남쪽에 큰 배 한 척이 떠와서 하곡현(河曲縣) 사포(絲浦)에 닿았다. 조사해 보니 편지가 있었는데, "서천축의 아육왕(阿育王)이 황철 5만7천근과 황금 3만분을 모아서 석가삼존상(釋迦三尊像)을 주조하려다 이루지 못해 배에 실어 바다에 띄운다. 인연 있는 나라에 가 장륙상을 이루어 주소서."라고 하였다. 그리고 한 부처님과 두 보살의 상도 함께 실려 있었다.

　이 사실을 현의 관리가 문서로 자세히 아뢰니, 사자를 시켜 그 현의 높고 메마른 땅을 택하여 동축사(東竺寺)를 지어 그 삼존상을 모시고, 금과 철은 서울로 옮겨 대건(大建) 6년(574) 3월에 장륙상을 주조했는데 단번에 이루어졌다. 그 무게는 3만5천7근으로 황금 1만1백98분이 들었으며, 두 보살상에는 철 1만2천근과 황금 1만1백36분이 들었다. 황룡사에 모셨더니, 그 이듬해에 불상에서 눈물이 발꿈치까지 흘러내려 땅이 한 자 가량이나 젖었는데 대왕이 돌아가실 징조였다.

　별본(別本)에서는 이렇게 말했다. 아육왕이 금과 철 얼마쯤을 걷어 세 번이나 불상을 주조했으나 성공하지 못했다. 이에 그것을 배에 실어 바다에 띄워 보냈다. 그 배는 남염부제 16대국과 5백 중국과 십천(十千) 소국과 8만 촌락을 두루 돌아다니지 아니한 곳이 없었으나 모두 불상을 주조하지 못했다. 마지막에 신라에 이르자 진흥왕이 문잉림(文仍林)에서 그것을 주조하여 불상을 완성하니 모습이 다 갖추어졌다.

　그 후에 자장대덕(慈藏大德)이 중국으로 유학가서 오대산에 이르러 감응했더니 문수보살이 나타나 비별(秘別)을 주면서 부탁했다.

　"너희 나라의 황룡사는 곧 석가불과 가섭불이 강연하던 곳이므로 연좌석(宴座石)이 아직도 있다. 그러므로 인도의 아육왕이 황철(黃鐵) 약간 근을 모아 바다에 띄웠는데 1천3백 여 년이 지나서 너희 나라에 도착하여 불상이 조성되어 그 절에 안치되었던 것이다. 대개 위덕(威德)의 인연이 그렇게 시킨 것이다."

이 불상의 조상(造像) 연기설화에서 가장 주목되는 것은 인도의 아육왕이 조성하려다가 그 뜻을 이루지 못하고 인연있는 나라에 이르러 불상이 이루어질 것을 기원하며 배에 실어 보낸 금과 철이 신라에 이르러 불상이 쉽게 이루어졌다는 것이다.

그런데 이와 비슷한 인연설화를 가진 불상은 일찍이 중국에도 있었다. 즉《고승전(高僧傳)》,《광홍명집(廣弘明集)》 등에 아육왕이 세웠다는 8만4천탑의 기단석(基壇石)의 자리가 발견되었다든가, 혹은 아육왕이 만들었다는 불상이 이미 4세기 남조(南朝)의 진대(晉代)에 중국의 곳곳에서 기적적으로 나타나 경이스러운 영험을 나타냈다고 하는 기록이 보이고 있는 것 등이 그것이다.

중국의 이러한 기록들을 염두에 두고 또 인도의 아육왕과 신라의 진흥왕대까지는 무려 1천3백 여 년의 간격이 있다는 것을 생각한다면, 신라 황룡사의 이 불상에 관한 설화도 중국의 어떤 설화와 관계가 있을 것이라는 생각도 가능하다. 사실 송 명제(宋明帝) 대시(大始 : 466～471) 말에 아육왕이 조성했다는 장사사(長沙寺)의 불상이 눈물을 흘렸는데, 그 후 명제가 죽었다는 기록과 황룡사의 이 불상에서 눈물이 발꿈치까지 흘러내려 땅이 한 자 가량 젖었는데, 진흥왕이 돌아가실 징조라고 한 기록도 그 궤를 같이하는 것으로 생각된다.

그러나 설사 황룡사 불상의 조상 연기설화가 중국의 영향을 받아 생겨난 것이라고 하더라도 여기에는 중국측의 설화와는 매우 다른 특징이 나타나고 있음을 간과해서는 안된다. 아육왕과 관련이 있는 중국의 불상 중 가장 대표적인 장사사 불상의 경우, 그것은 아육왕이 직접 만든 불상으로 홀연히 중국땅에 나타났다고 한 데 비해, 신라의 경우는 아육왕이 이룩하지 못한 것을 진흥왕이 완성했다고 한 것이 다른 것이다.

정법(正法)의 통치자 아육왕이 세 번이나 실패하고 배에 실어 바다에 띄워 보낸 금과 철이 수많은 나라들을 두루 돌아다녔으나 이루어지지 않던 불상이 신라에 이르러 진흥왕이 그것을 잠깐 사이에 훌륭히 이룩했다는 이 설화가 내포하고 있는 의미는 무엇인가.

우리는 이 설화에서 신라불국토설이 강조되고 있음을 알 수 있다. 인연있는 나라에 장륙상이 이루어질 것을 기원한 아육왕의 염원이 신라땅에서 이루어졌다고 했기 때문이다. 신라땅이 이 세상 어느 나라보다도 불교와 인연이 깊은 땅이라는 이 신라불국토설은 특히 신라불교의 토착화와 밀접한 관련을 갖고 나타났을 것이다. 당시 신라 백성들의 불교에의 귀의를 유도하기 위해서 이같은 신라불연국토설은 필요했을 것이다.

그리하여 이와 같은 설화는 많은 사람들이 자부와 긍지를 가지고 불교에 귀의할 수 있게 작용했을 것이고, 동시에 호국불교의 강조에도 도움을 주었을 것이다. 호법(護法)이 곧 호국(護國)이고 불국토이기에 외적의 침략으로부터 보호되어야 한다는 호국사상에도 이 신라불국토설이 하나의 뒷받침은 되었을 것이다.

다음으로 이 설화는 진흥왕의 불교적 정치이념의 표방과 무관하지 않을 것이다. 즉, 이 불상의 조상연기설화를 통해 진흥왕은 전륜성왕(轉輪聖王)의 정법왕국사상을 그의 정치이념으로 받아들이고 있었음을 짐작할 수 있기 때문이다. 진흥왕이 불교의 이상적인 정치이념인 전륜성왕사상을 수용하고 있었던 것은 이 설화에서 뿐만 아니라 그가 이룩했던 정치적인 치적, 특히 여러 곳에 순수비(巡狩碑)를 세웠던 일이나 그의 두 아들의 이름을 전륜성왕이 굴리는 네 보륜(寶輪) 중의 금륜(金輪)과 동륜(銅輪) 등에서 취하고 있었던 점 등을 통해서 알 수 있다.

이 설화의 내용 중에 신라불국토설과 불교의 전륜성왕사상 등이 있는 것과는 상관없이 이것이 후대에 꾸며진 것이라는 점은 거의 확실하다. 그런데 이 설화의 유포에 자장(慈藏)이 관련되어 있음이 드러나고 있다. 자장이 중국 오대산에서 친견한 문수보살이 그에게 일깨워 준 말 중에 "아육왕이 바다에 띄워 보낸 황철(黃鐵)이 너희 나라에 이르러 불상이 조성되어 황룡사에 봉안했다."고 했기에 그렇다. 자장은 어느 누구보다도 불교의 토착화를 위해 많은 노력을 했던 인물이다. 그는 이를 위해 신라불국토설을 널리 유포했다. 황룡사에는 과거불인 가섭불의 연좌석(宴座石)이 있다는 설이나, 오대산에는 문수보살이 상주 설법한다는 설, 그리고 황룡사에는 호법룡이 수호한다는 설 등을 유포했는데, 이들은 황룡사 장륙상의 조상연기설화와 더불어 신라가 불교와 매우 깊은 인연이 있다는 것을 강조하기 위한 것이었고 이것은 곧 불교의 토착화를 위한 것이었다. 자장의 이같은 노력으로 신라의 국민 중 8~9할은 모두 불교에 귀의하는 성과를 이룩할 수 있었다.

신라땅이 불연 깊은 복지(福地)라고 강조되던 시절, 진리의 수레바퀴를 굴려 백성 다스리기를 기원하던 그 시절에 황룡사에 모셔진 이 불상의 미소는 더욱 자애롭고, 그 모습은 더욱 당당했으리라. 그러나 지금은 그 모습 간 곳이 없고, 그 부처님이 자리했던 좌대석만이 천년 세월의 바람을 맞고 있을 뿐이다.

4. 사랑의 불길에 타버린 영묘사탑

당간지주(幢竿支柱)만 남고 지금은 폐허가 되어버린 영묘사(靈廟寺) 터가 경주시 서정리에 있다. 이 절은 신라 27대 선덕여왕의 발원으로 지어졌고, 이 절에 모셔졌던 장륙상(丈六像)과 천왕상(天王像)은 당시의 뛰어난 조각가 양지(良志)의 작품이었고, 현판(懸板) 또한 그가 쓴 것이었다고 한다. 조(租) 2만3천7백 섬의 비용이 들었던 영묘

사의 장륙상을 조성할 때 경주의 선남선녀(善男善女)들이 모여들어
흙을 날랐다.

    오다 오다 오다
    오다 슬픔 많아라
    슬픔 많은 우리 무리여
    공덕 닦으러 오다

    그들은 흙을 나르면서 이 노래를 불렀다고 한다. 이처럼 영묘사는
선덕여왕을 비롯한 많은 사람들의 정성 어린 신앙으로 이룩되었다.
    하루는 당시의 고승 혜공(惠空)이 풀로 새끼를 꼬아 들고 영묘사로
왔다. 그는 그 새끼줄로 금당(金堂)과 좌우의 경루(經樓) 남문(南門)
의 회랑을 둘러매었다. 그리고 "이 새끼줄을 3일 후에 끌러라."는 당
부를 하고는 돌아갔다. 이 절의 스님들이 이상하게 생각하면서도 혜공
스님이 시키는 대로 하였더니 과연 3일만에 불이 났는데, 새끼줄을 치
지 않은 탑(塔)만이 타고 다행히 새끼로 둘러맨 곳은 화재를 면했다
고 한다.
    그런데 영묘사의 탑을 태운 이 불길은 선덕여왕을 짝사랑했던 지귀
(志鬼)라는 젊은 청년의 가슴에서 옮겨 붙은 사랑의 불길이었다고 한
다. 이 불타는 사랑의 이야기는 일찍이 고려 때 박인량(朴寅亮)이 지
은 《신라수이전(新羅殊異傳)》에 수록되어 전해지다가 다시 권문해(權
文海)의 《대동운부군옥(大東韻府群玉)》에 인용되어 전하고 있다.

    신라 활리역(活里驛)에 지귀(志鬼)라는 사람이 살고 있었다. 그는 선
덕여왕의 미모를 사모하여 근심하고 눈물을 흘려 그 모습이 말할 수 없
이 초췌하게 되었다. 하루는 선덕여왕이 영묘사에 행차하여 행향(行香)
한다는 소문을 들었다. 지귀는 절로 달려가 탑 아래에서 왕이 행차하기

를 기다렸다. 그러나 그는 곧 잠들어 버렸다. 이 모습을 본 선덕여왕이 팔찌를 빼서 자는 지귀의 가슴 위에 얹어 놓고 돌아갔다. 잠에서 깨어난 지귀는 그 답답한 마음을 누를 길이 없었다. 마침내 마음 속의 불길[心火]이 그 탑을 태웠고, 그는 곧 불귀신[火鬼]으로 변해 버렸다.

왕이 술사(術士)에게 주사(呪詞)를 짓게 했다.

> 지귀의 마음속 불길
>
> 그 몸을 태우고 불귀신이 되어
>
> 푸른 바다 저편에 떠도니
>
> 보지도 말고 친하지도 말지어다.
>
> 志鬼心中火　　燒身變火神
>
> 流移滄海外　　不見不相親

당시의 풍속에 이 노래를 적어 문이나 벽에 붙여 두면 화재를 막았다고 한다.

선덕여왕은 성품이 넓고 어질었으며 또한 지혜롭고 민첩하여 여러 사람들의 추대로 임금이 되었던 신라 최초의 여왕이었다. 그 여왕을 짝사랑하여 상사병에 걸렸던 지귀는 매우 비천한 신분이었다.

참으로 사랑이란 신분도 계급도 구속하지 못하는가 보다. 인간의 사랑이란 그 몸을 태울 만큼이나 뜨거운 것이다. 그러나 분에 넘치는 사람의 욕망은 한 몸을 망친다. 선덕여왕을 짝사랑했던 지귀의 사랑 이야기와 매우 비슷한 이야기는 《대지도론(大智度論)》에도 있다.

술파가(術波伽)는 길을 가다 높은 다락 위에 있는 왕녀(王女)를 바라보고 염착(染着)하는 마음이 생겨 음식을 못 먹을 정도가 되었다. 그 사정을 알게 된 어머니는 신분의 차이를 들어서 아들에게 단념하도록 타일러 보았으나 허사였다. 이에 어머니는 계략을 써서 왕녀에게 접근했다. 왕녀의 관심을 사는 데 성공한 어머니는 왕녀에게 아들의 딱한 사정을 실토하고 연민을 베풀어 줄 것을 호소했다. 감동된 왕녀는 천사

(天祠) 안에서 그녀의 아들과 밀회할 것을 약속했다. 왕녀는 부왕(父王)의 허락을 받아 그 장소로 갔다. 왕녀는 시종을 문 밖에서 기다리게 하고 혼자서 들어갔다. 이때 소인이 감히 왕녀를 욕되게 하는 것을 버려둘 수 없다고 생각한 천신(天神)이 술파가를 깊은 잠에 빠뜨렸다. 왕녀는 잠든 청년을 흔들어 깨웠으나 그는 끝내 깨어나지를 않았다. 왕녀는 하는 수 없이 영락(瓔珞)을 남겨두고 떠났다. 그 뒤에 깨어난 술파가는 영락을 발견했다. 그러나 왕녀는 이미 떠나고 없었다. 그는 애태우고 한탄한 끝에 음화(淫火)가 몸 안에서 일어나 불타 죽었다.

이 이야기는 다음과 같이 끝맺고 있다.

"이로써 여인의 마음은 귀천을 가리지 아니하고 오직 욕망을 좇아 행함을 밝히 알 것이다."

부처님은 "사랑하지도 말라, 그리고 미워하지도 말라."고 했다.

그러나 지금도 많은 젊은이들의 가슴은 사랑의 불길로 타고 있으리라. 우리는 열심히 사랑해야 하리라. 그러나 그 가슴을 조이고 태우는 사랑의 불길을 잠재우는 지혜 또한 배워야 하리라.

5. 무애의 자유인 원효(元曉)

《삼국유사》에 의하면 원효는 요석공주(瑤石公主)를 만나 설총을 낳은 후부터 소성거사(小性居士)를 자처하고 속인(俗人)의 옷으로 바꾸어 입은 것으로 되어 있다. 그러나 좀더 자세히 그의 전기 기록을 검토해 가노라면 원효는 속복과 승복을 갈아입는 데도 걸림이 없는 자유인이었음을 알게 된다.

　원효가 요석공주를 만난 것은 그의 나이 37세로부터 43세에 이르는 시기에 해당하는 태종(太宗) 무열왕(武烈王) 때(654~660)의 일이었다. 그런데 원효가 의상과 더불어 두번째의 도당(渡唐) 길에 올랐던 때가 그의 나이 44세 되던 문무왕(文武王) 원년(661)의 일이었다. 이러한 사실로 미루어 보면 원효가 요석공주를 만난 뒤로 줄곧 거사(居士)의 행세만 하고 다녔다고 생각되지는 않는다. 설총을 낳은 후에도 원효는 구도(求道)의 먼 길을 떠났기 때문이다. 물론 그가 2차로 시도했던 도당 유학의 동기를 요석공주와 관련지어 실계(失戒)를 참회하기 위한 더 높은 차원의 발심(發心)으로 생각해 볼 수도 있다. 그러나 원효가 설총을 낳은 것이 실계라고 생각했던 것이라면 그는 신라로 돌아온 후 요석공주와 설총을 버려둔 채 훌훌히 세속을 떠나가야 했을지 모른다.

　원효는 결코 요석공주와 설총에게 집착되어 있지도 않았지만, 그렇다고 그들의 곁을 떠나간 것이 아니었다. 원효가 거주하던 혈사(穴寺) 옆에 설총의 집터가 있었다고 하는 기록으로 미루어 생각하면, 원효의 세 식구는 가까이 살고 있었을 가능성이 많다. 더구나 원효가 세상을 떠나자 설총이 그 유해를 부수어 진용(眞容)을 소상(塑像)으로 만들어 분황사(芬皇寺)에 모시고 공경하고 사모하며 매우 슬퍼했다고 하는 기록이나, 또 설총이 그 곁에서 예배하니 소상이 문득 고개를 돌려 돌아보았다고 하는 전설 등을 통해서 그들 부자지간에 오고갔던 인간적인 정이 어떠했는지 짐작할 수 있게 된다.

　원효는 "진속(眞俗)의 성(性)은 두 가지가 아니라 원융무애(圓融無碍)한 것이며, 둘이 아니라고 해서 하나가 된 것도 아니기 때문에 언제 어디서나 진속의 성은 이룩되고 더럽고 깨끗한 모습을 갖추지 아니함이 없다."고 했다. 또 그는 "진실이 아닌 일이라고 해서 속된 일이 아니며, 속되지 않은 도리라고 해서 그것이 곧 진실된 것도 아니다."라고 했다. 그리하여 원효는 "이치가 없는 듯하면서도 지극한 이치가 있는 것이요, 그렇지 않은 것 같으면서도 크게 그러한 것(無理之至理 不然之大然)"이라는 명언을 토로하게 되었던 것이다. 원효의 모든 생활은 그의 이러한 깊이있는 사상을 토대로 전개된 것이다.

그의 뛰어난 사상을 토대로 하여 전개되는 그의 생활을 세속적인 것이라고만 할 것인가, 출세간적인 것이라고만 할 것인가? 원효의 생애는 이러한 극단적인 평가를 허락하지 않는다. 때문에 우리는 그를 무애(無碍)의 대자유인이라고 부르는 것이다.

그러나 이러한 원효의 행동은 당시의 많은 사람들로부터 비난을 받고 있었다. 송사(訟事)로 인하여 그의 몸을 백 가지로 나누었다고 하는 기록을 보면, 그가 얼마나 많은 비난을 받고 있었던가 하는 것을 알게 된다. 수많은 비난 중에는 분명 원효를 향해 "당신은 파계한 사람"이라는 힐책이 있었을 것이다. 그러나 이러한 비난에 원효는 조금도 당황해 하거나 동요한 것 같지 않다. 이것은 그가 남긴 《보살계본지범요기(菩薩戒本持犯要記)》를 읽어 보면 알 수 있다. 당시 자기로 향하는 수많은 비난에 대답이라도 하듯이 보살계(菩薩戒)에 대한 그의 생각을 명쾌하게 밝혀 놓은 것이 이 책이다.

그는 계(戒)의 참다운 모습을 정확히 깨달아야 할 것을 다음과 같이 주장하고 있다.

있다 없다고 하는 두 가지 극단적인 견해에 집착되어 있지 않아야 진실로 계상(戒相)을 깨달을 수가 있고, 그럼으로써 비로소 계바라밀(戒波羅密)을 구족(具足)하게 될 것이다. 만약 있다 없다고 하는 두 가지의 극단적으로 집착된 견해 때문에 계상을 깨닫지 못한다면 보살계를 잘 지키는 것이 아니며 청정한 계바라밀을 성취하는 길에 들어서지도 못하는 것이다. 계란 그 스스로 생겨나는 것이 아니며 반드시 여러 가지 인연에 따라 생기는 것이기에 결코 독자적인 모습이 없는 것이다. 그 인연이 곧 계는 아니며 또한 연을 떠나 계가 있는 것도 아니기 때문이다.

그렇다고 계상이 있지 않다고 하는 말을 따라 전적으로 계가 없는 것이라고만 생각하면 비록 죄를 범함이 없다고 할지라도 영원히 실계할 것이니, 그것은 계의 현상적인 면을 부정한 때문이다. 그리고 무(無)가 아니라고 한 말을 근거로 계상이 있다고 믿으면 능히 잘 지켰다고 할지언정 그것은 죄를 범한 것이 되는데 그 까닭은 계의 본질에 어긋나기 때문이다.

계의 모습이 인연을 따라 생겨난다는 원효의 말은 매우 중요하다. 지켜야 할 항구불변의 계가 있는 것처럼 생각하는 사람들에게는 더욱 의미있는 말이다. 또한 원효는 부주계상(不住戒相)해야 할 것을 강조한다. 머무르지 않을 수 있는 것은 무애인만이 할 수 있는 일이다.

원효가 무애의 대자유인이었음을 인정하면서도 그의 행동을 두고 실계니 파계니 하는 것은 부질없는 짓이다. 어쩌면 원효는 자신에게 향하는 비난의 소리에 귀기울이거나 항변하려들지 않았을지도 모른다. 아무 말도 없이 너울너울 춤추며 어느 마을을 향해 가고 있었을지도 모른다. '일체에 걸림이 없는 사람이라야 한 길로 생사(生死)로부터 벗어나리(一切無碍人 一道出生死)'라는 내용의 무애가(無碍歌)를 부르면서 말이다.

원효가 추던 춤을 무애무(無碍舞)라고 했다. 아마도 그 춤은 유희삼매(遊戲三昧)의 경지에서 보여준 몸짓이었으리라. 《파한집(破閑集)》에 의하면, 무애무는 목을 자라처럼 움츠리고 곱사처럼 배를 굽히며, 장삼 소매를 흔들며 다리를 들었다 놓았다 하며 추는 춤이었다. 그런데 이 웃음을 자아내게 하는 원효의 손짓과 발짓 하나 하나에는 그의 깊은 사상이 담겨 있었다. 두 소매를 흔드는 것은 이장(二障)을 끊어야 한다는 손짓이었고, 다리를 세 번 들었다 놓는 것은 삼계(三界)를 초월해야 한다는 발짓이었으며, 목을 움츠린 것은 사람을 따른다는 의미가, 그리고 배를 굽히는 것은 모든 것을 다 포섭한다는 의미가 있었던 것이다.

우리는 무엇에 구애되어 이 고통스런 상황에 얽매여 있는가? 원효는 가르쳐 준다. "집착을 버리는 행을 닦으라. 그러면 진여(眞如)의 문이 열린다"라고.

우리는 무엇에 집착하며 애착하고 있는 것일까? 두 가지 집착이 있다고 한다. 그것은 '나'라고 하는 이기주의적 편견에 사로잡히는 아집(我執)과, 관념이나 주장이나 지식이나 사상 등의 편견에 집착하는 법집(法執)의 두 가지다. 이러한 두 가지 집착은 다시금 우리들이 가는 삶의 길에 두 가지 근본적인 장애를 일으킨다고 한다. 아집으로 일어난 번뇌장(煩惱障)과 법집으로 말미암아 일어나는 소지장(所知障)의 두 가지가 그것이다. 번뇌장이란 나를 중심으로 일어나는 갖가지 잡념이란 장애며, 소지장이란 이미 알고 있는 지식이 일으키는 장애다. 이것이 이장(二障)이다. 원효가 두 팔을 흔들며 춤추었던 것은 이러한 두 가지 장애로부터의 해탈을 보여 주고자 했던 것이다. 또한 원효의 발짓은 욕계(欲界), 색계(色界), 무색계(無色界)의 삼계(三界)를 벗어날 것을 보여 주는 것이었는데, 그는 말한다.

"어떠한 좋지 않은 현실적 한계상황이라도 서슴지 말고 가라. 그러나 그 어떤 상황에도 사로잡혀서는 안된다. 이것이 삼계에 집착하지 않는 것이다."

6. 원효와 파랑새

　동해안에 있는 낙산사(洛山寺)는 관세음보살(觀世音菩薩)의 진신 (眞身)이 머무는 성스러운 도량(道場). 이것은 "보타락가산에 관음의 진신이 머물면서 항상 설법한다."는 《화엄경(華嚴經)》 보살주처품(菩 薩住處品)에 배경을 두고, 신라시대 의상(義相)에 의해 비롯된 한 신 앙 형태다. 당나라에서의 유학을 마치고 670년에 귀국한 의상은 낙산 의 관음굴(觀音窟)에서 지성으로 기도하며 관음진신을 친견하고자 했 다. 의상의 〈백화도량발원문(白花道場發願文)〉은 이때쯤 지어졌을 것 으로 생각되고, 그의 관음신앙을 잘 나타내 주는 글이다. 정성으로 기 도하기를 7일을 거듭하여 관음을 친견했고 관음의 지시로 이룩한 절 이 곧 낙산사다.

　관세음보살은 이 세상의 하고많은 중생들을 구제하고자 여러 가지 의 모습으로 나타난다고 한다. 낙산사의 관음 또한 갖가지 모습으로 화현(化現)해서 중생을 구제했다는 영험설화(靈驗說話)가 전해지고 있지만, 특히 한 마리 파랑새로 변하여 사람들을 일깨워 준다는 이야 기는 흥미있는 이야기다. 물론 지극한 정성과 두터운 신앙을 지닌 사 람만이 이 파랑새를 볼 수 있다는 것이다.

　의상이 동해의 관음굴에서 관음보살을 친견했다는 소문을 전해 들은 원효는 의상에게 뒤질세라 관음을 친견하고자 낙산사로 향했다. 원효가 낙산사의 남쪽 교외에 이르렀을 때, 흰옷을 입은 한 여인이 벼를 베고 있었다. 원효가 희롱삼아 그 벼를 달라고 했다. 여인은 벼가 익지 않았 다고 희롱으로 대답했다. 원효가 또 가서 다리 밑에 이르렀을 때 한 여 인이 월경이 묻은 옷을 빨고 있었다. 원효가 물을 청하니 여인은 그 더러운 물을 떠서 주었다. 원효는 그 물을 쏟아버리고 다시 깨끗한 물을 떠서 마셨다. 그때 들 가운데 있던 소나무 위에서 한 마리 파랑새가 "제호(醍醐)를 마다고 한 화상아"라고 빈정대고는 어디론가 날아가 버렸다. 그 소나무 아래에는 신발 한 짝이 벗겨져 있었다. 원효가 낙산사에 도착해서 보니 관음보살의 자리 밑에 앞서 본 신발 한 짝이 있음을 보았다. 그는 비로소 먼저 만났던 성녀(聖女)가 곧 진신(眞身)임을 깨달았다. 이 때문에 당시의 사람들은 그 소나무를 관음송(觀音松)이라고 했다. 원효는 관음성굴(觀音聖窟)에 들어가 진신의 얼굴을 보려 했지만, 풍랑이 크게 일어 들어가지 못하고 떠났다.

이상은 일연(一然)이 《삼국유사》에 수록해서 전한 설화다.

원효를 힐책하던 파랑새가 앉았던 소나무 그 관음송은 고려 후기까지도 살아 있었다. 12세기 후반 임 춘(林椿)이 낙산사를 찾았을 때에도 관음송은 있었다. 그는 "낙산의 서쪽을 지나는데 길에 외로운 소나무가 있었다. 마디와 눈이 크고 가지와 줄기가 구불구불하여 땅을 덮고 있는데 그 그늘이 수십 보나 되었다. 기이하도다. 소나무가 이처럼 기이한 것이 세상에 다시 있겠는가."고 감탄했다. 14세기 후반, 고려 말까지도 관음송은 그대로 살아 있었다. 정 추(鄭樞)의 시 중에 "원효의 유적에는 나무가 하늘에 이었다."는 귀절이 보이기 때문이다.

원효가 마셨던 그 우물을 냉천(冷泉)이라고 했고, 오봉산(五峰山) 즉, 낙산 아래에 있었다. 이곳은 조선 초기까지도 이 지방의 한 중요한 고적으로 기억되고 있었다. 관음보살이 여인으로 화해서 벼를 베고 있었는데, 원효가 냉천물을 마시면서 함께 희롱하였다는 전설을 간직한 채. 원효와 냉천에 관한 설화가 《삼국유사》 이전에도 전해지고 있었음은 김극기(金克己)가 양양에서 읊은 시 중에 "물결 사이엔 냉천 엿보던 객이 방불하다."는 구절로 알 수 있다. 정 추의 시 중에 "덕녀(德女)의 옛 거처엔 잔디가 섬돌을 덮었다."고 한 것으로 미루어 냉천 옆에는 유적이 남아 있었던 사실도 짐작된다.

앞에서 소개한 설화는 원효가 관세음보살을 친견하지 못했다는 것을 강조하고 있다. 벼를 베고 있던 여인도, 빨래를 하고 있던 여인도 모두 관음보살의 화현이었다. 그러나 원효는 알아보지 못했을 뿐만 아니라 공연히 농담을 건네기까지 했다. 벼를 베던 여인은 벼가 아직 덜 익었다고 희롱으로 응수했다. 어쩌면 원효를 두고 아직도 설익은 사람으로 평가했는지도 모르겠다. 아니면 낙산사의 관음보살을 친견하기에는 정성이 부족하다는 암시였는지도 모른다. 빨래를 하던 여인은 물을 주었다. 그러나 원효는 그 물을 버리고 다시 깨끗한 물을 떠 마신다. 두번째의 시험에서도 불합격이었다. 관세음보살은 세번째로 그 몸을 바꾸어 파랑새의 모습으로 나타났다. 파랑새는 원효에게 "제호를 마다고 하는 화상(和尙)아"라고 직접적인 화살을 쏜다. 더러운 물을 버리고 다시 깨끗한 물을 떠서 마시는 원효를 두고 제호 맛을 마다고 한 중이라고 나무란다. 원효는 아직도 염정(染淨)과 진속(眞俗) 등의 분별심(分別心)에서 벗어나지 못한 것으로 평가받고 있는 것이다. 그대가 더럽다고 마시지 못하고 버린 그 물이야말로 제호의 맛이라는 것이다. 그러나 원효는 그때까지도 파랑새의 말 뜻을 진정으로 이해하지 못하고 있다. 그 파랑새가 관음의 화신이었다는 사실도 물론 알 턱이 없었다. 낙산사 관음보살의 자리 밑에 있는 신발 한 짝이 파랑새가 앉았다가 날아간 소나무 밑에서 본 신발과 같은 것임을 보고서야 비로소 모든 상황을 깨닫게 되었다.

원효는 세 차례나 관음의 화신을 만나고도 그들을 알아보지 못했다. 그는 다시 관음굴에서 관음을 친견하고자 했다. 그러나 풍랑이 크게 일어 허락하지 않았다. 원효는 끝내 관음의 진신을 만나지 못하고 낙산사를 떠났다.

지극한 기도로 관음으로부터 수정염주(水精念珠)까지 받았던 의상에 비하면, 풍랑으로 인해 관음굴에 들어가지도 못하고 돌아갔다는 원효의 모습은 너무나 초라하게 그려져 있다.

이와 같은 설화를 어떻게 이해해야 하는가? 임 춘은 원효가 낙산사의 관음보살을 친견하기 위해 왔었다는 이야기를 두고 다음과 같은 시를 지어서 추억했다.

> 일찍이 들었노라
> 거사(居士)는 늙은 유마(維摩)라고
> 석장(錫杖) 허공에 날리며 만리를 지나갔구나
> 이미 문수(文殊)를 보내와 문병했거니
> 응당 일없이 비야리성을 나오지는 않았으리.

임 춘은 이 시에서 소성거사(小性居士) 원효를 《유마경》의 주인공 유마에 비하고 있다. 비야리성(毘耶離城)에 살고 있던 유마거사는 병상에 누워 있었다. 일부러 자기 몸에 병이 있는 것처럼 하고 문병 온 사람들에게 자기의 병을 예로 들어 여러 가지 가르침을 설하기 위한 방편이었다. 부처님의 성지(聖旨)를 받아 문수보살(文殊菩薩) 또한 유마거사에게 병문안을 갔다.

"유마거사, 당신의 병은 무엇 때문에 생긴 것입니까?"

유마는 대답했다.

"일체중생이 병들어 있으므로 나도 병이 들었습니다."

이상과 같은 《유마경》의 이야기를 염두에 두면, 이 시 중의 '일없이 비야리성을 나오지는 않았을 것'이라는 구절이 주목된다. 유마거사의 아픔이 중생의 아픔을 대신한 것이듯, 원효가 파랑새로부터 제호 맛도 모르는 중이라는 힐책을 들었던 것도, 염정(染淨)과 진속(眞俗)이 둘이 아니라는 진리를 몸짓으로 보여 주고자 했던 것인지도 모를 일이다. 원효가 누구보다도 진속의 대립을 벗어난 그 진속원융(眞俗圓融)의 이론과 실천을 강조했던 사실 또한 유의할 필요가 있다.

지금도 낙산 해변 어딘가에 한 마리 파랑새는 살고 있으리라. 마음이 거울처럼 맑은 사람에게 그 예쁜 모습을 보여 주기 위해서. 하지만 낙산사로 몰려가는 많은 순례객들 중에는 파랑새 이야기를 모르는 이가 많고, 파랑새의 모습을 보고자 하는 사람도 거의 없다. 비록 동해의 파도가 잔잔한 날이라 할지라도 우리 인간세상의 파도, 그 세파가 그치지 않으니 어떻게 관음(觀音)의 참 모습을 볼 수 있으리.

7. 원효의 《금강삼매경론(金剛三昧經論)》

원효(617∼686)는 신라의 대표적인 고승일 뿐만 아니라, 중국과 일본에까지도 많은 영향을 주었던 분이다. 그는 80여 부가 넘는 많은 저서를 남겼는데, 《금강삼매경론(金剛三昧經論)》은 특히 유명한 저서다. 《금강삼매경》에 대한 주석서인 이 책을 본 중국인들은 소(疏)라는 글자를 고쳐 논(論)이라고 존칭했다. 그리고 이 책은 일찍이 일본에도 유포되어 있었다. 원효의 손자 설중업(薛仲業)이 780년에 사신으로 일본에 간 적이 있다. 《삼국사기(三國史記)》 및 《속일본기(續日本記)》에 나타난 사실이다. 이때 일본의 한 재상이 말했다.

"일찍이 원효거사의 《금강삼매경론》을 읽고 그 사람을 보지 못함이 한이었다. 신라의 사신 설중업이 그의 손자라고 하니, 그 조부는 보지 못했지만 그 손자를 만난 것이 기쁘다."

이에 그는 시를 지어 주었다.

이처럼 이 책은 일찍부터 명성을 얻었고 영향을 주었던 것이다. 이 책이 갖는 중요성과 그 위치를 암시해 주는 다음과 같은 설화가 생겨나게 된 것도 우연은 아닐 것이다.

왕의 부인이 종기를 앓게 되었는데 아무리 좋은 의술을 다해도 도무지 효험이 없었다. 그래서 왕자와 신하들이 두루 영험이 있다는 산천을 찾아 다니면서 기도를 드렸지만 역시 효험이 없었다. 그러던 어느 날 한 무당이 말하기를 "타국으로 사람을 보내어 약을 구하면 병이 곧 나을 것이다."라고 하였다. 왕은 곧 사신을 당나라로 보냈다.

사신이 뱃길로 당을 향해 가던 도중에 물결을 헤치고 한 노인이 나타났다. 배 위로 올라와 그 사신을 용궁으로 모시고 갔다. 궁전에는 검해(鈐海)라는 용왕이 있었는데, 그는 사신을 보고 말했다.

"너희 나라 왕비는 청제(靑帝)의 셋째딸이다. 우리 궁중에 옛날부터 《금강삼매경》이라는 경이 있으니 이각(二覺)이 원통하여 보살행을 행하는 것이 그 내용이다. 이제 왕비의 병을 좋은 인연삼아 이 경을 그 나라로 보내어 유통시키고자 할 뿐이다."

곧 용왕은 약 30장 가량 되는 종이뭉치를 가져다 사신에게 주었다. 다 흩어지고 순서가 뒤바뀐 책이었다. 그러면서 말하기를 "이 경을 바다를 건너서 가지고 가자면 혹시 좋지 않은 일을 당할지도 모르겠다."고 하면서 직접 칼을 가지고 와 사신의 허벅다리를 갈라 그 안에다 경을 넣고서 납종이로 동여매고 약을 바르니 허벅다리가 원래대로 회복되었다. 용왕이 말하기를 "대안성자(大安聖者)를 시켜 흩어진 종이의 순서를 맞추어 그것을 책으로 꾸미게 하고 원효법사에게 청하여 소(疏)를 짓게 하여 이를 풀이하면 왕비의 병이 틀림없이 나을 것이다. 설사 히말라야의 아가타 영약의 힘이 크다고 하지만 이것만은 못할 것이다."고 하였다. 용왕이 해면으로 사신을 내보내어 배를 타고 마침내 귀국하였다.

왕이 이 이야기를 듣고 기뻐하며 먼저 대안성자를 불러 그 차례를 맞추게 했다. 그러나 대안은 보통사람이 아니어서 입고 다니는 옷이나 그 모습이 특이하였다. 언제나 서울의 길거리에서 구리로 만든 바리를 치며 '대안, 대안' 하고 소리질러 노래했기 때문에 그를 그렇게 부르는 것이었다. 왕이 대안에게 명령하니 대안이 "그 경을 이리로 가져오시오. 왕의 궁전에는 들어가고 싶지 않소."라고 하였다. 대안이 경을 받아서 배열하니 8품이 되는데 모두 부처님의 뜻대로 글의 뜻이 맞아 들어갔다. 대안이 말하기를 "속히 원효에게 시켜 강의하게 하시오. 다른 사람은 안됩니다."고 하였다.

원효가 이 경을 받았을 때에는 고향 상주에 있을 때였다. 그는 사신에게 말했다.

"이 경은 본각(本覺)과 시각(始覺)을 종(宗)으로 하고 있으니 나에게 뿔소가 끄는 수레를 마련해 주고 책상을 그 소의 두 뿔 사이에 걸쳐 놓고 그 위에 붓과 벼루를 놓아 주시오."

원효는 내내 소를 타고서 소(疏) 5권을 지었다. 왕이 요청한 날이 임박해서 막 황룡사에서 강의를 하려 할 즈음에 박복한 무리가 이 책을 훔쳐갔다.

이 사실을 왕에게 아뢰어 3일을 더 연기하고 다시 그 소를 지어 3권으로 하였다. 이것을 약소(略疏)라고 부른다. 왕과 신하, 도인과 속인 등 모두가 구름같이 법당을 가득 메운 가운데 원효가 그 뜻을 펴는데 위엄과 격식이 있고, 어려운 대목을 해석하는데 가히 만고의 원칙이 될 만하였다. 그 칭찬하는 소리가 공중에 비등했다. 원효는 또 시를 읊어 "옛날 백개의 서까래를 구할 때에는 참여할 수 없었는데, 오늘 아침 하나의 대들보를 가로지르는 데 있어서는 오직 나만이 할 수 있구나."라고 하였다. 그때에 모든 이름있는 대덕스님들이 얼굴을 숙이고 부끄러운 낯으로 엎드려 참회하였다.

소(疏)에는 광략(廣略) 이본(二本)이 있어 그것이 모두 다 신라에 행해졌는데 중국에는 다만 약본이 들어왔을 뿐이다. 후에 이 소를 논으로 고쳐 부르기에 이르렀다.

이 설화에 의하면 이 경이 왕비의 병을 인연으로 하여 신라에 유포되었다고 한다. 인생의 가장 큰 병은 깨닫지 못한 불각의 상태에 있는 것이다. 깨닫지 못한 채 살고 있는 중생은 병든 인생이다. 이 경의 내용은 용왕이 말했듯이, '이각(二覺)이 원통하여 보살행을 행하는 것'

으로 되어 있다. 원효가 '본각(本覺)과 시각(始覺)의 이각(二覺)을 종으로 하고 있다'고 한 것이 이 뜻이다. 곧 이 경의 주제는 '각'인 것이다. 깨닫지 못한 중생들은 유(有)에 집착하거나 공(空)을 취하는 병에 걸리기도 한다.

이 경은 이같은 큰 병을 낫게 해주는 좋은 약이다. 이 경이 히말라야의 아가타 영약보다도 더 좋은 약이라고 한 용왕의 말도 이를 의미하는 것이리라. 이 세상의 어떤 약도 가장 큰 병인 불각의 상태를 치료하지는 못한다. 백 가지 약이 소용없던 왕비의 병은 곧 불각의 상태를 의미하는지도 모른다. 원효의 강경으로 그 병은 씻은 듯이 나았기 때문이다.

원효가 이 경을 뿔소가 끄는 수레를 타고 벼루를 소의 두 뿔 위에 놓고서 주석했다고 하는 것은 이 경의 주제인 본·시(本始) 이각(二覺)을 강조하려는 것이었으리라. 각(角)이나 각(覺)은 모두 '각'으로 발음되기 때문이다.

원효는 처음 다섯 권의 소(疏)를 잃어버린 후 다시 3일만에 세 권으로 완성했다고 한다. 애써 노력한 결과를 잃어버린다는 것은 애석한 일이다. 그러나 잃어버렸기에 더 뛰어난 저술을 할 수 있었다고 생각해 볼 수도 있다.

우리는 너무나 많은 것을 듣고 보고 읽으며 배운다. 그러나 이것이 자기 것은 아니다. 창작은 더욱 아니다. 진정한 창작은 지금까지 얻은 남의 지식을 다 버린 후에 얻어질 수 있는 것이다.

원효의 이 저술은 흔한 주석서가 아니다. 이 경의 내용을 재천명한 것이었고, 새로운 해석이었다. 그러기에 일연(一然)은 각승초개삼매축(角乘初開三昧軸)이라고 찬양했었다. 소를 타고 다니던 원효가 처음으로 《금강삼매경》의 진정한 의미를 밝혔다는 뜻이고, 이것은 역사적 사실이었다. 중국인들에 의해 소가 논으로 존칭될 수 있었던 것도, 일본의 한 재상이 이 책의 저자를 만나보지 못한 것을 한으로 여겼던 것도 이 때문이었다.

우리들 인생은 크게 편안하기를 원하고, 또 그렇게 되어야 한다. 대안(大安)이라는 스님이 길거리에서 ‘대안, 대안’ 하고 외치고 다녔던 뜻이 여기에 있다. 어떻게 편안할 것인가? 궁극적인 편안은 각(覺)을 얻는 것이다. 아니 그 각을 타고 가는 것이다. 원효가 뿔[角] 있는 소를 타고 다녔듯이.

《금강삼매경론》, 이 책은 아직도 약효가 없어지지 않은 불후의 명저다. 현대인이 앓고 있는 많은 병을 씻은 듯이 치료해 줄 영약이다.

8. 과부와 사복(蛇福)과 원효의 연극

사복(蛇福)은 7세기경에 살았던 신라 고승 중의 한 사람이다. 그러나 그에 대한 구체적인 전기 기록은 없고, 다음과 같은 설화가 《삼국유사》에 전해지고 있을 뿐이다.

경사(京師) 만선북리(萬善北里)에 과부가 있었는데, 남자와 관계하지 않고 아이를 배어 낳았다. 그 아이가 사복이다. 사복은 나이 12세에 이르도록 말도 하지 않고 또한 일어나지도 않았다. 이 때문에 ‘뱀아이(蛇童)’라고 불렀다.

어느 날 그 어머니가 돌아갔다. 이때 원효(元曉)는 고선사(高仙寺)에 머무르고 있었는데 원효가 사복을 보자 예를 갖추어 맞이하였다. 그러나 사복은 답배(答拜)하지 않고 말했다.

“그대와 내가 옛날에 경(經)을 실었던 암소가 지금 죽었는데, 함께 장사지내는 것이 어떻겠소?”

원효가 좋다고 했다.

드디어 함께 집에 도착했다. 원효에게 포살수계(布薩授戒)하게 했다. 원효가 시체 앞에 이르러 축원하기를, "태어나지 말지어다, 그 죽음이 괴롭다. 죽지 말지어다, 그 태어남이 괴롭도다.(莫生兮其死也苦 莫死兮其生也苦)"라고 했다. 사복이 "말이 번거롭다."라고 했다. 두 사람이 함께 상여를 메고 활리산(活里山) 동쪽 기슭으로 갔다. 원효가 말하기를, "지혜롭고 은혜로운 호랑이를 지혜(智惠)의 숲속에 장사지내는 것이 또한 마땅하지 않으리요."라고 했다. 이에 사복이 게송(偈頌)을 지었다.

그 옛날 석가모니불은

사라수 사이에서 열반에 드셨다.

지금 역시 그와 같은 이 있어

연화장세계에 들어가고자 한다.

말을 마치고 풀의 줄기를 뽑았다. 그 아래에 세계가 있었는데, 황량(晃朗)하고 청허(淸虛)하며, 칠보(七寶)로 장식한 난간과 누각이 장엄하여 인간세상이 아니었다. 사복이 시체를 업고 함께 들어가니 갑자기 그 땅이 합쳐졌다. 이에 원효는 돌아왔다.

후세 사람들이 그를 위해서 금강산(金剛山) 동남쪽에 절을 짓고 그 이름을 도량사(道場寺)라 하여, 해마다 3월 14일이면 점찰법회(占察法會)를 여는 것을 항례(恒例)로 삼았다.

《삼국유사》에 전하는 이상의 기록은 구전(口傳)되던 설화를 일연(一然)이 13세기 후반에 채록한 것이다. 이 설화는 오랜 세월을 구전되면서 많은 변이(變異)를 겪었고, 그리하여 역사적 인물이 현실적인 제약과 한계를 벗어나 무대 위에 선 배우의 모습으로 등장하기에 이르렀다. 한 과부와 그의 아들 사복, 그리고 원효, 이 세 사람의 연기를 눈여겨보면서 이 설화의 상징적인 의미를 살펴보기로 하자.

이 설화에 등장하는 세 사람 중에서도 사복은 그의 어머니와 더불어 주역을, 원효는 조역을 각각 담당하고 있다. 사복 어머니인 과부의 전생(前生)은 암소였고 죽어서는 연화장세계(蓮華藏世界)로 열반하고 있다.

한 과부의 삼생(三生)은 생사(生死)와 열반(涅槃)이라는 중요한 명제(命題)를 보여주고 있다. 전생(前生)의 소는 경(經)을 실어 나르던 공덕으로 금생(今生)에는 사람으로 태어나 사복을 낳고 살았다. 그리고는 또 죽었다. 생(生)에서 사(死)로, 그리고 사에서 다시 생으로 되풀이되는 생사윤회(生死輪廻)를 거듭하고 있다. 생사윤회는 괴로운 것. 그래서 원효는 그 과부의 시체 앞에서 생사윤회를 멈추도록 축원했다. '생사가 곧 고(苦)'이기 때문이다.

부처님은 말씀하셨다.

"비구들이여, 이것이 고(苦)의 성제(聖諦)다. 마땅히 알라. 생(生)은 고다. 노(老)는 고다. 병은 고다. 죽음은 고다. …… 통틀어 말하면 이 인생은 바로 고, 그것이다. 비구들이여, 이것이 고의 발생의 성제다."

이것은 부처님의 인생관과 세계관을 대표하는 사제(四諦) 중의 첫 번째 진리인 고제(苦諦)에 대한 부처님 자신의 설명이다. 이 설화의 중요한 주제로 부각된 '생사가 곧 고'라는 원효의 말은 고제를 설명한 것이다. 머물러 있지 않고 변화하는 것은 고통이다. 오온(五蘊)으로 구성된 존재가 끊임없이 변화하는 그 오온에 집착하는 것, 그것이 곧 고통이다. 무상(無常)한 생사에 집착하는 것이 괴로운 것이다.

그러나 깨닫지 못한 중생(衆生)들은 아(我)에 집착하여 탐욕을 버리지 못함으로써 미망(迷妄)의 인생은 악순환을 거듭한다. "중생들이 삼계(三界)의 화택(火宅)에서 육도윤회(六道輪廻)를 거듭함은 탐욕을 끊지 못한 탓"이라는 원효의 말이 그것이다. 이 때문에 이 설화에서는 '죽지도 말고 태어나지도 말라'고 했으니, 고통을 낳는 집착으로부터 벗어나 윤회의 사슬을 끊어야 된다는 의미다.

죽은 사복의 어머니가 살아 있는 아들의 등에 업혀 연화장세계로 들어갔다는 것은 곧 열반을 의미한다. 사복의 어머니가 생사윤회를 벗어나게 되었다는 것이다. 열반이란 윤회의 끊음을 의미하기도 하고, '무애(無碍)', '해탈(解脫)' 등의 동의어로 쓰이기 때문이다. 이것은 사제(四諦) 중의 멸제(滅諦)에 해당한다.

이 설화에서의 사복은 화신(化身)으로 등장하고 있다. 연기에 충실한 배우의 모습, 그것이다. 그는 출생부터 남과는 다른 특징이 있다. "그의 어머니는 과부로 남자와 관계하지 않고 그를 잉태하여 낳았다. (寡女 不夫而孕 旣産)"고 했기 때문이다. 모든 부처님은 원(願)과 비(悲)와 지(智)를 좇아 태어나듯, 사복 또한 화신으로 온 것을 말해 주고 있다.

이 설화에서의 사복의 연기는 무엇을 말하는 것인가? 우선 그는 12세까지 말도 하지 않고 일어나지도 않았다. 그의 이름 '뱀아이(蛇童)'도 뱀처럼 기어다녔기 때문에 붙여진 것이었다. 그런데 그가 말도 하지 않고 일어나지도 않았던 것은 12세까지에 한한 것이었음은 주목할 만하다. 12세 이후에는 일어나 걷기도 하고 말도 했던 것이다. 여기서의 12라는 숫자는 아무래도 불교의 십이연기(十二緣起)와 관련이 있는 것 같다. 이 설화의 주제가 생사와 열반이기 때문이며, 십이연기는 사제의 다른 설명이기도 하기 때문이다. 12세까지 말도 않고 일어나지도 않았던 사복이 훗날 연화장에 들어갔다고 하는 것은 십이연기 중에서도 역관(逆觀)을 의미하는 듯하다. 연기의 순관(順觀)이 생사윤회(生死輪廻)의 관찰이라면 그 역관은 곧 나그네가 고향집으로 되돌아가는 환멸(還滅)이자 해탈이며 열반에 이르는 길을 관찰하는 것이기 때문이다. 이 설화를 채록한 일연은 '사복불언(蛇福不言)'이라는 제목을 붙였었다. 사복이 말하지 않았던 사실에 주목했기 때문이다. 사복은 12세 이후 말을 할 수 있게 되었을 때도 언설(言說) 너머에 있는 제법(諸法)의 참 뜻을 생각했고, 때문에 원효를 향해 말이 많다고 핀잔을 주기도 했던 것이다.

사복이 한 포기 풀을 뽑자 그 아래에 아름다운 세계가 열렸다고 한다. 즉, 연화장세계였던 것이다. 연화장세계란 지혜에 의해 자비심을 일으켜 행한 모든 행원(行願)에 의해 장엄된 진리의 세계다. 원효가 죽은 사복의 어머니를 '지혜호(智惠虎)'라고 하면서, '그를 지혜림(智惠林)에 장사지냄이 마땅하다'고 한 것도, 사복이 풀을 뽑고 보여준 그 연화장세계에 대한 다른 표현일 뿐이다. '지혜(智惠)'란 곧 '비지(悲智)'고, 연화장세계가 곧 비지의 나타남이기 때문이다.

지혜(智惠)의 땅이란 곧 십지(十地)의 경지에 도달한 땅이다. 결국 사복이 풀포기를 뽑아서 열린 연화장세계에 그의 망모(亡母)를 업고 들어갔다고 하는 것은 탐욕을 끊고 괴로움을 벗어나 깨달음의 생활을 하게 되었다는 의미일 것이다.

살아 있는 사복이 죽은 어머니의 시체를 업고 함께 땅 속으로 들어갔을 때 그 땅이 합쳐졌다고 하는 것은 미혹(迷惑)과 깨달음이 별개의 것이 아니고 생사와 열반이 서로 다른 것이 아님을 뜻하는 것으로 생각된다. 생사와 열반은 따로따로 실재(實在)하는 것이 아니라 각(覺)과 불각(不覺)에 따라 나타나는 상태일 뿐이다. 원효가 "헛된 것은 일체 생사요, 헛되지 않은 것은 대열반이다."고 했던 것이나 "우리들이 지금 연화장세계에 같이 있으면서도 그것을 보지 못하는 것은 무명망심(無明妄心) 때문이다."라고 하면서, "나와 중생이 오직 긴 꿈의 침대 위를 망령되게 사실이라고 믿지만, …… 이것은 나의 꿈일 뿐 사실이 아니다. 긴 꿈으로부터 확연히 깨어나면 본래부터 유전(流轉)함이 없으며 다만 이 일심(一心)이 일여상(一如床)에 누웠음을 알 것이다."고 했던 것이 모두 이것을 설명해 주는 것이기도 하다.

많은 사람들의 입과 입으로 전해졌던 이 설화를 통해서 신라인의 인생관을 짐작해 볼 수도 있다. 그들은 이미 현실과 이상, 성(聖)과 속(俗), 각(覺)과 불각(不覺) 등 이원적(二元的)인 가치관에 갇혀 있지 않았다. '생사열반상공화(生死涅槃常共和)'라는 화엄적(華嚴的)인생관으로 심화시켜 가고 있었던 것이다.

9. 원효(元曉)와 의상(義相)의 차이

원효와 의상, 이 두 스님은 우리 역사상 가장 찬란한 빛을 던져 준 고승이다. 신라 삼국통일을 전후한 시기에 활동했던 이들 두 사람은 서로 친한 벗이었다. 도반(道伴)이었다. 진리의 벗이었다. 물론 원효는 의상보다 8년 연상의 선배다. 그러나 이들에게는 나이가 별로 문제되지 않았을지도 모른다. 두 스님은 고구려에서 망명한 보덕(普德)으로부터 《열반경(涅槃經)》과 《유마경(維摩經)》을 배웠다고 한다.

이들 두 스님이 함께 처음으로 당나라 유학의 길을 떠났던 것은 진덕왕 4년(650)이었다. 신라 서울 경주를 출발하여 요동(遼東)으로 갔지만 이들은 그곳에서 고구려의 순라군에게 잡혀 수십 일을 갇혀 있다가 다시 신라로 돌아왔다. 이처럼 1차 당나라 유학의 꿈은 좌절되고 말았다. 그러나 이들은 10년이 지나도록 구도의 꿈을 버리지 못했다. 그래서 이들은 문무왕(文武王) 원년(661)에 다시 두번째로 당나라 유학의 길을 떠났다. 이때 원효는 깨달음을 얻어 중도에서 신라로 돌아오고 의상은 험한 뱃길을 헤치고 당나라를 향해 갔다.

원효와 의상은 참으로 좋은 벗이었음에 틀림없다. 원효의 전기에는 의상의 이야기가 따라붙고, 의상의 전기에도 원효의 이야기가 나타나는 것은 곧 이들의 절친했던 친교를 말해 주는 것이다.

그러나 두 사람의 전기 기록이나 저서를 통해서 볼 때 상당히 서로 다른 일면들을 가지고 있음을 쉽게 알 수가 있다. 이들 두 사람의 차이는 출신 신분부터 다르다. 사랑의 이야기도 다르다. 저서의 분량이나 형식도 다르며, 따라서 성격적으로도 많은 차이를 드러내고 있는 것 같다. 이 점 흥미있는 일이다.

원효는 지방 장산군(章山郡), 지금의 경산(慶山)에서 설담내(薛談捺)의 아들로 태어났다. 그의 아버지 벼슬이 신라 관등의 제11위인 내마(奈麻)였다고 하는 것을 보면 성골(聖骨)이나 진골(眞骨)의 귀족계급에 속하는 신분은 아니었던 것 같다.

그러나 의상은 당시 신라의 지배계급으로 생각되는 김한신(金韓信)의 아들로 태어났다. 아마도 당시의 귀족 신분에 속했다고 생각된다. 당시 신라사회가 골품제(骨品制)로 인해 모든 사회적 활동이 제약을 받던 엄격한 신분제 사회였다는 점을 감안할 때, 이 점은 두 사람을 이해하는 데 중요한 시사를 준다.

출가 수행자였음에도 불구하고 이들 두 사람에게는 사랑의 이야기가 전해지고 있다. 원효는 어느 날 거리를 다니면서 "누가 자루 빠진 도끼를 빌려 주겠는가. 하늘을 버틸 기둥을 깎으려니."라고 하면서 그와 짝해 줄 여인을 헤매어 찾았다. 원효의 이 노래를 들은 태종(太宗) 무열왕(武烈王)은 '이 스님이 귀부인을 얻어 현자(賢子)를 낳고자 한다.'고 생각하고, 곧 관리를 시켜 원효를 찾아 홀로 된 공주가 있는 요석궁(瑤石宮)으로 맞아들이게 했다. 관리와 문천교(蚊川橋)에서 만난 원효는 일부러 물에 빠져 옷을 적시니, 관리는 스님을 모시고 궁에 가서 옷을 말리게 했고, 이것을 계기로 궁에 머물면서 공주와 사랑을 맺고 아들 총(聰)을 낳기까지 했던 것이다. 이처럼 원효와 요석공주의 사랑이 이루어지기까지에는 원효의 의도적이고 계획적인 노력이 엿보이고 있다. 더구나 엄격한 골품제 사회에서, 그리고 수행자의 신분으로서 신라 왕실과의 결혼은 결코 쉬운 일이 아니었을 것이다.

이에 비해 의상의 사랑은 원효의 경우와는 다르다. 원효와 헤어진 의상이 험한 뱃길을 헤치고 당나라 등주(登州)에 도착해서, 그곳의 주장(州長)이자 신도인 유지인(劉至仁)의 집에 잠시 머물렀다. 그때 그

집에는 선묘(善妙)라는 아름다운 딸이 있었는데 의상에게 첫눈에 반해버렸다. 선묘 아가씨가 의상에게 사랑을 고백했지만 젊은 구도자의 마음을 움직이지는 못했다. 아가씨는 갑자기 도심(道心)을 발하여 "세세생생에 스님에게 귀명하여 대승을 배워 익히고 큰일을 이룩하겠습니다. 제자는 반드시 시주가 되어 필요로 하시는 생활품을 바치겠습니다."라고 크나큰 원을 세웠다. 의상은 지엄(智儼)의 문하에서 오랫동안 화엄학을 공부한 다음 문무왕 11년(671)에 귀국했다. 선묘 아가씨는 한 마리 용(龍)으로 변해서 신라 땅에까지 스님을 따라왔고, 스님이 머물던 부석사(浮石寺)에 오래오래 살면서 스님을 도왔다고 하는 애틋한 설화가 전해지고 있다.

이처럼 원효와 의상은 사랑의 이야기도 서로 다르게 전해지고 있는 것이다.

그리고 이들 두 사람은 학문적 태도에 있어서도 서로 크게 다르다. 원효는 80여 종류의 저서 200여 권을 저술했다. 그의 학문적 관심은 대·소승(大小乘), 경률론(經律論) 어느 부분에나 미쳤고, 그 저술의 형식 또한 다양했다. 원전에 충실히 주석을 가한 소(疏), 원전의 특수한 내용과 부분에만 주석을 가한 기(記), 원전의 중심 사상만을 뽑은 종요(宗要), 자기 자신의 견해를 피력한 논(論) 등이 그것이다.

그러나 의상은 매우 적은 분량의 저서를 남기고 있다. 고작 《일승법계도(一乘法界圖)》 1권, 《입법계품초기(入法界品鈔記)》 1권, 《화엄십문간법관(華嚴十門看法觀)》 1권, 《아미타경의기(阿彌陀經義記)》 1권, 그리고 《백화도량발원문(白花道場發願文)》, 《일승발원문(一乘發願文)》, 《투사례(投師禮)》 등이 현재까지 밝혀진 의상 저술의 전부이다. 뿐만 아니라, 현존하는 《법성게》와 《백화도량발원문》, 《일승발원문》 등은 모두 매우 짧은 게송류다. 또 그의 학문적인 관심은 화엄학에서 더 벗어나 있지 않다. 물론 《아미타경의기》나 《백화도량발원문》 등은 정토신앙(淨土信仰) 관계의 문헌이지만, 이것은 신앙적인 측면이 더 강했으리라고 생각된다.

원효는 일정한 장소에 오래오래 머물러 살지 않았다. 그는 분황사, 반고사, 항사사, 고선사, 혈사 등지에서 머물렀던 적이 있지만, 이 고을 저 고을 떠돌아다니며 교화했고 여염집과 술집을 넘나들기도 했다.

그러나 의상은 화엄의 근본도량인 부석사를 중심으로 하여 주로 태백산과 소백산에서 활동했다. 그리고 그와 그의 제자들에 의해서 전국에는 화엄사상을 전할 10개의 사찰을 세웠는데, 이것을 흔히 화엄십찰(華嚴十刹)이라고 한다.

제자만 해도 그렇다. 의상의 문하에는 많은 제자가 있었다. 그리고 그에게는 당시에 모두 뛰어난 고승으로 불리던 십대제자가 있었고 이들은 오래오래 화엄사상을 천명했다. 그러나 원효의 제자는 드러나지 않고 있다. 고작 그와 교류를 갖고 있던 사람으로 대안(大安), 낭지(朗智), 혜공(惠空), 사복(蛇福), 엄장(嚴莊) 등이 알려져 있을 뿐이며, 모두가 제자인 것도 아니다.

원효도 의상도 당대에 이미 명성을 날렸고 존경을 받았다. 문무왕은 의상의 뛰어난 활동에 감사하여 토지와 노비를 하사하려고까지 했던 적이 있다. 그런데 원효의 명성과 존경 뒤에는 구설수가 따랐다. 시기, 질투, 중상모략이 따라다녔던 것 같다. 국왕이 백고좌(百高座)를 설치하고 인왕대회(仁王大會)를 열어 두루 고승들을 찾았을 때, 그의 고향에서 원효를 추천해 올렸으나 다른 승려들이 싫어하여 비방하므로 이에 참석하지 못했다는 이야기가 있다. 또한 《금강삼매경(金剛三昧經)》에 대한 소(疏) 다섯 권을 짓고 기일을 정하여 황룡사에서 연설하려 할 즈음, 박복한 무리들이 그것을 훔쳐 달아났으므로 3일만에 다시 세 권을 지었다는 이야기도 전해진다. 또 《삼국유사》의 기록에는 "일찍이 송사(訟事)로 몸을 백 소나무에 나누었다."는 기록도 있다. 이런 등의 사실로 미루어 볼 때 원효에게는 상당한 구설수가 따라다녔던 것 같다.

원효는 어느 한 곳에 구애되지 않고 집착하지 않은 참으로 자유로운 무애의 도인이었다. 그러나 의상은 자기의 전공과 분수만을 지키면서 자기의 길을 갔던 것이다. 누가 더 잘나고 못남은 쉽게 평할 수 없다.

10. 불에도 타지 않은 의상의 《법계도》

가끔 몇 줄의 글을 쓰다 말고 회의에 빠질 때가 있다. 부질없는 짓이라는, 아니 도대체가 의미없는 글을 쓰고 있는 것은 아닌가 하는 생각이 날 때가 있다. 정리되지도 못하고 의미도 담지 못한 글을 빚에 쫄리며 써야 한다는 것은 슬픈 일이 아닐 수 없다.

만해 한용운은 〈문자비문자(文字非文字)〉라는 짤막한 글에서 "글을 쓰되 선적(禪的)으로 쓰고, 글을 읽되 선적으로 읽으라."고 한 적이 있다. 사실 그렇다. 우리는 글을 읽되 글자를 읽어서는 안된다. 안광지철(眼光紙徹)이라는 말이 있듯이, 글자 뒤에 숨어 있는 진실한 의미를 발견할 수 있도록 독서삼매로 읽어야 한다. 그리고 글을 쓰되 문자만을 나열할 것이 아니라 삼매지경에서 써야 할 것이다. 인생의 깊이 있는 체험과 뼈에서 우러나는 눈물과 빛나는 눈빛으로 써야 하리라. 그렇지 못할 때 그것은 정말 푸념이며, 넋두리며, 낙서에 지나지 않으리라. 사마천은 그의 유명한 《사기(史記)》에서 "칼은 한 사람의 적이지만 좋지 못한 글은 만 사람의 적이다."라고 말한 적이 있다. 참으로 기억할 만한 말이다.

우리의 역사에는 참으로 뛰어난 몇 편의 저술이 있다. 의상(義相)의 〈법성게(法性偈)〉도 그 중의 하나다. 한국불교 역사상 적어도

1300여 년 이상을 수많은 사람들이 독송해 오고 있는 글이기에 그렇다. 불교 의식이 있을 때마다 《반야심경》과 더불어 독송하기도 하고, 절에서는 새벽 도량석 때 스님들이 즐겨 독송하기도 한다.

그런데 의상이 원래 칠언 삼십구 이백십자로 된 이 〈법성게〉만을 떼어서 지었던 것은 아니다. 이 게송을 오십사각의 도인(圖印)에 합쳐서 하나의 매우 간략한 저술로 완성시켰던 것이다.

의상은 《법계도》의 첫머리에 이것을 짓게 된 목적을, "이(理)에 의하고 교(敎)에 근거하여 간략한 반시(槃詩)를 만들어 이름에만 집착하는 무리들로 하여금 그 이름마저도 없는 참된 근원으로 되돌아가게 하고자 함이다."고 밝히고 있다. 의상에 의하면, 이 저술은 결코 글자에만 의미가 있는 것이 아니다. 하얀 백지도 의미가 있고 글자도 의미가 있다. 붉은 줄도 의미가 있고 굽어진 각도 의미가 있다. 특히 《법계도》는 세 가지의 세간(世間), 즉 물질의 세계인 기세간(器世間)과 인간들의 세계인 중생세간(衆生世間), 그리고 올바른 깨달음에 의한 지혜의 세계인 지정각세간(智正覺世間)의 모습을 나타내기 위하여 흰 종이 위에 붉은 도인의 줄과 검은 글자를 써서 만들었다. 이것을 《법계도기총수록(法界圖記叢髓錄)》에서 다음과 같이 설명하기도 했다.

백지는 기세간을 표한다. 백지에는 원래 염색이 되어 있지 않다. 먹으로 점을 찍으니 검고, 주(朱)로 점을 찍으니 붉다. 기세계도 이와 같다. 깨끗하거나 더러운 어느 한쪽에 치우쳐 있지 않다. 중생이 처하면 더러움에 물들고 현인과 성인이 처하면 맑고 깨끗하다. 그러므로 검은 글자는 모두 다 검고, 하나 하나는 다 같지 않다. 중생도 역시 이와 같다. 번뇌무명이 모두 자신을 덮고 있고, 온갖 차별을 나타낸다. 그런가 하면 붉게 그린 줄은 지정각세간을 나타낸다. 붉게 그린 한 길은 처음부터 끝까지 끊어짐이 없이 모든 글자들 속에서 연속된 고리를 이루고, 그 빛과 색을 분명히 하고 있다. 부처님의 지혜도 역시 이와 같아 평등광대하여

두루 중생의 마음에 미친다. 십세(十世)가 서로 응하며 원만하고 밝게
비춰 준다. 이 때문에 이 도인은 삼종의 세간을 다 갖추고 있다.

이처럼 의상은 글을 쓰되 글자만을 쓰지 않았다. 색깔과 그림을 동
시에 연결시키면서까지 이름이나 문자에 집착하는 무리들이 참된 근
원으로 되돌아가기를 원했던 것이다.

의상의 이 저술은 당나라 지엄 스님 밑에서 화엄학을 공부할 때 방
대한 《화엄경》의 내용을 이 짤막한 저술 속에 요약했던 것이다. 그런
데 이 저술에는 다음과 같은 설화가 전해지고 있다.

의상이 스승 지엄의 문하에서 화엄학을 공부할 때다. 꿈 속에 형상이
매우 기이한 신인(神人)이 나타나 의상에게 "네 자신이 깨달은 바를 저
술하여 사람들에게 베풀어 줌이 마땅하다."고 했다. 또 꿈에 선재동자
(善財童子)가 총명약(聰明藥) 십 여 제를 주었다. 그리고 또 꿈에 청의
동자(靑衣童子)가 세번째로 비결을 주었다. 스승 지엄이 이것을 듣고,
"신인이 신령스러운 것을 줌이 나에게는 한 번이었는데 너에게는 세 번
이구나. 널리 수행하여 그 통보를 곧 표현하도록 하라."고 했다. 명을
따라 그 터득한 바 오묘한 경지를 순서를 따라 부지런히 써서 《대승장
(大乘章)》 10권을 엮고, 스승에게 잘못을 지적해 주기를 청했다. 지엄
은 "뜻은 매우 아름다우나 말은 오히려 옹색하다."고 했다.

이에 물러나 번거롭지 않고 어디에나 걸림이 없게 했다. 바꾸어 뜻을
세우고 그윽함을 숭상했다고 말할 수 있으니, 대개 스승이 지은 《수현
분제지의(搜玄分齊之義)》를 존숭한 것이다.

지엄과 의상이 더불어 부처님 앞에 나아가 그것을 사르면서 "부처님
의 뜻에 계합함이 있다면 원컨대 타지 말기를 바랍니다."고 서원했다.
타고 남은 나머지에서 이백십자를 얻었다. 의상으로 하여금 그것을 줍
게 해서 다시 간절한 서원을 발하면서 맹렬한 불길 속에 던졌다. 마침내
그것은 타지 않았다. 지엄이 눈물을 흘리면서 감동하여 칭찬하였다. 의

상이 연결하여 게(偈)가 되게 하려고 며칠 동안 문을 걸고 지냈다. 마침내 삼십구를 이루니 삼관(三觀)의 오묘한 뜻을 포괄하고 십현(十玄)의 아름다움을 드러내었다.

《법계도》에 얽힌 이상의 설화는 최치원이 지은 《의상전(義相傳)》으로부터 균여(均如)가 그의 《일승법계도원통기(一乘法界圖圓通記)》에 인용해 놓고 있는 것이다. 불에 던져도 타지 않는 글자로 모아 이룩한 이 저술은 참으로 썩지 않는 불후의 명저임에 틀림없다. 우리는 이 설화를 읽으면서 의상의 〈법성게〉가 천년 이상을 사람들의 입과 입으로 전해진 까닭을 알게 된다.

11. 의상과 선묘(善妙), 그리고 부석사

해동화엄초조(海東華嚴初祖) 의상(義相, 625~702)은 원효와 더불어 신라의 대표적인 고승이다. 그는 19세에 출가했고, 38세로부터 44세에 이르는 8년간을 당(唐)에 유학, 중국 화엄종의 제2조 지엄(智儼)의 문하에서 화엄을 수학했다. 본국으로 돌아온 그는 676년(문무왕 16)에 부석사(浮石寺)를 창건, 화엄대교를 널리 펴기 시작했으니, 이것이 신라 화엄종의 출발이었다.

태백산과 소백산의 두 산맥 사이에 영주가 있고, 영주의 봉황산 중턱에 부석사가 자리잡고 있다. 이 절에는 창건에 얽힌 한 아름다운 설화가 전해오고 있어, 1300여 년이 지난 오늘에 이르기까지 순례자의 가슴을 뭉클하게 해준다. 그것은 의상 스님과 선묘 아가씨의 애틋한 사랑의 이야기이자 동시에 이 절의 창건설화이기도 하다.

의상은 상선을 타고 바다를 건너 등주(登州) 해안에 도달했다. 그는 한 신도 집에 머무르게 되었는데, 그 집에는 선묘(善妙)라는 아름다운 딸이 있었다. 그녀는 의상의 용모가 매우 뛰어남을 보고 가까이 하려고 했지만, 돌과 같이 굳은 스님의 마음을 조금도 움직일 수 없었다. 그녀는 스님의 굳은 의지를 보고 갑자기 도심을 일으켜 그 앞에서 다음과 같이 크나큰 원을 발했다.

"세세생생(世世生生)에 스님에게 귀명하여, 대승(大乘)을 배워 익히고 대사를 성취하겠습니다. 제자는 반드시 시주가 되어 스님에게 필요한 생활용품을 바치겠습니다."

의상은 그 후 장안 종남산에 있는 지엄(智儼)에게로 가서 화엄학을 배웠다. 그때 동문에는 당나라의 법장(法藏)도 있었다. 공부를 끝내자 돌아가 전법을 해야겠다고 생각한 의상은 고국 신라로 돌아오는 먼 길에 올랐다. 다시 등주에 이른 그는 그 신도 집을 찾아 그동안 베풀어준 갖가지 편의에 사의를 표하고 떠났다.

의상을 선창에서 보았다는 소문을 들은 선묘가 미리 스님을 위하여 준비한 법복과 그 밖의 여러 가지 집기들을 함에 가득 넣어 해안에 도달했을 때, 의상의 배는 이미 멀리 떠나고 있었다. 그녀는 주문을 외우며 "나의 참된 본심은 법사를 공양하는 일입니다. 원하옵건대, 이 옷함이 저 배에 닿기를…" 하고 옷함을 물결 속에 던졌다. 때마침 질풍이 불더니, 이 옷함을 새털을 날리듯 의상이 탄 배에 닿게 하는 것이었다. 그녀는 또 서원하기를, "내 몸이 변해서 대용(大龍)이 되기를 바라옵니다. 그래서 저 배가 무사히 신라 땅에 닿아 그로 해서 스님이 법을 전할 수 있게 되기를 바라옵니다." 하고 몸을 바다 속에 던졌다. 그 원력을 굽힐 수 없는 것임을 알았는지 신이 감동하여 과연 용이 되었다. 혹은 떠올랐다 혹은 물 속에 잠겼다 하며, 이 용이 그 배 밑을 부축하여 의상은 무사히 바다를 건너 도달할 수가 있었다.

의상은 귀국 후 산천을 편력했다. 고구려의 먼지와 백제의 바람, 말과 소도 접근할 수 없는 곳에서, "이곳은 땅이 신령하고 산이 수려하니 참으로 법륜(法輪)을 굴릴 만한 곳이다. 권종이부(權宗異部)의 무리들이

5백명이나 모여 있을 까닭이 무엇이냐."라고 하였다. 의상은 또 마음 속 깊이 대화엄의 가르침은 복되고 선한 곳이 아니면 일으키지 말아야 한다고 생각하였다. 그때에 선묘용(善妙龍)은 항상 따라다니며 의상을 수호했는데, 그의 이러한 생각을 알아차리고, 곧 허공 중에 대신변을 일으켜 커다란 바위로 변했다. 넓이가 1리나 되는 바위가 되어 절의 지붕 위에서 떨어질까 말까하는 모습을 하였다. 그곳의 뭇 승려들은 그 돌을 보고 사방으로 흩어져 버렸다. 의상은 이 절에 들어가 겨울과 여름에 《화엄경》을 강의했다. 특별히 부르지도 않았는데, 많은 사람들이 모여들었다.

이상은 《송고승전(宋高僧傳)》에 전해오는 의상과 선묘, 그리고 부석사의 창건에 얽힌 설화다. 아마도 이것은 신라의 부석사를 중심으로 전해오던 설화가 중국으로 전해져 《송고승전》에 수록되었을 것이다. 이 설화는 선묘의 사랑과 부석사 창건이라는 서로 다른 내용이 교묘하게 얽혀 구성되고 있다. 전반부는 의상에게 사랑을 느낀 선묘가 그의 마음을 돌이킬 수 없음을 깨달았을 때 도심을 발한다는 내용이다. 불도에 정진하는 젊은 구도자에게 아름다운 여인의 열렬한 애정의 호소, 그것은 극적인 만남이고 흥미있는 이야기다. 가끔 있는 불교설화의 한 유형이다. 젊은 구도자 앞에 나타난 아름다운 아가씨가 털어놓은 사랑의 고백, 그것은 그 구도자에게 닥친 하나의 큰 시련이며 함정일 수 있다. 그러나 의상의 구도심은 여기에 꺾이지 않는다. 도리어 그는 그 여인을 숭고한 신앙의 길로 인도하는 것이 아닌가. "세세생생에 스님에게 귀명하여 대승을 배우고 대사를 이룩하겠다."는 선묘의 발원에는 속되지 않은 사랑의 아름다움이 깃들어 있고, 의상의 의연한 모습에는 참다운 구도자의 모습이 돋보이고 있다.

저 멀리 신라로 돌아가는 의상을 향해 선묘는 바다 속으로 뛰어든다. 한 처녀가 이국의 젊은이, 그것도 출가 수행자를 사모하다가 바닷

물에 뛰어들어 죽는 모습이다. 그러나 이 설화는 세속적인 사랑의 이 야기를 숭고한 종교적 사랑으로 승화시키면서 의상과 선묘 두 사람을 더불어 고양시켜 주고 있는 것이다. 한 마리 용, 그 용은 이루지 못한 사랑의 앙갚음을 하려는 악룡이 아니라, 진리를 수호하려는 호법룡인 것이다. 그 용은 의상의 뱃길을 부축하며 신라 땅으로 따라왔다. 신라 에까지 온 선묘화룡(善妙化龍)은 다시 한번 부석으로 변해 삿된 무리 들을 쫓아내고 의상이 절을 창건할 수 있게 돕는다는 이 설화 후반부 의 이야기는 의상의 법력을 더욱 신비화시키고 있다. 온갖 어려움을 극복하여 해동화엄의 근본도량을 이룩하고 신라 땅에 화엄의 대교를 전한 의상의 덕을 신비화시키려는 의도가 이 설화 속에는 엿보인다.

선묘의 넋이 변하여 되었다는 부석은 지금도 무량수전 뒤편에 있 다. 그것은 하나의 큰 자연 반석으로 석괴 위에 비스듬히 놓여 있다. 이 절이 부석사로 불리게 된 것은 바로 이 돌에 연유하고 있다. 의상 을 부석존자(浮石尊者)로 존칭했던 것도, 신라의 화엄종을 부석종으 로 불렀던 것도 모두 이 절의 명칭에 연유하고, 이 절의 명칭은 부석 설화에 근거하고 있는 것이다.

지금 이 반석이 공중에 떠 있다고 믿을 사람은 아무도 없을 것이다. 또한 공중에 떠 있지도 않은 돌을 왜 부석이라고 하느냐고 따지는 것 도 부질없는 짓이다. 사도에 집착한 무리들을 쫓아내기 위해서 이 돌 이 공중으로 날아다녔다는, 그리고 그것이 또한 선묘가 의상을 도와 신변을 부렸던 것이라는 옛 이야기를 곰곰 음미해 보면 그만 아니겠 는가. 하늘엔 태양이 빛나고 있어야 하듯이, 진리만이 이 세상의 등불 이고 길잡이이기에 이 세상에는 올바른 진리가 행해져야 한다. 목숨을 던져서 의상을 도왔다는 선묘 아가씨. 그는 "정법을 지키기 위해서 몸 과 생명과 재산까지도 바치겠다."고 하던 승만 부인의 그 놀라운 서원 을 생각나게 해준다.

12. 천민 출신의 고승들

"나의 제자들아, 대하(大河)로는 황하가 있고, 요오우나강이 있고, 아지라파디강과 사라푸우와 마히이강이 있다. 그 밖에도 바다로 흐르는 강이 얼마나 되는지 알 수 없느니라. 그 강물이 한번 바다로 흘러 들어간 다음에는 옛날의 이름과 흘러온 계통은 없어지고 다만 바다의 이름만으로 불린다. 그와 같이 너희들도 출가하기 전에는 귀족이었거나 바라문, 바이샤, 수드라의 어느 편이었건 간에, 출가하여 나의 가르침에 따르고 한 곳에 머물지 않는 생활에 들어가면, 그 이전의 이름과 계급은 없어지고, 다만 석가모니를 신봉하는 사문이라는 이름으로 평등하게 불리느니라."

"세속에는 네 종류의 성(姓)을 가진 종족이 있다. 크샤트리아와 바라문과 바이샤와 수드라가 있어, 각기 정치와 종교와 실업과 노예의 일에 종사하고 있다. 그러나 어느 종족을 막론하고 그들 속에는 선과 악이 섞여 있다. 그러면서도 브라만의 종족이 유독 청정하다는 것은 망언이 아닌가. 크샤트리아의 종족 가운데도 머리를 깎고 법복을 입고 도를 닦으면 오래지 않아서 정도를 성취한다. 정도를 성취한 자를 아라한이라 한다. 이 아라한이야말로 가장 청정한 것이다."

이는 인간의 본질적인 평등을 갈파한 부처님의 말씀이다. 카스트라고 하는 엄격한 계급제도가 지배하던 당시 인도 사회에서 인간의 평등을 부르짖어 세계 인류에 커다란 희망을 안겨주었던 신념이 넘치는 선언이다.

사실 부처님을 중심으로 갖가지 다른 신분층에서 많은 제자들이 모여들었다. 부처님의 수많은 제자들 중에서 바라문 출신과 장자의 아들들, 그리고 왕족들도 많았지만, 천민 출신 또한 많았다. 천민 출신의 스티나, 우둔하기 짝이 없었던 판타카, 매춘부 출신의 연화색녀, 살인

귀 앙굴마라, 백정의 딸 등 이들 모두가 훌륭한 제자가 되었다. 부처님의 말씀처럼 네 가지 종족이나 계급은 그 사람의 혈통이나 신분으로써 차별되는 것이 아니었다.

이처럼 인간의 평등을 내세우는 불교가 이 땅에 전래된 이후, "불교는 과연 인간평등을 실현하는 데 얼마나 공헌했던가." 하는 의문에 대해서는 선뜻 대답하기 어렵다. 때로 불교는 왕실과 귀족들의 편에 서서 그들을 옹호하기도 했고, 승려들은 또 한 부류의 귀족이 되어 많은 경제적인 부와 노비들을 소유하면서 거들먹거리기도 했다. 그러나 모두가 그랬던 것은 아니다. 귀족적인 생활을 팽개치고 대중 속으로 들어갔던 원효와 같은 고승도 적지 않았다. 또 문무왕이 전답과 노비를 주었을 때, 의상은 "우리들의 법은 지위의 높고 낮음을 평등하게 보고 신분의 귀천을 없이 하여 한가지로 합니다. 《열반경》에는 여덟 가지 부정한 재물에 관하여 말하고 있습니다. 어찌 제가 전답과 노비를 소유하겠습니까. 저는 법계(法界)를 집으로 삼아 발우를 가지고 밭갈이를 하며 익기를 기다립니다. 지혜로운 생명이 이 몸을 빌어서 살고 있습니다."라고 하면서 거절했던 것은 너무나 유명하다. 그리고 진흥왕 때의 화랑 사다함(斯多숌)이 가야 정벌의 공을 세우고 가야의 포로 300명을 상으로 받았다가 한 사람도 남기지 않고 놓아 준 것 또한 불교의 자비와 평등사상의 영향이 있었다고 생각된다. 사다함이란 원시불교의 성자계위(聖者階位) 중 둘째 지위에 해당하는 것으로 그 이름부터 불교에서 온 것이기 때문이다.

무엇보다도 불교의 평등사상이 그대로 적용된 것은 불교 교단 내에서의 일로서, 이는 특히 주목되어 마땅하다. 《삼국유사》에는 노비들이 출가 수행하여 훌륭한 고승이 되거나 또는 왕생(往生)했다는 상당한 기록이 전해지고 있다.

경덕왕 때 귀진(貴珍)의 계집종 욱면(郁面)은 주인을 따라 절에 가서 절 마당에 서서 염불을 했다. 주인은 그녀가 직분에 어긋난다고 미위하여 늘 곡식 두 섬을 주어 하루 저녁에 다 찧게 했는데, 그는 초저녁에 다 찧어 놓고 절에 가서 정성껏 염불해서 왕생극락했다.

천진공(天眞公)의 집에서 고용살이 하던 노파의 아들 우조(憂助)는, 훗날 출가하여 법명을 혜공(惠空)이라고 하고, 명망있는 고승이 되어 원효와 더불어 교유하기도 했는데, 그는 승조(僧肇)의 후신(後身)으로 알려졌다.

의상의 십대제자 중 한 사람인 지통(智通) 또한 어릴 적에는 이량공(伊亮公) 집의 종이었다. 그리고 19응신(應身)의 하나라고 일컬어졌던 광덕(廣德)의 처는 일찍이 분황사의 계집종이었다고 한다.

골품제라고 하는 엄격한 신분제 사회였던 당시 신라시대에 이같이 천한 종의 몸으로 존경받을 수 있는 지위에까지 이른다는 것은 불교 교단이 아니면 생각조차 하기 어려운 일이었다.

고려 말 공민왕 때의 신돈(辛旽)은 계성현 옥천사 계집종의 아들이었다. 공민왕의 사부로 지극한 존경과 신임을 받으면서 급격한 개혁정치를 시도하다가 실패하고, 방탕 음란한 행동으로 처형됨으로써 훗날 요망한 승려의 첫머리에 꼽히게 되지만 결코 단순한 인물은 아니었다.

조선시대에도 천민 출신으로 출가 수행하여 많은 사람의 존경을 받은 고승이 있었으니 부용당(芙蓉堂) 영관(靈觀)이 곧 그 예에 속하는 인물이다.

일찍이 인간의 평등을 부르짖은 부처님이 태어난 인도를 비롯하여 중국이나 우리나라 등의 동양사회나 서양사회를 막론하고 근대사회로 전환하기 이전에는 모두가 신분제 사회였다. 부처님이 일찍이 설파한 인간의 평등이 제도적으로 일반사회에까지 그대로 실현된 것은 아니었다. 그러나 불교 교단 내에서만이라도 인간의 평등이 실현되고 있었던 사실은 불교가 인류역사에 끼친 매우 큰 영향 중의 하나임에 틀림없다. 불교의 평등사상은 앞으로도 두고두고 인류의 커다란 희망이 되고 길잡이가 될 것이다.

13. 솔거(率居)와 김 생(金生)

신라시대의 대예술가 솔거와 김 생을 모르는 사람은 거의 없을 것이다. 뛰어난 화가 솔거와 신필제일(神筆第一) 김 생에 대해서는 국민학교 어린 시절부터 그 명성을 익혀왔으니 말이다. 그러나 높은 명성에 비해 이들 두 예술가의 전기는 너무나 흐리다. 더구나 솔거가 승려였을 가능성이나 김 생이 승려였다는 사실은 잘 알려져 있지 않은 것 같다.

이들에 관한 기록은 《삼국사기(三國史記)》 열전(列傳) 중에 간략히 소개되고 있다. 먼저 솔거의 전기를 살펴보기로 하자.

솔거는 신라 사람인데, 한미한 집에서 출생하였기에 그 족계(族系)가 기록되지 않았다. 그는 태어나면서부터 그림을 잘 그려 일찍이 황룡사(皇龍寺)의 벽에 한 노송(老松)을 그렸는데, 그 둥지와 줄기가 거칠게 비늘지고, 가지와 잎이 구불구불하여 까마귀, 솔개, 제비, 참새들이 간간이 이를 바라보고 날아 들어왔다가는 어름어름하며 떨어졌다. 오랜 세월이 흘러 색이 낡았기에, 그 절의 스님이 단청으로 보충했더니, 까마귀와 참새가 다시는 오지 않았다. 그리고 경주 분황사(芬皇寺)의 관음보살(觀音菩薩)과 진주 단속사(斷俗寺)의 유마상(維摩像)도 모두 그의 필적이니 세상에서 신화(神畫)로 전해온다.

이상은 《삼국사기》에 전하고 있는 솔거에 대한 단편적인 기록이다. 이 기록만으로는 솔거의 생애를 알 수가 없다. 다만 그의 출신이 한미했다는 것과, 그의 작품으로 황룡사의 노송, 분황사의 관음보살상, 단속사의 유마상 등이 있었다는 것, 그리고 그가 살았던 시기가 통일신라시대 경덕왕(景德王 : 742~764) 때쯤이었으리라는 것 등을 알 수 있을 정도다.

　그런데 솔거를 삼국시대인 진흥왕(眞興王) 때의 인물로 알고 있는 경우가 많다. 이수광(李晬光)의 《지봉유설(芝峰類說)》로부터 비롯되는 이러한 설은 지금까지도 거의 일반화되어 버린 것 같다. 솔거가 진흥왕 때, 즉 6세기 중엽의 사람이라고 하는 것은 황룡사가 창건되던 진흥왕 17년(556)에 그가 노송을 그렸으리라고 생각한 때문이다. 그러나 이러한 견해는 잘못이다. 솔거가 유마상을 그렸다는 단속사의 창건 연대가 황룡사의 창건에 비해 190여 년이나 뒤지기 때문이다. 지리산에 있었던 단속사는 경덕왕 때의 이 순(李純)이 관직에서 물러나 왕의 복을 빌기 위해 748년에 세운 절이다. 단속사에 있었다는 솔거의 작품 유마상은 본시 다른 곳에 있던 것을 이 절을 창건할 때 옮겨다 놓았으리라고 추측하는 경우도 있다. 이러한 견해는 황룡사가 창건되던 진흥왕 당시에 솔거가 살고 있었으리라는 것을 전제로 하고 생겨난 것이다. 그러나 《삼국사기》의 기록만으로는 반드시 황룡사가 창건되던 때에 노송을 그렸다고 생각할 이유는 아무 것도 없다.

　그리고 《삼국사기》의 기록에는 솔거가 승려였을 것이라는 언급이 전연 없다. 그런데 《지봉유설》에는 "솔거가 승려의 이름(僧名)이라고 혹 말해진다."고 했다. 《삼국사기》보다도 《지봉유설》이 훨씬 후대에 쓰여진 것이기에 그 사료적 가치는 줄어들고, 또 전설적인 구전(口傳)을 기록한 것 같기에 더욱 그렇다. 그러나 조선시대 후기에 솔거가 승려였다는 구전이 있었던 것임에는 틀림없다. 사실 솔거가 승려였을 가능성은 매우 많다. 그의 그림이 모두 사원에 전해지고 있었고, 또한 관음보살, 유마상 등을 그렸으며, 당시의 많은 예술가 중에는 승려가 많았다고 하는 등의 사실을 아울러 생각해 보면 '솔거'가 승려의 이름이었다는 설을 일축해 버릴 수는 없다.

　우리나라 역대 명필들 중에서도 '신필제일'로 추앙받는 김 생 또한 솔거와 마찬가지로 그의 명성에 비해 발자취는 너무나 흐리다. 일찍이 김부식은 김 생에 대해 "부모가 한미하여 그 세계(世系)를 알 수 없다. 경운(景雲) 2년(聖德王 10년, 711)에 태어나 어려서부터 글씨를 잘 썼으며 평생에 다른 재주는 배우지 않았다.”고 했다. 그런데 김 생이 승려였다는 사실은 여러 기록에서 찾아볼 수 있다. 《동국여지승람》에 의하면, 조선시대 초기까지 충주의 북진(北津) 언덕에 있던 김생사(金生寺)란 절은 김 생이 두타의 고행을 닦고자 이 절에 있었으므로 생겨난 이름이라고 한다. 지금 청원군 문의면 덕유리에 김생사 터가 있고, 이 절터에서 김생사(金生寺)라는 명문이 있는 기와쪽이 발견되기도 했다.

또 김 생과 관련된 전설이 전해지는 곳으로 안동의 문필산이 있다. 김 생이 이곳에서 공부를 했으므로 붙여진 지명이라고 한다. 물론《동국여지승람》의 이 기록은 조선시대 초기의 것이기에 사료적 가치가 작다. 그러나 이 기록에 덧붙여 있는 고려 말 안 축(安軸)의 “신라 때의 김 생은 글씨 쓰는 법이 신기하였는데, 산실(山室)에서 글씨 배우던 일, 이미 천년을 지났네.”라는 시를 통해 이같은 전설이 이미 고려 때부터 전해지고 있었음을 알 수 있다. 무엇보다도 김 생이 두타의 고행을 닦았기에 김생사라는 절 이름이 생겨났다는 사실은 그가 곧 승려였다고 하는 사실을 알게 해준다.

통일신라시대의 뛰어난 두 예술가가 불교와 깊은 관련이 있었을 것이라는 사실만은 확실하다. 이러한 사실은 불교가 민족문화에 기여했던 역할에 대해 정당한 인식을 가질 필요가 있음을 일깨워 주고 있다.

14. 월명(月明)의 풍류

신라시대의 승려나 화랑들 중에는 풍류를 알고 멋있게 살다간 사람들이 많은데, 그 중에서도 경덕왕(景德王 : 742~764) 때의 월명(月明)은 이름난 풍류인이었던 것 같다. 월명 스님은 경주의 사천왕사(四天王寺)에 살고 있었다. 원래 사천왕사는 신라가 삼국통일을 수행해 가는 과정에서 당(唐)의 침략을 물리치고자 하여 왕실과 승려들이 함께 창건한 유명한 사원이었다. 삼국이 통일된 지 80여 년이 지난 8세기 중엽인 경덕왕 때에 이르러 신라의 문화는 그 최성기를 맞게 되었다.

사천왕사에 살고 있던 월명 스님은 피리를 매우 잘 불었다고 한다. 달 밝은 밤, 이 절의 문 앞 큰길에서 스님이 피리를 불었더니 달이 서쪽으로 가기를 멈추었기에 그 길이 월명리(月明里)라고 이름 붙여질 정도였다. 이 뿐만 아니라 월명은 향가(鄕歌)를 잘 짓는 풍류인이기도 했다. 그가 지은 향가 〈도솔가(兜率歌)〉와 〈제망매가(祭亡妹歌)〉 두 수는 현재까지도 전해지고 있다. 월명은 스님이면서도 염불보다는 오히려 향가를 더 즐겨했고 더 잘 알았다. 이는 경덕왕이 그 즉위 19년이 되던 서기 760년에 스님을 맞아 두 해가 나란히 나타난 괴변을 물리쳐 주기를 청했을 때, "저는 국선(國仙)의 무리에 속해 있으므로 향가만 알 뿐이고 범성(梵聲)에는 익숙하지 못합니다."라고 했던 것으로 알 수 있다.

당시에는 승려의 몸으로 동시에 낭도(朗徒)가 되어 풍류도를 수행하던 사람이 적지 않게 있었다. 진지왕(眞智王) 때의 진자(眞慈), 진평왕(眞平王) 때의 혜숙(惠宿), 무열왕(武烈王) 때의 전밀(轉密), 효소왕(孝昭王) 때의 안상(安詳), 경문왕(景文王) 때의 범교(範敎) 등이 모두 승려 낭도였다. 이들 승려들이 불교에 속해 있으면서 동시에 풍류도를 수행하는 낭도일 수 있었던 것은 풍류도와 불교 사이에는 서로 통하는 점이 없지 않았기 때문이었을 것이다.

월명 스님, 그는 풍류를 알았고 멋지게 인생을 살다간 분이었다. 피리와 노래, 그리고 달, 이러한 말들에는 풍류가 있다. 더구나 그의 법명인 월명에까지도 풍류스러움이 깃들어 있는 것이다. 이처럼 월명이 피리를 불고 노래를 부르던 스님이라고 해서 승려로서의 덕이나 인격이 부족했다고 생각한다면 그것은 잘못이다. 그가 경덕왕의 청을 받고 〈도솔가〉를 지어 불렀을 때 열흘 동안이나 계속되던 변괴가 잠시 사이에 사라질 정도로 그의 덕과 정성은 지극한 바가 있었기 때문이다.

월명은 당시의 왕실은 물론 민중들로부터 존경을 받던 스님이었다. 그러나 그의 생애와 사상을 알 수 있는 좀더 자세한 기록은 없다. 이제 그가 지은 향가 〈제망매가〉를 통해서 그의 깊은 사상과 시 세계의 한 측면을 엿보기로 하자.

월명 스님에게는 누이동생이 한 명 있었는데 어느 해에 젊은 나이로 갑자기 죽었다. 이에 월명은 죽은 누이동생을 위하여 재(齋)를 올리고 향가를 지어 읊었다. 이것이 유명한 〈제망매가〉이다.

> 생사(生死)의 길은 여기 있음에 두려워지고
> 나는 갑니다 말도 못다 잇고 가버렸는가
> 어느 가을 이른 바람에 여기저기 떨어지는 잎처럼
> 한 가지에 나고도 가는 곳 모르는구나
> 아아! 미타찰(彌陀刹)에서 만나볼 나 도 닦아 기다리련다.

사랑하던 누이동생의 죽음 앞에 선 월명, 그는 한없는 슬픔의 노래를 '생사의 길은 여기 있음에 두려워진다'고 시작한다. 죽고 사는 길이 60년 저 멀리에만 있는 것이 아니라 지금 바로 여기에 있다는 것은 수행자(修行者)다운 생사관의 피력이다. 죽음을 향해 가는 길이나 삶으로 향해 난 길이 따로 있는 것은 아니다. 그것은 언제나 우리들이 살고 있는 지금 여기에 있는 것이다. 이 사실을 깨달을 때 인생은 덧없는 것이고 무상한 것이며 두려워지는 것이다. 월명 스님은 다시 그 인생의 덧없음을 '나는 갑니다 말도 못다 잇고 가는가'라고 눈물로 노래하는 것이다. 생사의 갈림길에 선 인생이란 참으로 덧없는 것이다. 죽음이 눈앞에 다가서면 '나는 이제 갑니다' 이 고별의 한마디 말도 맺지 못한 채 떠나가야 하는 것이 인생인 것이기에. 이처럼 인간 생사의 무상함을 두고 생각하던 월명의 슬픔은 눈앞에 있는 자기 누이동생의 죽음에 너무도 따뜻한 인간적인 눈물을 뿌리는 것이다. 아직 다 피어나지도 못한 어여쁜 꽃봉우리인 채로 가버린 누이동생의 애처로운 죽음이기에 월명 스님의 슬픔은 더욱 깊을 수밖에 없었다. 그러기에 그는 누이동생의 죽음을 '어느 가을 이른 바람에 떨어지는 나뭇잎'으로 비유하며 서러워하고 있는 것이다.

가을이 완연하여 떨어지는 낙엽이라면 그것은 자연스러운 것이다. 그러나 채 가을이 깊어지기도 전에 모진 바람에 떨어지는 나뭇잎은 서러운 것이다. 또한 그는 혈육의 정, 남매간의 정을 '한 가지에 났다'고 표현하면서 슬퍼하고 있는 것이다. 진정으로 흘리는 눈물의 따뜻한 정은 오히려 천년 세월을 지나고도 우리의 가슴을 울리는 것이다. 그러나 월명 스님은 그 지극한 슬픔의 눈물을 스스로 씻고 '아아! 미타 정토(彌陀淨土)에서 만나볼 나 도 닦아 기다리련다'고 끝맺으며 자리에서 일어서는 것이다. 정말로 멋진 끝맺음이다. 슬픔의 힘을 희망으로 돌이키는 덕 높은 수행자의 자세다. 이 마지막 구절에 이르러 이 〈제망매가〉의 진가가 더욱 돋보이고 있다.

죽음이 슬프다고 해서 그 죽음 앞에서 마냥 서러워만 하고 있을 수는 없다. 만약 이 향가가 지극한 슬픔만으로 끝났다면 감동을 줄였을 것이다. 그러나 월명 스님은 눈물을 닦으며 일어날 수 있었고, 이것은 수행자다운 모습이기도 하다.

월명은 누이동생의 죽음에 대해 '한 가지에 나고도 가는 곳 모르겠구나'라고 읊었다. 이제는 유명(幽明)을 달리한 남매, 네가 어디로 갔는지를 모르겠다고 탄식하는 것이다. 그러나 그는 곧 미타정토에서 만나기 위해 도를 닦겠다고 끝맺고 있다. 서로 모순되는 것 같고 많은 비약이 있는 듯하지만 여기에는 필요 없는 많은 이야기를 생략해 버렸을 뿐이다. '이제 정신을 가다듬고 다시 생각해 보니 네가 간 곳을 알겠구나. 너는 평소에 착했었지. 그러니 네가 간 곳은 분명 아미타불이 계시는 극락세계. 그리운 너를 만나보기 위해서는 내가 너를 따라 그 미타정토로 가야 하고, 그러기 위해서는 마냥 슬퍼하고만 있을 것이 아니라 그날을 기약하며 도를 닦아야 하지 않겠는가.' 이와 같은 마음 속 생각과 다짐을 이 향가에서는 끝 구절에 농축해 놓고 있는 것이다.

누이동생의 죽음 앞에서 인생의 덧없음과 설움에 잠기다가 그 슬픔을 삼키면서 도를 닦으며 기다리겠다는 월명 스님의 마음가짐이야말로 슬프면서도 그 슬픔의 밑바닥에까지 빠져 익사하지 않는 모습이다. 이와 같은 모습은 풍류고 여유다. 수많은 슬픔과 고통이 닥쳐와도 결코 미래의 희망을 포기하지 않고, 그러기에 지극한 슬픔에 빠져들지 않는 여유이다. 월명 스님이 〈제망매가〉에서 보여준 이와 같은 가락은 다시 천년 세월의 강을 뛰어넘어 만해 한용운에까지 이어지는 것이다. '님'을 이별한 설움을 구성지게 노래하던 만해가 "그러나 이별을 쓸데없는 눈물의 원천으로 만들고 마는 것은 스스로 사랑을 깨치는 것인 줄 아는 까닭에 슬픔의 힘을 옮겨서 새 희망의 정수배기에 들이부었습니다."고 눈물을 그치는 멋 또한 월명의 풍류와 한소식으로 통하는 것이기에.

15. 금강산(金剛山) 신앙

신라인들은 일찍부터 산악을 신성시하고 숭배하는 습속을 가지고
있었다. 이것은 단순한 습속이라기보다는 소박한 신앙의 한 형태라고
하는 편이 더 정확한 표현인지 모른다. 그들이 산을 신비로운 눈으로
바라보고 경건한 마음으로 숭배했던 이유는 산이야말로 신인(神人)이
사는 곳이라고 생각했기 때문이다. 선도산(仙桃山)의 성모(聖母), 가
야산(伽倻山)의 정견모주(正見母主), 지리산의 성모(聖母) 등은 그 대
표적인 산신으로서 오랜 옛날부터 숭앙을 받았다.

이러한 산악숭배의 옛 신앙은 신라의 경우 3산(山)·5악(岳)이 그
대표적인 대상이었다. 신라인들은 내림(奈林)·혈례(穴禮)·골화(骨
火)의 삼산에 호국의 신이 살고 있다고 믿었고, 통일신라시대에는 다
시 토함산·지리산·계룡산·태백산·팔공산 등의 5악과 이밖의 많
은 산들에서 해마다 크고 작은 제사를 드려 나라의 평안을 기원하곤
했다.

신라사회에 불교가 뿌리내리기 시작하면서 옛 산악숭배는 차차 불
교신앙과 서로 습합하기 시작했는데, 오대산·금강산·천관산 등이
그 대표적인 예이다. 이들 산에는 각각 문수보살(文殊菩薩), 법기보살
(法起菩薩), 천관보살(天冠菩薩)이 상주하면서 설법하고 있다는 보살
주처신앙(菩薩住處信仰)이 신라사회에 유포되었다. 이것은 《화엄경
(華嚴經)》의 보살주처품에 바탕을 둔 화엄신앙의 신라적인 수용이기
도 했다.

금강산은 지달산(枳怛山)·개골산(皆骨山)·풍악산(楓岳山)·봉래
산(蓬萊山)·열반산(涅槃山)·중향산(衆香山) 등의 많은 이름으로 불
렸다. 철따라 고운 옷을 갈아입는 참으로 아름다운 산, 그러기에 봄이

면 금강산, 여름이면 봉래산, 단풍이 곱게 물드는 가을이면 풍악산, 기암괴석을 드러내는 겨울이면 개골산으로 달리 불리기도 했다.

옛날에는 신선이 사는 산으로 생각되었기에 봉래산이라는 이름을 얻었던 이 산이 법기보살이 상주설법하는 곳으로 신앙되기 시작한 것은 화엄신앙의 영향이었다. 흔히 세상에서는 풍악산이라고 불렸지만, 승려들은 금강산이라고 불렀다는 것으로 보아 단순히 단풍이 고운 산이 아니라 불교신앙의 대상으로 바뀌어 가고 있었던 것을 알 수 있다.

지달(枳怛)이나 금강(金剛)이라는 산명은 모두 《화엄경》으로부터 유래한 것이다. 지달산은 《육십화엄》에 그 연원이 있는데, 이 경에는 다음과 같은 내용이 있다.

> 4대해(大海) 중에 보살이 사는 곳이 있어 지달이라고 하는데, 담무갈보살(曇無竭菩薩)이 머물면서 1만2천의 보살을 권속으로 두고 항상 설법하고 있다.

금강산이라는 산명이 신라사회에 등장한 것은 8세기 전반 이후의 일이다. 704년에 번역이 끝난 《팔십화엄》 제보살주처품의 "바다 속의 금강산에는 법기보살이 1만2천명의 권속을 거느리고 항상 설법한다."고 한 데 그 연원을 두고 금강산이라는 명칭이 생겨났기 때문이다. 《육십화엄》의 '지달산 담무갈보살'이 《팔십화엄》에는 '금강산 법기보살'로 되어 있다. 그러나 이것이 문제될 것은 없다. 전자는 음역을, 후자는 의역을 한 때문에 생겨난 차이일 뿐이기 때문이다.

산의 풍경으로부터 유래된 개골산이 담무갈보살이 상주설법하는 곳이라는 설이 신라사회에 널리 유포되는 데는 신라 화엄종의 초조(初祖) 의상(義相)이 관련된 것 같다. 의상은 그의 〈투사례(投師禮)〉에서,

상주개골담무갈(常住皆骨曇無竭)
일만이천보살중(一萬二千菩薩衆)
아금지심귀명례(我今志心歸命禮)
원아속승반야선(願我速乘般若船)

이라고 귀의하고 있었기에 그렇다. 의상과 개골산 담무갈보살 주처신앙과의 관련성을 알려주는 또 하나의 설화가 《신라고기(新羅古記)》에 다음과 같이 전해진다.

의상대사가 처음에 오대산에 들어갔다가 다음에 이 산(개골산)에 들어왔을 때, 담무갈보살이 현신하여 "오대산은 유행(有行)이기에 일정한 사람이 출세할 땅이지만, 이 산은 무행(無行)이기에 무수한 사람이 출세할 땅이다."라고 했다.

이처럼 오대산에서는 일정한 사람이, 금강산에서는 무수한 사람이 출세한다는 것은 소승과 대승에 각각 비견한 것 같다. 금강산에 마하연(摩訶衍)이라는 절이 의상에 의해 세워졌던 것도 이 때문이었다. 마하연이란 일승(一乘)이고 대승이다. 그러기에 금강산에는 무수한 사람들이 출세한다고 한 것이리라. 이처럼 개골산은 차차 화엄신앙화되면서 금강산으로 불리워졌고, 법기보살이 거느린 권속의 숫자에 따라 이 산의 봉우리가 1만2천봉이라는 설까지 생겨나게 되었다. 오늘날까지도 이 산의 봉우리가 1만2천봉이라고 하는 이유가 여기에 있는 것이다.

고려시대에는 금강산 신앙이 상당히 일반화되어 있었다. 고려 태조 왕건이 금강산에서 담무갈보살을 친견했다는 설화가 전해온다. 그가 이 산에 올랐을 때 담무갈보살이 돌 위에 몸을 나타내어 빛을 발하자, 그는 신하를 거느리고 예배한 후 곧 정양사(正陽寺)를 창건했기에 절 뒤의 언덕을 방광대(放光臺), 절 앞의 고개를 배점(拜岾)이라고 했다는 설화가 그것이다. 고려 후기인 1307년에 당대의 가장 저명한 화가

노영(魯英)이 그린 「고려태조 금강산배점 담무갈보살 예배도」가 현재
국립박물관에 전해지고 있다. 이것은 고려 태조가 담무갈보살을 친견
했다는 설화가 고려 후기에까지 전해지고 있었음을 알게 해준다.

금강산 담무갈보살 주처신앙은 고려 후기에 상당히 폭넓게 유포되
어 있었다. 한번 이 산을 보면 죽어서도 악도에 떨어지지 않는 이상
신앙이 있어 위로는 공경(公卿)으로부터 아래로는 서민에 이르기까지
처자들을 거느리고 다투어 예배하러 몰려들었다. 겨울철의 눈보라나
여름철의 장마로 길이 막히지 않는 이상 순례자는 줄을 이었던 것이
다. 만약 갈 수 없는 사람은 이 산의 그림을 그려 놓고 예배할 정도로
이 산에 대한 신앙은 일반화되어 있었다. 특히 원(元)의 간섭을 받던
어려운 시기인 고려 후기의 고려인들은 금강산을 통해 은근한 민족적
자부를 느끼고 있었던 것도 흥미있는 일 중의 하나다. 1304년 7월 어
느 날 송 균(宋均)이 금강산 그림을 몰래 감추어 원나라로 가져가려
하자 고려 조정에서 이를 저지시키려 했던 일도 있었던 것이다.

진리는 손으로 만져지지 않는다. 언어로 다 설명되어지는 것도 아
니다. 진리는 침묵하고 있기 때문이다. 그렇다고 진리가 없는 것은 더
욱 아니다. 귀가 밝고 눈이 빛나는 사람은 진리의 음성을 듣고 진리의
몸뚱이를 본다. 산골짜기를 울리며 흐르는 물소리, 소나무를 스쳐부는
바람소리, 그것들은 우주의 숨소리이고 진리의 음성일 수도 있다. 단
풍들고, 낙엽지고, 그리고 봄이면 새로운 싹들이 돋아나는 것, 그것도
진리의 몸짓이고 우주의 자태다. 그것이 곧 법기보살(法起菩薩)의 현
현일 수도 있다.

법기보살을 친견하기 위해 금강산으로 순례의 길을 떠나던 옛 사람
들은 산에서 진리의 음성을 듣고 우주의 몸짓을 보고자 원했던 것이
다. "원컨대 고려국에 태어나 한 번만이라도 금강산을 보았으면." 이
것은 중국 어느 시인의 염원이었다. 조선 후기의 박제가(朴濟家)는
"우리는 다행스럽게도 고려국 사람"이라고 자부했다. 그러나 이제 우

리는 그 고려국에 태어나고도 금강산을 보지 못하는 부끄러운 후손이
되었다. '우리의 소원은 통일', '금강산 찾아가자 1만2천봉'이라고 노
래할 뿐이다.

16. 석굴암의 창건주 김대성(金大城)

8세기 중엽, 동해의 토함산(吐含山)에 세워진 석굴암과 불국사, 그
것은 분명 신라문화의 꽃일 뿐 아니라 동양의 종교와 예술의 귀결이
다. 종교와 예술이 더불어 공존하고, 그것의 조화가 가져다 주는 감동
이 천년의 세월을 뛰어넘어 생생하게 전해지는 석굴암과 불국사. 이
두 절을 창건한 김대성(金大城)은 지극한 신앙심과 뛰어난 예술성을
동시에 가진 인물이었다. 그는 부모에 대해 남다른 효심을 가졌던 재
상(宰相)이었고 불교 교리에 대해 폭넓은 이해를 가졌던 단월(檀越)
이었다.

그가 이 두 절의 조영(造營)을 통해 나타내고자 했던 세계는 화엄
세계, 즉 화엄불국(華嚴佛國)이었다. 동해변 동산에 건설한 불국세계,
그것은 험한 세상을 사는 사람들이 절망하지 않고 이상세계 불국에
대한 희망을 버리지 않게 하기 위한 배려에서 창건된 것이었다. 그것
은 또한 수많은 공덕이 모여 이룩하는 아름다운 세계를 표출한 것이
기도 했다. 《삼국유사》에는 김대성의 이 두 절 창건에 얽힌 설화가 전
해지고 있다. 이를 소개하면서 그것이 갖고 있는 의미를 살펴보기로
한다.

모량리(牟梁里)에 사는 가난한 여인 경조(慶祖)에게는 아이가 있었

는데, 머리가 크고 이마가 평평하여 마치 성(城)과 같았다. 이 때문에 대성(大城)이라고 이름했다. 그는 가난한 탓으로 생활하기가 어려워 복안(福安)이라는 부잣집에 가서 품팔이를 하면서 그 집에서 준 약간의 밭을 경작해서 의식을 해결했다.

어느 날 고승 점개(漸開)가 흥륜사(興輪寺)에서 육륜회(六輪會)를 베풀려고 하여 시주를 받고자 복안의 집에 이르렀다. 점개가 시주자의 복을 축원했다.

"단월이 보시를 좋아하니 천신이 항상 보호하고 지켜주실 것이며, 하나를 보시하여 만 배를 얻게 될 것이고, 또한 안락하고 장수하게 될 것입니다."

점개 스님의 이같은 축원을 들은 대성이 곧 어머니에게 뛰어 들어가서 말했다.

"문 앞에 온 스님이 외우는 것을 들으니 하나를 보시하면 만 배를 얻는다고 합니다. 저는 전생의 선업(善業)이 없었으므로 현생에 와서 곤궁하니 지금 보시하지 않으면 내세에는 더욱 곤란할 것입니다. 제가 고용살이로 얻은 밭을 법회에 보시해서 훗날의 응보(應報)를 도모함이 어떠하겠습니까?"

이에 어머니는 좋다고 했다. 곧 점개에게 밭을 보시했다.

오래지 않아 대성이 죽었다. 이날 밤 재상 김문량(金文亮)의 집에 하늘로부터 외치는 소리가 있었다.

"모량리의 대성이란 아이가 지금 그대 집에 태어날 것이다."

집안 사람들은 매우 놀라서 사람을 시켜 모량리에 가서 알아보게 했다. 대성이 과연 죽었고 하늘에서 외치던 날과 같은 시각이었다. 그 후 김문량의 아내가 임신하여 아이를 낳으니 왼쪽 손을 꼭 쥐고 펴지 않다가 7일만에야 폈다. 손 안에 금간자(金簡子)가 있어 대성이라고 이름지었다. 또한 이전의 어머니를 집에 모셔 와서 함께 봉양했다.

대성은 장성하여 사냥을 좋아했다. 하루는 토함산에 올라가서 곰 한 마리를 잡았다. 그날 밤 꿈에 곰이 귀신으로 변해 시비를 걸었다.

"네가 어째서 나를 죽였느냐. 내가 도리어 너를 잡아먹겠다."

대성은 두려워서 용서해 주기를 청하니 귀신은 말했다.
"네가 나를 위해 절을 세워 주겠느냐?"
대성은 맹세했다.
"좋습니다."
꿈을 깨자 땀이 흘러 자리를 적셨다. 그 뒤로는 사냥을 금하고 곰을 잡았던 자리에 장수사(長壽寺)를 세웠다. 또한 이 일을 계기로 하여 마음에 감동되는 바 있어 비원(悲願)이 더욱 돈독해 갔다. 이에 현생의 양친을 위해 불국사를 세우고, 전생의 부모를 위해 석불사(石佛寺 : 지금의 석굴암)를 세웠으며, 신림(神琳)과 표훈(表訓) 두 성사를 청해서 각각 거주하게 했다. 존상(尊像)을 장엄하게 배설하여 부모님의 은혜에 보답하였다. 한 몸으로 이세(二世)의 부모에 효도하는 일은 옛부터 매우 드문 일이니 좋은 보시의 영험을 어찌 믿지 않겠는가.
석불을 조성할 때 하나의 큰 돌로 석굴의 천정돌을 다듬으려고 하는데, 갑자기 돌이 세 갈래로 깨어져 버렸다. 분해 하다가 잠이 들었는데 밤중에 천신이 내려와서 완전하게 만들어 놓고 돌아갔다. 대성이 잠에서 깨어나 곧 남령(南嶺)으로 달려가 향목(香木)을 태워 천신을 공양하였다. 그래서 그곳을 향령(香嶺)이라고 하였다.

이상은 석굴암과 불국사의 창건 연기설화다. 김대성이 이 두 절을 창건했던 역사적 사실에 효행과 보시공덕과 업보윤회 등이 복합적으로 연결되어 있는 설화다. 이제 이 설화에 내포되어 있는 의미를 살펴보기로 하자.
불국사와 석굴암의 조영은 25년이라는 세월을 소비하고도 완성을 못 볼 정도로 거대하고 어려운 불사였다. 세 조각으로 난 석굴암의 천정돌로 해서 김대성이 분해 하면서 잠든 밤에 천신이 이를 만들어 놓고 돌아갔다는 설화만으로도 이 불사의 어려웠던 사정을 짐작할 수 있다. 갖가지 어려움을 극복하고 온갖 정성을 다 쏟고 난 뒤에 그 모습을 드러낸 이 두 절의 아름다움은 많은 사람들에게 경이롭게 보였을 것이다. 이 절의 아름다움만큼이나 그 창건주 김대성의 위대성이 강조되었을 것이다. 그리하여 김대성과 같이 뛰어난 인물이 아니고서는 이처럼 훌륭한 일을 해내기 어려웠을 것이라는 찬탄도 뒤따랐을 법하다.

김대성은 재상집의 아들로 태어나 복을 누렸고 이것이 불국사와 석굴암을 창건하는 배경이 될 수 있었다. 그렇다면 김대성이 누린 현생의 이같은 선과(善果)는 어떻게 가능했던 것인가? 이 설화에서는 그가 전생에 보시공덕이라는 선인(善因)을 심은 때문이었다고 풀이해 주고 있다. 하나를 보시해서 만 배를 얻을 수 있다던 점개 스님의 말씀이 틀림없음을 보여주고 있는 것이다.

《잡비유경(雜譬喩經)》에도 일발(一鉢)의 밥을 보시함이 한없는 공덕이 된다는 부처님의 말씀이 있다. 부처님께서 어느 집 문앞에서 걸식하시매 그 집의 주부가 밥을 바루에 담고서 절을 했다. 이에 부처님께서 말씀하시기를, "하나를 심으면 백이 나고, 백을 심으면 천이 나며 천을 심으면 만이 나게 되어 진리의 길을 얻게 될 것이다."라고 하셨다. 그 남편이 믿지 않고 "한 그릇의 밥을 시주하여 어찌 그와 같은 복을 얻겠습니까?"라고 하므로 부처님은 다시 말씀하셨다.

"니구타수(尼拘陀樹)를 보라. 높이와 무성함이 4~5리나 되고 해마다 수만섬의 열매를 떨어뜨리지만 그 씨는 개자처럼 작다. 땅은 무지하면서도 그 응보의 힘이 그러하거늘 어찌 유정의 사람이겠는가. 기쁘게 한 그릇의 밥을 부처님에게 올리면 그 복이 매우 커서 가히 헤아릴 수가 없는 것이다."

이와 같은 부처님의 말씀을 증명이라도 하듯이 몇 이랑의 밭을 법회에 보시한 공덕으로 김대성은 재상 김문량의 집에 태어날 수 있었던 것이다. 보시공덕의 확실한 영험을 보여주기 위해 김문량의 집에 태어난 어린아이가 법회에 밭을 보시했던 그 대성이 틀림없음을 증명하려는 노력이 이 설화에는 엿보이고 있다. 죽은 날과 임신한 날이 같았다는 설명만으로는 부족해서 갓난아이의 손에 대성이라고 쓴 금간 자까지 쥐어 놓고서야 안심하고 있는 것이다.

이를 위해 전세와 현세의 인과 관계를 밝히는 본사(本事)의 형식을 빌리고 있다. 이처럼 김대성이 전생에 보시공덕을 닦았기에 금생에는 재상의 아들로 태어날 수 있었다고 강조하고 있는 것은 그의 위대성을 돋보이고자 했던 것과 무관하지 않을 것이다.

재상집의 아들로 태어나 훗날 그도 재상을 지냈던 김대성의 신분과 지위가 이 두 절의 조영을 가능케 한 정치적·경제적 배경이 되었던 것임은 이 설화가 시사해 주고 있는 바와 같다. 그러나 귀한 신분과 높은 지위만으로 이러한 불사가 이루어졌다고 할 수는 없다. 깊은 신앙심과 교리에 대한 폭넓은 이해가 있어야 했음은 말할 필요도 없다. 그는 곰사냥이 계기가 되어 불교에 귀의하게 되었고 차차 비원이 독실해져서 이러한 불사를 계획하게 되었던 것이다. 그리고 그가 당시의 대표적인 화엄학승인 표훈대덕으로부터 화엄학을 수업했음도 주목할 만한 일이다.

한국고대문화의 정수인 석굴암과 불국사, 그것은 결코 하루아침에 이루어진 것이 아니다. 이 설화가 설명해 주고 있듯이, 김대성의 전생과 금생에 걸친 지극한 신앙심의 발로였고, 8세기 중엽 신라문화의 한 결정이기 때문이다.

Ⅱ. 고려불교 사화

Ⅱ. 고려불교 사화

1. 균여(均如), 그 명성의 뒤안

　고려 전기, 주로 광종(光宗)대에 활동했던 균여(均如 : 923~973)는 화엄사상의 대가로서, 또 〈보현십원가(普賢十願歌)〉라는 향가의 작자로서 이미 그 명성이 잘 알려진 고승이다.

　이 세상에 모습을 드러낸 균여의 용모는 너무나 못생겼다. 그를 낳아준 부모마저 지나치게 추한 그의 용모를 싫어하여 갓난아이를 길거리에 버렸다. 그러나 하늘은 이 어린 생명을 버리지 않았다. 어디선가 날아온 두 마리의 까마귀가 날개를 펼쳐서 버려진 이 어린 생명의 몸뚱이를 감싸주는 것이었다. 이 이상한 광경을 목격한 길손에 의해 갓난아이는 다시 어머니의 품으로 돌아갈 수가 있었다. 부모는 어린 생명을 버렸던 그들의 잘못을 뉘우쳤지만 추한 자식을 낳았다는 한숨과 한탄만은 감출 수가 없었다. 균여는 몇 달 동안을 어머님의 따뜻한 품속이 아닌 딱딱한 상자 속에 숨겨져 자라는 모진 수난을 경험해야 했다. 동네 사람들이 보는 것마저 꺼려했던 부모들 때문이었다.

어려서 아버지를 여읜 균여는 나이 15살 때 부흥사(復興寺)의 식현 화상(識賢和尙)에게 나아가 승려가 되었다. 이미 출가했던 그의 형 선균(善均)의 인도에 의한 것이었다. 그러나 그는 곧 식현의 문하를 떠나 영통사(靈通寺)의 의순(義順)에게로 갔다. 식현은 그의 심한 갈증을 풀어줄 큰 바다가 못되었기 때문이다. 의순의 문하로 옮긴 후 그의 정진은 대단했다. 양식이 떨어져 7일 동안이나 굶기를 10여 차례 했지만 그는 결코 물러서지 않고 깊이 교리의 바다를 찾고, 깊숙이 진리의 세계를 더듬었다.

그가 광종으로부터 아홉 번이나 절을 받는 극진한 예[九拜之禮]로써 대덕(大德)에 봉해진 때가 30세의 젊은 나이였다. 이 해 3월에 송나라의 사신으로부터 광종이 책봉을 받으려 했을 때 계속되는 장마를 그치게 하기 위한 법회[祈晴祭]가 궁중에서 베풀어졌고, 그 법회를 주관해 구름을 걷히게 한 사람이 곧 균여였기 때문이다. 많은 사람들의 천거로 사자좌에 오른 균여가 원만한 음성으로 법을 설하자 구름이 쫓겨가고 해가 솟아 나왔다고 한다. 참으로 놀라운 법력이다. 이로 말미암아 왕은 극진한 예로써 균여를 대덕에 봉하고 아울러 그의 속가 가족에게는 후한 농토와 노비를 주어 황주성 안에 살도록 했다. 이때부터 국왕과 인연이 맺어진 균여는 개경에 귀법사(歸法寺)가 창건되자 그곳의 주지로 머물면서 국왕의 귀의를 받았다.

균여의 영광이 극진한 국왕의 귀의에만 있는 것은 아니다. 무엇보다도 그가 화엄사상을 널리 펴 많은 사람들에게 혜택을 베풀었던 일이 더 중요했기 때문이다. 의상(義相)으로부터 비롯되는 우리나라의 화엄사상은 신라 말 고려 초에는 후백제 견훤의 복전(福田)이던 관혜(觀惠)를 중심으로 하는 남악파(南岳派)와 고려 왕건의 복전이던 희랑(希朗)을 중심으로 하는 북악파(北岳派)가 서로 대립하고 있었다.

균여는 분열·대립하던 이 두 계통을 하나로 회통시키는 데 성공함으로써 고려시대 초기의 화엄교단을 통일했다. 그리고 그는 널리 법을 펴 사람들을 이롭게 할 목적으로 일반이 이해하기 어려운 제가(諸家)들의 저술에 주석을 붙여 편의를 도모했다. 균여가 남겼던 60여 권의 저술은 주로 우리나라의 의상과 중국 화엄종의 대가 지엄(智儼) 및 현수(賢首)의 저술을 주석하는 데 노력한 것이었다. 그의 많은 저술 중에 지금까지 전해지는 것은 《교분기원통초(敎分記圓通鈔)》 10권, 《지귀장원통초(旨歸章圓通鈔)》, 《삼보장원통기(三寶章圓通記)》 2권, 《십구장원통기(十句章圓通記)》 2권, 《법계도원통기(法界圖圓通記)》 2권 등이 있어 최근에 《균여대사화엄학전서(均如大師華嚴學全書)》로 햇빛을 보게 되었다.

이처럼 화엄에 대한 많은 저술과 더불어 그가 중요하게 생각했던 것은 화엄사상을 통한 실천적 교화활동이었다. 그가 방언이두(方言吏讀)로 지은 향가 〈보현십원가〉는 바로 노래로써 대중을 교화하기 위한 것이었다. 〈보현십원가〉는 보현보살의 열 가지 소원(普賢十大行願)에 의거해서 지은 것이다. 그는 이 노래를 지으면서,

대개 사뇌(詞腦)란 세상 사람들이 희롱하며 즐기는 도구요, 원왕(願王)이란 보살이 행을 닦는 가장 요긴한 것이다. 그러므로 얕은 데를 건너 깊은 곳으로 돌아가게 되고 가까운 곳으로부터 먼 곳에 이르게 되어 세속의 도리에 따르지 않고서는 둔한 바탕을 인도할 길이 없으며, 통속적인 말에 따르지 않고서는 크고 넓은 인연을 나타낼 길이 없다. 이제 알기 쉬운 가까운 일에 의탁해서 도리어 생각키 어려운 종지(宗旨)를 이해하기 위해 열 가지 큰 소원의 글에 따라 11장의 거친 노래를 짓는다.

고 말했다. 세속의 도리에 따라 일반 대중들을 저 깊은 진리의 바다에까지 인도하고자 했던 그의 행원(行願)이 잘 드러나 있는 것이다. 균여는 노래했다.

생계(生界)가 다하면 내 원 다할 날 있을는지
중생을 일깨움이 끝 모를 나의 원해(願海)인가
이같이 나아가 이렇게 나아가니
향하는 대로 선(善)한 길이로다
보현(普賢)이 행한 원, 또한 부처님의 일이더라
아아, 보현의 마음을 알아 이로써 딴 일을 버리고자.

균여의 노래는 사람들의 입에서 입으로 퍼졌고, 담과 벽에도 쓰여져 있었으며 3년이나 낫지 않던 병이 이 노래를 불러 낫기도 했다고 한다.

그가 지은 향가 〈보현십원가〉가 다시 한문으로 번역되어 중국에 널리 퍼졌고 이를 읽은 송나라 조정의 군신들은 "이 노래는 진실로 부처가 세상에 출현하여 지은 것이다."고 하면서 고려로 사신을 보내 균여에게 예를 드리려 했다. 그러나 고려의 군신들은 송나라의 사신이 균여의 추한 모습을 보고 깔볼까 염려하여 그를 보이지 않으려 했다. 이를 안 송나라 사신은 통역관을 대동하고 균여가 있던 귀법사의 총지원(總持院)에 나아가 뵙기를 청했다. 균여는 법의(法衣)를 갖추어 입고 사신을 영접하려 하다가 문득 우리나라 군신들의 속마음을 짐작하고 도망해 숨어버리고 말았다. 사신은 그가 숨어버린 사실을 알고 "어느 곳에서 부처님을 뵈올 수 있을까." 하면서 몇 줄기 눈물을 흘렸다고 한다.

도대체 균여의 용모가 어떠했길래 그를 낳은 부모까지 버리려 했고 멀리 바다를 건너 온 송나라 사신들을 피해야 했을까? 또한 세상 사람들은 그를 쉽게 존경하지 않으려 했을까? 국왕의 귀의를 받는 영광을 누렸으면서도 그 영광의 뒤안에는 언제나 긴 그림자가 사라질 줄 몰랐으니 참으로 못생겼던 모양이다.

부처님께서 물으셨다.

"수보리야, 너는 어떻게 생각하느냐. 삼십이상(三十二相)으로써 여래를 볼 수 있느냐, 없느냐?"

수보리가 대답했다.

"없나이다. 세존이시여, 삼십이상으로써는 여래를 볼 수가 없나이다. 여래께서 설하신 삼십이상은 상(相)이 아닌 것을 삼십이상이라 부른 때문입니다."

이것은 《금강경(金剛經)》 중의 유명한 한 구절이다. 고려의 사신들이나 송나라의 사신들이 일찍이 이 구절을 알았다면 스님은 도망하지 않았어도 좋았을지 모른다.

2. 불은(佛恩)으로 자란 최승로(崔承老)의 불교 비판

최승로(崔承老 : 927~989)는 고려 태조(太祖) 때부터 제6대 성종(成宗) 때까지 관직에 종사하던 고려 초기의 명신(名臣)이며 유학자이다. 특히 그는 성종(成宗) 원년(982)에 그의 유교적 정치 이념을 피력한 시무책(時務策) 28조를 왕에게 올린 것으로 더욱 유명하다.

그런데 최승로는 부처님의 가피력으로 이 세상에 태어났고, 또 갓난아기 때부터 관세음보살의 자비로운 손길에 의해 보살핌을 받았다. 그의 이러한 불연(佛緣)을 《삼국유사》에는 다음과 같이 전하고 있다.

신라 말기 천성년간(天成年間 : 926~929)에 정보(正甫) 최은함(崔殷諴)은 늦도록 아들이 없었으므로 중생사(衆生寺)에서 기도했더니 태기가 있어 아들을 낳았다. 아이가 태어난 지 석 달이 채 못되어 후백제의 견훤이 서울을 습격 침범하니 성안이 크게 어지러웠다. 은함은 아이를 안고 중생사로 가서 "이웃나라 군사가 갑자기 쳐들어와서 일이 위급해졌습니다. 어린 자식으로 누(累)가 겹치면 둘 다 죽음을 면할 수 없사오니, 진실로 대성(大聖)께서 아기를 주셨다면, 큰 자비의 힘으로 보호하여 기르시고 우리 부자를 다시 만나게 해 주시옵소서." 하고 울면서 세 번 아뢰었다. 아이를 포대기에 싸서 관음상의 사자좌(獅子座) 밑에 감추어 두고 마음이 그곳으로 쏠리면서 떠나갔다. 반 달이 지나 적병이 물러간 후 와서 아이를 찾아 보니, 살결은 새로 목욕한 것 같고 모습도 어여쁘고 슬기로움이 남보다 뛰어났다. 이 사람이 곧 승로(承老)인데 벼슬이 정광(正匡)에 이르렀다.

최승로의 아버지 은함이 자주 찾아갔다는 중생사(衆生寺)는 신라의 서울 경주에 있었고 이 절의 관세음보살상은 영험(靈驗)이 있기로 유명했다. 그런데 《고려사(高麗史)》에 전하는 최승로의 전기에는 그의 출생에 얽힌 이야기가 "은함은 오래 후사(後嗣)가 없어 기도하여 승로를 낳았다."고 간단하게 기록되어 있을 뿐이다. 이것은 합리적인 유학자들이 신이(神異)한 종교적 영험을 믿으려 하지 않은 때문이었을 것이다. 물론 종교적 영험의 신이를 그대로 믿자는 것은 아니다. 그러나 최승로의 아버지 은함의 그 지극한 신앙심과 아울러 최승로의 불교와의 깊은 인연을 알게 해주는 이 이야기를 빼놓은 것은 아무래도 유학자이던 기록자의 편견이 지나치게 작용한 것이었다고 생각하지 않을 수 없다.

이러한 유학자들의 태도에 비해 승려 일연(一然)은 최승로 이후 그 후손이 계승하여 끊어지지 않았고 또 모두 벼슬을 누렸던 사실을 강조하여 그것이 모두 관세음보살의 자비에 힘입었다고 하는 사실을 은근히 밝히고자 했다. 최승로는 부처님의 가피력으로 태어나고, 또 그 어린 생명을 보전했지만 자라서는 유학자가 되었다.

그의 총명함은 일찍부터 세상에 알려졌던 모양이다. 고려 태조가

12살의 어린 승로를 불러 《논어(論語)》를 읽게 하고는 원봉성(元鳳省) 학사(學士)에 임명할 정도였다. 그는 이때부터 혜종(惠宗), 정종(定宗), 광종(光宗), 경종(景宗), 성종(成宗) 때까지 계속 관직에 머물렀는데, 성종 7년(988)에는 문하수시중(門下守侍中)이 되었다.

그의 정치적 견해는 고려 초기에 많은 영향을 끼쳤다. 특히 그가 행선관 어사 상주국(行選官御事上柱國)으로 있던 성종 원년에 올린 시무책(時務策) 28조는 그의 유교적 정치이념을 피력한 것으로 숭유정책(崇儒政策)으로 성격지워지는 성종의 정치에 기조를 마련해 주었을 뿐만 아니라, 고려의 집권적인 귀족 정치의 기틀을 마련해 주었다는 점에서 역사적으로 매우 중요한 의미를 지니고 있다. 오늘날 24조만이 남아 전하는 이 시무책의 내용은 정치·경제·문화·국방·종교 등 각 방면에 걸친 광범위한 것이지만, 그 중에서도 불교 또는 불교행사에 관한 최승로의 견해를 밝힌 것이 8조목으로서 가장 많은 분량을 차지하고 있다. 그는 당시의 불교 문제와 관련하여 공덕재(功德齋)의 폐지, 보시행(布施行)의 중단, 승려의 궁중 출입 금지, 불교행사의 제한, 승려의 원관(院館) 유숙 금지, 불경과 불상에 금은의 사용 금지, 고리대(高利貸)인 불보(佛寶)의 금지, 창사(創寺)의 금지 등 8조를 강력히 주장했다.

이러한 최승로의 불교 비판에는 당시 불교계의 많은 모순을 지적해 주고 있는 것도 있다. 승려들이 원관(院館)에 머물면서 일반 백성들을 괴롭혔다거나 또는 고리대금으로 치부를 했다거나 하는 경우가 없지 않았고, 궁중에서의 불교행사 또한 빈번히 개최되었다. 이러한 사실들은 당시 불교계의 윤리적 타락을 말해 주는 것이기도 하다.

최승로의 이러한 불교 비판을 보건대 우리가 흔히 알고 있듯이 고려시대 불교의 타락이 말기에만 국한된 것이 아니라 초기부터 상당히 문제되고 있었음을 알게 된다. 그러나 그의 불교 이해는 피상적인 것이었다고 생각된다. 그는 불교와 유교에 대해 "불교를 봉행함은 수신

(修身)의 근본이요, 유교를 봉행함은 이국(理國)의 근원이니, 수신은 내생(來生)의 자(資)요, 이국은 금일의 요무(要務)라. 금일은 지극히 가깝고 내생은 지극히 머니, 가까움을 버리고 먼 것을 구함은 또한 그릇됨이 아니리요."라고 한 것 등으로 보면 그의 불교 이해가 깊었다고 하기는 어렵다.

3. 지종(智宗)과 천태학

12세기 초에 의천(義天)에 의해 천태종이 성립되지만, 그 이전의 고려 초기에도 천태교리(天台敎理)를 배워 익히고 전하는 이들이 있었다. 제관(諦觀), 의통(義通), 덕선(德善), 지종(智宗) 등이 그들이다. 제관과 의통이 중국 천태종의 부흥에 크게 기여했던 이들임은 이미 널리 알려진 사실이다. 고려 초기의 천태학은 제관 이후에도 덕선과 지종 등에 의해 계승되었다. 덕선은 그 이름만 보일 뿐 구체적인 활동을 알 수 없지만, 지종(智宗)에 대해서는 원주(原州)의 거돈사지(居頓寺址)에 전해 오고 있는 거돈사원공국사승묘탑비(居頓寺圓空國師勝妙塔碑)를 통해 알 수 있다.

지종(930~1018)의 생애는 국내에서의 수학 시기(930~959), 중국 체류 시기(959~970), 귀국 후의 활동 시기(970~1018) 등 크게 세 시기로 나누어 볼 수 있다. 지종의 자(字)는 신측(神則), 속성(俗姓)은 이씨이다. 그는 8세 때에 개경(開京)의 사나사(舍那寺)에 머물고 있던 인도승 홍범삼장(弘梵三藏)의 문하에 나아가 머리를 깎았고, 곧 광화사(廣化寺)의 경철화상(景哲和尙)을 스승으로 하여 수업했다. 946년에는 영통사(靈通寺) 관단(官壇)에서 구족계(具足戒)를 받았고, 24세가 되던 954년(광종 5년)에는 승과(僧科)에 응시, 그 이름을 떨쳤다. 당시 그의 동년(同年)들은 거의 중국으로 유학을 떠나고 있었지만, 그는 홀로 그들의 뒤를 따르는 소꼬리가 되지 않기를 생각하면서 유학을 염두에 두지 않았다. 그러나 그는 이전 생각을 고쳐 959년에 오월(吳越) 유학길에 올랐는데, 이와 같은 결심을 굳히게 된 계기는 1년 전에 입적한 찬유(燦幽)가 꿈속에 나타나 유학을 권했기 때문이었다.

오월에 도착한 지종은 먼저 영명사(永明寺)의 연수선사(延壽禪師)를 알현했다. 연수가 물었다. "법을 위해 왔느냐, 일을 위해 왔느냐?" 지종은 "법을 위해 온 것입니다."고 했다. 연수는 "법은 둘이 있지 않아 사바세계에 두루 있는데, 무엇 때문에 수고롭게 바다를 건너 여기까지 왔는가."고 했다. 지종이 답했다. "이미 사바세계에 두루 있다면 어찌 여기에 온 것이 방해가 되겠습니까?" 이에 연수선사가 활연히 푸른 눈을 열고 날카로운 부리와 발톱을 가진 황두(黃頭)새와도 같이 우대하고 문득 계주(髻珠)를 풀어주니 곧 심인(心印)을 전해줌이었다. 이렇게 하여 지종은 영명사의 연수 문하에서 2년 동안을 공부했다. 그 후 그는 다시 국청사(國淸寺)의 정광(淨光) 문하로 옮겨 7년 동안 천태학을 수업했다.

정광 문하에서의 지종의 천태학 수업에 대해 비문에서는 다음과 같이 적고 있다.

준풍(峻豊) 2년(961, 광종 12년) 점차로 국청사에 다달아 정광대사에게 절했다. 정광 또한 연석(連席)을 열고 친근해서 거리를 두지 않고 당(堂)에 올라 채옹(蔡邕)이 왕생(王生)에게 책을 붙여주고, 노자(老子)가 《도덕경(道德經)》을 윤희(尹喜)에게 전해준 것과 같이 하고자 했다. 이윽고, 《대정혜론(大定慧論)》으로써 천태교를 지종에게 전수했다. 지종은 이로써 법을 삼고 교훈을 삼아 절차탁마하니 저 팔월지춘(八月之春)과 같고, 구년이묘(九年而妙)와 같았다. 비록 대덕(大德)이라도 오히려 때때로 와서 부지런히 배웠다.

이 비문에는 많은 고사를 이끌어 쓰고 있지만, 지종이 정광으로부터 전수받은 천태교로써 법을 삼고 교훈을 삼아 절차탁마한 결과, 천태교의 묘리(妙理)를 깊이있게 터득하게 되었다는 것이다. 특히 지종의 천태교에 대한 이해를 옛적의 한 부인이 남편을 그리며 항상 눈물 흘리던 담장 아래에서 자랐다는 해당화(海棠花)의 고사에 비기고 있음은, 지종의 천태교에 대한 깊은 관심과 이해를 강조해 주고 있는 것이다.

지종은 의적(義寂)의 문하에서 수학했지만, 968년 세모로부터 귀국하던 해인 970년까지 약 2년 동안 전교원(傳敎院)에서 《대정혜론(大定慧論)》과 《법화경(法華經)》을 강의했다. 이 전교원은 의적이 몇 년 동안이나 강의를 했던 곳이다. 그리고 당시 왕후명사(王侯名士)들의 존경을 받고 있던 찬녕(贊寧)과 천태현(天台縣)의 재상(宰相) 임식(任植) 등이 지종을 전교원에 초청했던 것이다.

이러한 점 등을 감안해 볼 때 당시 오월(吳越)에서의 지종의 천태학에 대한 평가가 어떠했던가를 쉽게 짐작할 수 있다. 찬녕 등이 지종을 초청했던 것은 당시 지종이 "지혜의 칼을 정묘하게 연마해서 가히 용을 잡을 만하고, 현묘한 기틀이 민첩함에 마땅히 과녁을 맞출 만해서 산처럼 우러러 높임이 이구동음(異口同音)한다."는 소문을 들었기 때문이었다고 한다. 이처럼 오월에서 지종의 명성이 높았던 것임이 확실하다.

오월에서 11년 동안을 머물던 지종은 970년에 귀국했다. 그의 귀국 동기에는 다음과 같은 꿈 이야기가 계기가 되었다. 지종은 꿈속에서 본국에 하늘을 지탱하고 있는 보탑(寶塔)이 있어서 그가 밧줄로 묶어서 당기니까, 그 탑이 힘을 따라 아래로 내려다보기도 하고 위로 쳐다보기도 하였다. 이 꿈 이야기는 고려로 돌아가 《법화경》을 유포하고자 했던 그의 의도와 깊이 관련이 있는 설화다. 즉 이 설화는 《법화경》의 진리를 찬양하고 그 진리를 널리 현양하는 데 그 주안이 있는, 《법화경》 중의 견보탑품(見寶塔品)의 내용을 배경으로 하여 형성된 것이다.

석가여래께서 《법화경》의 진리를 설하고 있을 때 칠보탑(七寶塔)이 땅에서 솟아나 공중에 머물러 있었다. 그때 대요설보살(大樂說菩薩)이 부처님께 여쭈었다.

"무슨 인연으로 이와 같은 보탑(寶塔)이 땅으로부터 솟아났습니까?"
부처님은 말씀하셨다.

"오랜 과거 다보여래(多寶如來)가 보살도를 행할 때에 큰 서원을 세우기를, '내가 만일 성불하여 멸도한 후 시방국토에 《법화경》을 설하는 곳이 있으면 나의 탑은 《법화경》을 듣기 위하여 그 앞에 나타나 증명하고 거룩하다고 찬양하리라. …… 그 부처님께서 신통한 원력을 가져 시방세계 어느 곳에서나 《법화경》을 설하는 이가 있으면 그 보탑이 모두 그곳에 솟아나서 탑 중에 전신(全身)이 있어 찬탄하여 거룩하다고 말하리라.' 대요설아, 지금 다보여래의 탑도 《법화경》을 들으려고 땅으로부터 솟아나 거룩하다고 찬탄하느니라."

이처럼 《법화경》에서는 시방세계 어느 곳에서나 《법화경》을 설하는 이가 있을 때, 그것을 듣기 위해 보탑은 땅으로부터 솟아나고, 또한 그 진리가 거룩하다고 찬양한다고 했다.

지종의 꿈 이야기를 《법화경》 견보탑품의 내용과 연결지어 보자. 고려 땅에 보탑이 솟아 있었다고 하는 것은 고려에서 《법화경》이 설해진다는 것이고, 지종이 밧줄을 끌어당기는 힘에 따라 그 탑이 흔들렸다는 것은 지종의 힘에 의해 고려에서의 《법화경》 유포가 이루어질 수 있을 것이라는 의미를 내포하고 있는 것 같다.

고려로 귀국한 후의 지종은 광종으로부터 현종에 이르는 여러 왕들의 극진한 예우를 받으면서 금광선원(金光禪院), 적석사(積石寺), 불인사(佛因寺), 호국외제석원(護國外帝釋院), 광명사(廣明寺), 거돈사(居頓寺) 등을 두루 주지하면서 천태교학을 유포시켰다.

지종이 귀국하자 광종은 대사의 법계를 사하고, 광명선원을 주지케 했고, 말년(서기 975)에는 중대사(重大師)를 더하고 마납가사(磨衲袈

娑)를 시여했다. 경종은 즉위하여 삼중대사(三重大師)를 제수하고 수정염주(水精念珠)를 하사했다. 성종대에는 적석사(積石寺)로 옮겨 거주하게 하고 호를 혜월이라 했으며, 990년부터 994년까지는 궁중에서 설법했다. 현종은 대선사(大禪師)를 제수하고 광명사(廣明寺)에 주석하도록 청하고 적연(寂然)이라는 법호(法號)를 주었다. 1012년(현종 3년)에는 왕사(王師)에 봉해졌고, 3년 후에는 보화(普化)라는 법호를 받았다. 1018년에는 원주 현계산 거돈사(居頓寺)로 옮겼다가 입적했다. 현종은 그를 국사로 추증하고 시호를 원공(圓空)이라 하였다.

지종은 거돈사에서 "이 법을 그대들에게 부촉하노니 그대들은 마땅히 호지(護持)하여 단절하지 않도록 하라."고 당부했다. 지종의 천태학은 그의 제자 경윤(慶允) 등에 의해 어느 정도 계승되었을 것이다. 의천(義天)이 거돈사 지종국사의 제문(祭文)을 지어 그에 대한 존경을 표했던 사실이나, 의천이 천태종을 개종할 때 거돈사가 천태육산문(天台六山門) 중의 하나가 되기도 했던 사실 등으로 볼 때, 거돈사를 중심으로 지종의 제자들이 지종의 천태학풍을 계승하고 있었을 가능성을 높여주는 것이다.

지종은 제관 이후의 고려 천태학을 계승 유포한 고승이다. 지종의 사후(1018년)로부터 천태종의 성립(1101년)까지는 80여 년이 되지만, 지종 이후에도 어느 정도 천태학이 계승되고 있었을 것이다. 지종은 천태종 성립 이전의 고려 초기 천태학을 이끌어 천태종 성립의 터전을 다졌던 인물이라고 할 수 있다.

4. 왕륜사 장륙존상과 거빈(巨貧)의 분신

　흔히 한국의 불교사는 순교(殉敎)가 없는 역사라고 말한다. 물론 신라 이차돈(異次頓)의 순교를 모르는 바 아니지만, 그것이 처음이자 마지막인 것으로 알려져 있기 때문이다. 왕실의 절대적인 비호와 전체 국민의 지극한 귀의를 받고 있던 고려시대까지만 해도 순교란 필요하지 않았을지도 모른다. 그러나 유학자들로부터 심한 억압과 굴욕을 당하고 있던 조선시대에서조차 불교인들의 순교를 찾아볼 수 없는 실정이고 보면, 한국의 불교는 순교가 없는 역사라고 하는 은근한 힐책을 받을 만도 하다.

　그런데 이차돈이 유일한 순교자로 알려져 있는 한국불교사에 잘 알려지지 않은 또 한 사람의 순교자가 있다. 그는 세상을 떠들썩하게 했던 순교자도 아니고 종교와 정치의 대립이나 갈등으로 인해 목숨을 던졌던 사람도 아니다. 스스로 발원(發願)했던 불사(佛事)를 성취하기 위해 알아주는 이 없는 깊은 산속에서 조용히 목숨을 던졌던 매우 신앙심 깊은 순교자다. 그는 고려 성종(成宗) 때의 거빈(巨貧)이라는 스님이다. 고려시대의 이규보(李奎報)가 지은 〈왕륜사 장륙존상 영험 수습기(王輪寺丈六尊像靈驗收拾記)〉에는 거빈의 순교와 그 순교로 이룩되었던 왕륜사의 장륙존상에 대한 이야기가 다음과 같이 전해지고 있다.

　고려 성종 때의 거빈과 교광(皎光)이라는 두 스님이 왕륜사(王輪寺)에 살고 있었다. 이 절은 태조 2년에 세워진, 개경에서도 열 손가락에 꼽히고 13세기경에는 해동종(海東宗)에 속해 있던 대찰이었다. 두 스님은 황금으로 된 불상을 주조(鑄造)해 모실 것을 발원했다. 시주(施

主)를 얻어 그 불사를 이루려 했다. 아마도 고려 성종 7년(988)의 일이었던 것 같다. 그러나 황금을 모으는 일이란 쉽지 않았고 이 불사는 발원한 지 9년이 지나도록 뜻대로 이루어지지 못했다.

이 일을 주관하던 거빈 스님은 이미 늙었다. 어느 날 거빈은 교광에게 말했다. "일이 나의 뜻대로 되지 않는 것이 많다. 더구나 나는 이미 늙었으니 일을 마치기가 어렵게 되었다. 마땅히 개골산(皆骨山)에 들어가서 스스로 분신(焚身)하여 죽어야겠다. 스님이 나의 사리(舍利)를 수습하여 그것을 가지고 사람들에게 시주하기를 권한다면 즐겨 시주하지 않는 사람이 없을 것이다. 그렇게 한다면 일이 성취되지 않겠는가?" 말을 마치자 그는 곧 금강산으로 가서 마하연(摩訶衍) 방장(方丈)의 북쪽 봉우리에서 분신으로 몸을 버렸다. 스스로 다짐했던 불사를 이룩하고자 한 조용한 순교였다. 도반(道伴) 교광은 거빈의 유언에 따라 그 신령한 뼈를 거두어 상자에 담아 지고 개경으로 돌아왔다.

이로부터 교광이 사람들에게 시주하기를 권했을 때, 높은 벼슬자리에 있는 이와 원비는 물론이고 서민들에 이르기까지 시주하지 않는 이가 없어서 재물이 산같이 쌓였다. 당시 판방리(板方里)에 산직(散職) 즉, 보직이 없는 벼슬로 있는 어떤 장관(將官)이 있었다. 그는 몹시 가난하여 재물을 시주할 수는 없었다. 신앙심 깊은 그는 13세쯤 되는 딸을 절에 바쳐 심부름이라도 시켜줄 것을 원했다. 교광은 어쩔 수 없이 그 청을 받아들였다. 또한 성 남쪽에 한 장군이 있었는데, 늙은 그에게 자식이 없었으므로 이 아이를 데려다가 양녀(養女)삼기를 원하고 베 다섯 필을 대신 절에 바치기도 했다.

성대동(星臺洞)에는 한 가난한 과부가 살고 있었는데, 시주할 만한 물건이 없어 그가 보배롭게 여기던 큰 거울을 시주하기로 마음먹었다. 그 여인은 스님에게 "이 거울은 오랫동안 남에게 가 있어서 아직도 돌려받지 못했습니다. 그래서 당장 갖다 바칠 수는 없습니다만 쇠를 녹여 붓는 날까지는 꼭 찾아다가 시주하겠습니다."고 언약했다. 쇠를 녹여 불상을 조성하던 날 교광 스님은 거울을 시주하려 했던 그 여인에게 알리지도 못한 채 쇠를 녹여 부었다. 약속한 날로부터 오랜 시일이 지났기에 까마득히 잊고 있었던 탓이었다.

조성된 불상은 온갖 모습이 잘 갖추어져 만족할 만했고 단아하고도 근엄하지 않은 부분이 없었다. 그러나 오직 가슴에 이지러진 곳이 한 군데 있었다. 교광 스님이 또 다시 쇠를 녹여 그 부분을 때우기 위해 그 일을 의논하고 있을 때다. 거울의 시주를 약속했던 여인이 불상이 이미 완성되었다는 소식을 듣고 매우 슬퍼하고 탄식하면서 거울을 가져다 바쳤다. 거울을 불상의 이지러진 가슴 부분에 놓아보니 꼭 맞았다. 그래서 그 거울을 우선 끼워두고 다음날 글자를 새긴 뒤에 때워 넣기로 했다. 이튿날 새벽이 되어서 보니 거울이 이미 스스로 합해져서 꼭 녹여 부은 것 같이 흔적도 없었다. 이러한 소문이 개경에 퍼지자 놀라고 기이하게 여기지 않는 사람이 없었고 이 기이한 일을 보려는 사람들이 줄을 이었다고 한다.

훗날 이 불상은 나라에 장차 변고가 있을 때에는 땀을 흘리는 징조를 보였다고 한다. 이 장륙상이 땀을 흘리면 좌우의 보처 소상(塑像)이 함께 젖었고 돌에 새긴 《화엄경(華嚴經)》 중의 여래(如來), 세존(世尊), 불(佛), 보살(菩薩) 등의 글자들도 모두 젖었지만 그밖의 글자들은 젖지 않았다고 한다.

이상은 〈왕륜사 장륙존상 영험수습기〉에 전해지는 이야기의 대략이다.

거빈 스님의 순교는 화려한 것도 아니었고 세상을 놀라게 하는 것도 아니었다. 오직 맑고 깨끗한 신앙심으로 많은 사람들의 마음을 움직이려 함일 뿐이었다.

거빈의 분신은 순교이자 보시행의 극치다. 사신(捨身)은 보시의 궁극적인 실천이다. 남의 보시를 권하기 위해 스스로 몸을 불태우는 보시를 행해 보여준 것이다.

거빈의 분신은 수많은 사람들의 마음을 감동시켰고, 마침내 그의 굳은 발원은 이루어졌던 것이다. 누가 거빈의 사신을 순교라 아니할 것이며 땀을 흘려 나라의 변고를 알려주던 영험을 거짓이라 할 것이며, 베와 거울과 사랑하는 어린 딸까지 바치던 시주자들의 정성을 헛된 것이라고 할 것인가.

5. 의천(義天)의 원효 흠모

원효(元曉)의 학문적인 성과에 대해 《송고승전(宋高僧傳)》에서는 다음과 같이 기록하고 있다.

진리의 세계를 용감하게 격발하고, 문장(文章)의 싸움터에서 웅장하게 횡행하여, 높고 또 높고 밝고 또 밝아서 오직 나아갈 뿐 물러설 줄 몰랐다. 계(戒)·정(定)·혜(慧) 삼학(三學)에 두루 밝게 통하여 그 나라에서는 만 사람의 적이라고 여겼다. 의리(義理)에 정통한 입신(入神)의 지경이 대략 이와 같았다.

원효는 한 번도 신라 땅을 벗어나 외국에 나간 적이 없었다. 그러나 그의 명성과 저서는 동양의 불교문화권에 속하는 여러 나라에 두루 퍼졌고 깊게 영향을 미쳤다. 원효의 《금강삼매경론(金剛三昧經論)》을 읽고 저자를 직접 만나보지 못한 것을 한스러워하고 있던 일본의 귀족 지식인은 일본을 방문한 신라의 사신 설중업(薛仲業)이 곧 원효의 손자라는 사실을 알자 기뻐하여 시(詩)를 지어주었다는 이야기가 전해진다. 뿐만 아니라, 원효의 《금강삼매경론》은 소(疏)라고 해야 마땅하였지만 중국에서 한층 더 격을 높혀 논(論)으로 불렀다고도 한다. 《대승기신론소(大乘起信論疏)》는 해동소(海東疏)라는 애칭으로 불렸고, 일찍이 당나라에 전해졌던 《십문화쟁론(十門和爭論)》은 범어(梵語)로 번역되어 멀리 인도에까지 유포되기도 했다.

신라의 학승 태현(太賢)과 견등(見登) 그리고 고려 초의 균여(均如) 등의 저술에 원효의 학설이 인용되고 있어 그의 영향을 짐작할 수 있다.

그런데 한국불교 역사상 원효의 위대성을 가장 절실하게 그리고 정확하게 인식한 사람은 고려의 대각국사(大覺國師) 의천(義天)이었다. 그는 어느 날 경주 분황사(芬皇寺)에 모셔진 원효의 상 앞에 엎드려 다음과 같은 제문(祭文)을 지었다. 《대각국사문집》에 실려있는 〈제분황사효성문(祭芬皇寺曉聖文)〉이라는 글이 그것이다.

모년 모월 모일에 구법사문 모(某 : 즉 의천)는 삼가 다과와 철에 맞는 제물로써 해동교주 원효보살에게 공양을 올립니다.

엎드려 생각하건대, 이치란 가르침으로 말미암아 나타나고 도는 사람에 의해 넓혀집니다. 풍속이 박하고 시세가 엷음을 당하여서는 사람을 떠나 도가 상합니다. 스승된 자, 이미 그 종(宗)으로 삼는 바를 익힘에 막히고, 제자 또한 그 견문에 각기 집착합니다. 백본소주(百本疏主) 자은(慈恩)의 설은 오직 명상(名相)에 구애되었고, 천태산(天台山)의 지의(智顗)의 설 또한 다만 이관(理觀)을 숭상하여, 비록 글은 이루었다고 할 수 있지만 모든 방면에 통하는 교훈이라고는 말할 수가 없었습니다. 오직 우리 해동보살만이 성(性)과 상(相)을 융화해 밝혔으며 고금의 잘못을 바로잡고 백가의 다투는 실마리를 화합시키고 일대의 지극히 공정한 논을 얻으셨거니와 하물며 헤아릴 수 없는 신통과 생각하기 어려운 묘용이었겠습니까. 비록 티끌 세상에 함께 해도 그 참됨을 더럽히지 않았고 비록 빛으로 화하나 그 본체는 변하지 않았습니다. 그리하여 명성은 중국과 인도에까지 떨쳤고 자비로운 교화는 이승과 저승을 덮게 된 것이오니 그 찬양함에 있어 참으로 무엇이라 형용하여 말하기가 거북합니다.

저는 일찍이 천행의 도움을 얻어 어릴 때부터 불교를 사모하여 선철 (先哲)들의 사이를 두루 살폈사오나 성사의 오른쪽에 가는 분이 없었습니다. 미묘한 말씀의 어그러짐을 통탄하고 지극한 도의 쇠퇴함을 애석하게 여겨 멀리 명산을 방문하고 멀리 잃어버린 전적을 구하여, 이제 계림의 옛 절에서 다행히도 살아계신 듯한 당신의 모습을 우러러뵈오니 옛날 부처님께서 처음 설법하시던 영축산의 법회를 만난 듯합니다. 애오라지 적은 공양에 의지하여 감히 미미한 정성을 베푸오니 우러러 바라옵건대, 두터운 자비를 드리워 밝게 살펴 주옵소서.

분황사는 원효가 거처하면서 《화엄경소》를 집필했던 곳이고 입적 후에는 아들 설총에 의해 조성된 그의 소상이 모셔져 있던 곳이다. 이 분황사의 원효상 앞에 엎드린 대각국사의 간절한 심회가 가장 잘 드러나 있는 글이 바로 이 〈제분황사효성문〉이다. 대각국사는 원효를 비롯한 신라 스님들의 장소(章疏)를 널리 구해 모은 적이 있다. 그가 편찬한 《신편제종교장총록(新編諸宗敎藏總錄)》에 원효의 저서 44부 87권을 수록했던 것도 이러한 노력의 소산이었다.

그는 또 원효를 비롯한 경흥, 태현의 저서를 송(宋)의 정원에게 보냈는가 하면, 요(遼)의 천우제(天佑帝)에게 원효의 저서를 보내기도 했다. 그리고 송나라 원소율사(元炤律師)에게 원효의 《십권능가경소 (十卷楞伽經疏)》를 기증하면서 동봉한 서신에서, "효공(曉公)은 수의 말엽에 태어나 당초에 교화를 펴시면서, 백처(百處)에 형(形)을 나타내고 육방(六方)에 그 입멸을 고하였으며, 모든 경전마다 다 소를 지었고, 논(論)은 통하지 않음이 없었다."라고 말하기도 했다. 이러한 일들은 모두 원효의 위대성을 국제적으로 선양하려 했던 그의 노력 중의 하나였다.

대각국사는 이 제문에서 원효를 해동교주, 원효보살, 해동보살 등으로 존칭했을 뿐만 아니라, 심지어 원효와 짝할 수 있는 이는 마명(馬

鳴)이나 용수(龍樹)뿐이라고 말하기도 했다. 불멸 후 5백년대에 활동했던 마명은 《대승기신론》을 저술하고 대승불교를 제창한 인물이며, 용수는 대승불교의 진면목을 세움으로써 제2의 석가로 불릴 만큼 뛰어난 인물이었다. 그런데 이들보다도 원효가 더 훌륭하다는 대각국사의 주장은 팔이 안으로 굽는 격의 평가라고 생각될지 모르지만 그렇지는 않다. 대각국사의 원효에 대한 이러한 인식은 정당한 것이었고, 또 놀라운 것이었다. 그가 요절함으로써 원효에 대한 연구를 더 심화시키지 못한 아쉬움은 있다고 하더라도 대각국사는 진정 원효의 발견자였음에 틀림없다.

대각국사 이후 원효에 대한 인식을 명확히 했던 사람은 많지 못했다. 이 까닭에 원효에 대한 깊이있는 연구는 우리들의 과제로 남겨진 것이다.

6. 자림이 두꺼비를 사다.

천년 전 신라의 서울 경주에서 스트리킹을 한 사람이 있었다. 정수(正秀)라고 하는 스님이 그 장본인이다.

신라 제40대 애장왕(哀莊王 : 800~808) 때 황룡사(皇龍寺)에 정수라고 하는 스님이 살고 있었다. 눈이 내리는 어느 겨울날이었다. 삼랑사(三郎寺)에 갔던 정수 스님이 날이 저물어서야 황룡사로 돌아오는 길이었다. 그는 천엄사(天嚴寺) 문 밖을 지나다가 아이를 낳고 거의 얼어 죽게 된 한 거지 여자를 만났다. 불쌍히 여긴 정수 스님은 그냥 지나칠 수가 없었다. 그 여인을 가슴에 안았다. 한참 후에 그 여인은 소생했다. 이에 스님은 그의 옷을 벗어 그 거지 여인과 갓난아기를

덮어주고 자기는 벌거벗은 채 황룡사로 달려갔다. 그는 그날 밤 거적
풀을 덮고 그 추운 밤을 세웠다. 그날 밤 궁중 뜰에는 하늘에서 외치
는 소리가 들렸다. "황룡사의 스님 정수를 왕사(王師)에 봉하라." 이
에 궁중에서 급히 사람을 황룡사에 보내어 조사하게 하니 이 사실이
밝혀졌다. 왕은 위의를 갖추고 정수 스님을 대궐로 맞아들여 국사(國
師)로 봉했다.

이것은 《삼국유사》에 전하는 이야기다. 눈이 내린 겨울날 저녁 길
을 발가벗은 한 스님이 달려가는 모습을 상상해 보면 웃음이 절로 나
는 이야기다. 그러나 웃음 뒤에 오는 스님의 모습은 진정으로 자비스
러운 모습, 그것이다.

고려시대 중엽 칠양사(漆陽寺)에 자림(子林)이라고 하는 스님이 살
고 있었다. 이 스님은 매우 어리석어서 말로 다 표현하기가 어려울 정
도였다고 한다. 어느 날 이 스님이 서울에 놀러왔다가 임진강(臨津江)
을 건너 절로 돌아가던 길이었다. 강의 중류쯤 건너고 있을 때 얼굴이
하얀 한 사미(沙彌)가 다른 배를 타고 건너는 것을 보고 마음 속으로
매우 기뻐하였다. 자림 스님이 탄 배와 그 사미승이 탄 배가 나란히
내려가다가 각도가 서로 맞지 않자 앞 배와의 거리가 멀리 떨어졌음
을 깨닫지 못한 자림 스님은 그 사미승을 만나보고자 몸을 날려 뛰어
서 강 속으로 빠졌다. 자림 스님과 같은 배를 탄 사람이 돌아와서 스
님이 죽었다는 소식을 전하자 스님의 제자들이 재를 베풀고 명복을
빌었다. 그런데 3·7일이 지난 어느 날 저녁 자림 스님이 홀연히 칠양
사로 돌아왔다. 제자들이 매우 이상하게 여겨 그 까닭을 물으니 스님
은 말하기를, "물에 빠져 밑으로 가라앉았다가 다시 떠올랐는데 마침
옆을 지나가는 배가 있어 사람들이 구해 주어 살았다. 뭍에 나와서 그
아름다운 사미승이 간 곳을 물어 삼각산 계성사(啓聖寺)에 이르렀다.
그 절에 들어가 그 사미승을 만나보고 너무나 기뻐서 차마 그대로 돌
아올 수 없기에 20일을 머무르다가 돌아왔다."고 했다. 이 말을 들은

사람들이 몹시 웃었다고 한다.

또 어느 달 밝은 밤에 두꺼비가 나오니 여러 스님이 모여서 이를 구경하고 있었다. 자림 스님이 뒤에 와서 "이것이 무슨 벌레인가." 하고 물었다. 그때 한 스님이 거짓으로 답하기를 "여기는 이같은 벌레는 없습니다. 요즈음 송나라에서 온 상인에게서 산 것인데 기르려고 내놓았을 뿐이니 비록 두꺼비와 비슷하나 두꺼비는 아닙니다. 스님께서 사서 키우면서 완상하실 수 있을는지 모르겠습니다."고 했다. 자림 스님이 은그릇을 주고 이것을 바꾸니 시자(侍者)가 "이것은 두꺼비입니다. 무엇하려 하십니까?"라고 했다. 자림 스님은 말하기를 "망령된 말로 내 일을 막지 말라."고 하고는 곧 쑥대로 이것을 묶어 가지고 갔다고 한다.

이 이야기를 전해 들은 정자직(鄭子直)이 다음과 같은 시를 지어 읊었다.

풍속과 습관이 해마다 간교해지니
하늘이 바보를 인간에 보냈네
두꺼비 사고 물에 뛰어듦은 참으로 우스운 일
친구 사랑하고 재물 가벼이 함은 그 뜻 가관이네.

이 자림 스님의 이야기는 고려 중기의 문장가 최 자(崔滋)의 《보한집(補閑集)》에 전해지고 있다. 스님의 천진 무구한 심정, 그것은 옥같이 맑다고나 할까.

7. 고려시대의 요승(妖僧)들

　기사이적(奇事異蹟)이 없는 종교를 생각하기는 어렵다. 따라서 영
험담(靈驗譚)이 없는 종교사(宗敎史)를 생각하는 것도 어려운 일이
다. 사실 불교의 경전 중에는 불가사의한 일을 설(說)하고 있는 사례
가 매우 많다. 이것이 《십이부경(十二部經)》 중의 희법(希法), 또는
미증유법(未曾有法)이라고 번역되는 아부타달마(阿浮陀達磨, abhuta-
dharma)이다. 부처님이 갖가지 위신력(威神力)을 나타냄으로써 중생
이 이상스럽게 느끼고 종교적 감동을 갖게 하려는 경전 구성 내용상
의 한 방법이 곧 아부타달마인 것이다. 이것은 지혜와 자비를 바탕으
로 하고 나타날 수 있는 부처님의 무한한 능력을 신비스럽게 표현하
고 있는 것이리라. 이러한 종교적 심성은 역사적으로 많은 고승들에게
도 적용되어 나타났다. 지혜와 덕망을 갖춘 고승들에게는 보통 사람으
로서는 상상조차 할 수 없는 능력을 갖고 있다고 믿는 것이고, 또 왕
왕 그런 일이 일어나기도 했다.

　그러나 이러한 신비한 능력을 자신의 명예와 이익을 위해 거짓으로
꾸며내어 사람들을 속일 때, 우리는 그것을 혹세무민(惑世誣民)이라
고 한다. 이러한 짓은 스스로 자기 내면의 신성(神聖)함을 속일 뿐만
아니라, 밖으로는 많은 사람들을 구렁텅이로 몰아간다. 이러한 짓을
하는 자를 두고 원효(元曉)는 '사자 몸 속의 벌레'라고 질책했다. 불
교라고 하는 사자 몸뚱이 속에 기생하는 벌레라는 뜻이다.

　불교가 전국민의 신앙이 되어 있던 고려시대에는 덕망있는 고승도
많았지만 혹세무민하는 요승(妖僧) 또한 적지 않았다. 숙종(肅宗) 6년
(1101)에 광명사(光明寺)의 승려 광기(光器)는 음양서(陰陽書)를 위
조하다가 발각되어 유배를 당했다. 평주(平州)의 요승 각진(覺眞) 또

한 음양(陰陽)을 허망하게 말하여 많은 사람들을 현혹시키다가 유배당하기도 했다. 이 또한 숙종 6년 때에 있었던 일이다. 인종(仁宗) 때의 묘청(妙淸)은 백수한(白壽翰), 정지상(鄭知常) 등과 더불어 서경천도운동(西京遷都運動)을 했던 인물로 유명하다. 그는 서경으로의 천도를 주장하면서 큰 떡을 만들어 그 속을 비우고 기름을 가득 넣어 대동강(大同江)에 던져두고 기름이 떠오르자 용이 침을 흘리는 곳이므로 길조라고 풍수설(風水說)을 이용하여 속였다. 또한 인종(仁宗)이 서경의 대화궁(大華宮)에 갔을 때, 남쪽의 먼 산봉우리에 횃불을 켜두고 수성(壽星)이 상서(祥瑞)를 내리는 것이라고 속이기도 했다. 물론 묘청은 정치적인 인물이었기에 그의 속임수를 정치적인 술수였다고 백보 물러나 이해해 보자.

그러나 명종(明宗 : 1170~1197) 때의 일엄(日嚴)이라는 요승의 짓은 참으로 이해하기 어려운 일이 아닐 수 없다. 일엄은 자칭 세존(世尊)이라고 했다. 그리고 그는 능히 눈먼 자를 보게 하고, 죽은 자를 다시 살아나게 한다고 했다. 그가 사람의 질병을 잘 치료하여 소경과 귀머거리 그리고 나병환자까지도 곧 낫게 한다는 소문이 서울에 퍼졌고 이 소문을 들은 사람들은 모두 그를 초빙하려 했다. 명종은 여러 신하들의 뜻을 거절하기 어려워 먼저 내신(內臣)을 시켜서 그 사실을 알아보게 하였다. 내신은 돌아와 소문처럼 아뢰었다. 명종은 내시 금극의(琴克儀)를 보내 그를 맞아오게 했다. 그는 비단으로 짠 모자를 쓰고 얼룩말을 타고 부채로 낯을 가렸다. 또한 많은 군중이 그를 옹위했으므로 그의 얼굴을 정면으로 볼 수 없었다. 서울에 이르러 홍법사(弘法寺)에 거처했다. 소문을 들은 도성의 사람들은 귀하거나 천하거나 어리거나 늙었거나 모두 달려와 보고자 하니 거리가 텅 빌 정도였다. 장님, 귀머거리, 앉은뱅이, 말더듬이 등이 그의 앞에 수없이 몰려들었다. 심지어 재상과 대신(大臣)들이 또한 좇아와서 참알(參謁)했고 사녀(士女)는 다투어 머리를 펴 그가 밟고 지나가게 했다. 그가 사람들에게 아미타불(阿彌陀佛)을 칭념(稱念)하게 하니 그 소리가 10리 밖에까지 들렸다. 그가 세수하고 목욕한 물을 법수(法水)라고 하여 모든 병을 고친다고 하니, 한 방울이라도 얻을 수 있으면 천금(千金)같이 귀하게 여겨 손으로 움켜 마셨다. 또한 남녀가 밤낮으로 함께 거처하매 추문이 널리 퍼졌다. 머리를 깎고 그의 제자가 되는 사람이 이루다 헤아릴 수 없었다. 그러나 그때에 왕에게 간(諫)하여 금지하게 한 사람은 없었다. 오히려 중서시랑(中書侍郎) 문극겸(文克謙)이 남루한 옷으로 갈아입고 예를 치렀고, 임민비(林民庇) 역시 누(樓) 아래에서 절하였을 정도였다. 명종이 차차 그 승려가 속인다는 사실을 알게 되어 그의 고향으로 돌려보냈다.

처음에 일엄이 사람들을 속여 말하기를 "만법(萬法)이 오직 일심(一心)이니, 네가 만약 부지런하게 염불(念佛)하면서 내 병이 이미 나았다고 하면 병이 따라 나을 것이니, 삼가 병이 낫지 않았다고 말하지 말라."고 했다. 이에 눈먼 사람이 이미 보인다고 하고 귀머거리가 또한 들린다고 말하니, 이 때문에 사람들이 더욱 속기 쉬웠던 것이다.

어떻게 죽은 사람을 다시 살릴 수 있단 말인가? 또한 어찌 눈먼 자를 눈뜨게 할 수 있는가? 상식 밖의 짓을 하면서까지 선량한 사람들의 존경을 받으려고 한 경우도 그렇지만 그것을 믿고 따르려 했던 당시의 종교적 풍토는 더욱 이러한 짓을 부채질하는 것이었다. 왕공귀족(王公貴族)으로부터 서민에 이르기까지 모두가 그 상식 밖의 기적을 믿고 있었던 것이다. 그리하여 그가 목욕하고 세수한 물까지도 서로 다투어 마시려 했던 것이다.

정치적, 사회적으로 불안하던 고려 말의 민간에는 미륵신앙(彌勒信仰)이 성행했다. 용화회(龍華會)에 참여하여 미륵불에게 향(香)을 공양할 수 있기를 발원하며 향목(香木)을 해변에 묻는 특이한 신앙 풍속은 이를 뒷받침해 준다. 이 시기에 소박한 민중의 미륵신앙을 현혹하면서 자칭 미륵불이 나타났다. 즉, 우왕(禑王) 때의 이금(伊金)이다. 그는 뭇사람을 속여 말했다.

"나는 능히 석가불(釋迦佛)을 불러올 수 있다. 무릇 귀신에게 제사하는 자나 말과 소의 고기를 먹는 자나 재물을 사람에게 나누어 주지 않는 자는 다 죽을 것이다. 만약 나의 말을 믿지 않으면 3월에 이르러 해와 달이 모두 빛을 잃게 될 것이다."

그는 또 말했다.

"내가 작용(作用)하면 풀에 푸른꽃이 피고 나무에 곡식 열매가 맺을 것이며 한 번 씨 뿌려서 두 번 수확할 것이다."

민중들은 이금의 말을 믿고 다투어 쌀과 베와 금은(金銀)을 베풀어 주었고 말이나 소가 죽어도 버리고 먹지 않았으며 재물이 있는 사람들은 모두 나누어 주었다. 무당이 더욱 그를 공경하고 믿어 성황(城隍)의 사묘(祠廟)를 걷어치우고 그를 부처님과 같이 섬겨 복리(福利)를 빌었다. 이에 무뢰배(無賴輩)들이 어울려서 제자라 자칭하면서 서로 거짓으로 속이매, 이르는 곳마다 수령(守令)이 출영(出迎)하여 객사에서 자게 하였다. 이금의 무리가 청주(淸州)에 이르렀을 때, 목사(牧使) 권화(權和)가 우두머리 다섯 사람을 결박하여 가두고 조정에 알리니 도당(都堂)이 제도(諸道)에 영을 내려 그 무리를 모두 잡아 죽였다.

미륵불이 출현할 때의 이 세계는 유토피아적인 이상세계로 화한다고 한다. 샹카라는 전륜성왕(轉輪聖王)이 이 세상을 다스리고 사람들은 더이상 재물로 인해서 다투지 않아도 된다. 민중이 고통과 수탈이 없는 이와 같은 이상세계에 대한 동경을 갖는다는 것은 당연한 희망인지도 모른다. 그러나 이금은 고통에 허덕이던 민중을 구제할 미륵불은 아니었다. 민중의 소박한 신앙을 악용하여 그들을 우롱했던 요승에 불과했다.

요승이 출현할 수 있는 종교 풍토, 그것이 오늘날이라고 해서 완전히 정화된 것은 아니다. 이러한 종교적인 기현상은 근래에까지도 가끔 그 모습을 드러내고 있기 때문이다. 기독교에서도 이와 비슷한 현상은 있었고 신흥종교에서도 있었다. 오늘날 고승을 자처하는 사람들 중에도 어떤 신비한 능력을 은근히 자랑하려 드는 사람이 없지 않다. 일반 대중들 사이에도 그것을 존경하려 하고 바라는 경우가 있다. 종교는 신비하기도 하다. 그러나 그 신비는 상식 속에 있는 신비여야 한다. 평범과 상식, 거기에 신비로우리 만큼 위대함이 있는 것이니까. 어디까지가 종교인이 가질 수 있는 능력인지 보다 명확히 인식할 필요가 있다. 중생의 아픔을 치유하되 그것이 자기의 명리(名利)를 위한 것이 아니어야 한다. 만약 자기의 명예와 이익을 위해서 종교적인 신비를 내세우는 자가 있다면 그는 분명 사자 몸 속의 벌레다.

8. 충지(冲止)의 시세계

수선사(修禪社) 제6세 원감국사 충지(1226~1292)는 선사(禪師)로서 뿐 아니라 뛰어난 시인으로서 당시에 널리 알려졌던 인물이다. 충지는 출가하기 전 17세에 사원시(司院試)를 마쳤고 19세에는 춘위(春闈)에 나가 장원을 하였으며 그의 벼슬은 금직옥당(禁直玉堂)에 이르렀다. 뿐만 아니라 그는 사신으로 일본에까지 다녀왔다.

충지가 선원사(禪源社)의 원오국사(圓悟國師)에게서 머리를 깎고 출가한 것은 29세 때의 일이었다. 출가한 그는 처음 백련암(白蓮庵)에 있으면서 산중 생활의 즐거움을 "한 발우의 밥과 한 쟁반의 나물이여, 배가 고프면 먹고 피곤하면 누워 자네. 한 병의 물과 한 주발의 차여, 목마르면 들고 와서 손수 끓이네."라고 읊기도 했다. 그리고 그는 다음과 같은 발원문을 지어 굳은 서원을 발하기도 했다.

원하옵나니, 제자는 많은 생에 지은 죄의 때를 다 씻어버리고, 여러 겁(劫) 장애의 티끌을 모두 없애버리고, 현재로부터 미래세가 다할 때까지 믿음의 뿌리는 더욱 견고해, 나는 세상마다 항상 이 문을 밟고, 거울의 지혜가 빨리 밝아, 있는 곳마다 이 법을 널리 펴겠나이다. 그리하여 칼로 된 산의 위이거나 화탕지옥의 불구덩이 속에서도 진실로 중생들에게 이익이 있다면 목숨을 아끼지 않고 반드시 중생세계가 다하기를 기다리고서야 정각(正覺)의 열매가 익기를 기약하나이다.

이처럼 발원한 그는 항상 구도(求道)에 있어서 선재동자(善財童子)가 모든 방면의 선지식을 찾아 배웠듯이 여러 곳을 순례하며 많은 선지식을 찾아 배웠다. 이는 "도를 찾고 스승을 찾아 30년, 푸른 행전과 검푸른 장삼으로 오호(五湖)를 돌아다녔네."라고 읊은 싯귀에서도 잘 알 수 있다.

그러나 그가 살았던 고려 후기는 참으로 어둡고 어려운 시대였다. 몽고에 대한 오랜 항거도 부질없이 원(元)나라의 간섭을 받던 때였고, 원의 강요를 이기지 못해 두 차례나 원의 군사와 함께 일본 원정을 해야만 했던 시기였고, 오랜 몽고의 침략과 잇달은 동정(東征)으로 국력은 쇠퇴할 대로 쇠퇴했고, 백성들은 지칠 대로 지쳐 있던 그러한 시기였다. 이러한 상황은 산 속의 절에까지 파급되고 있었다. 그가 정혜사에 있으면서 지었던 〈계봉에서의 괴로움[鷄峯苦]〉이라는 시에는 당시 절의 형편을 다음과 같이 읊고 있다.

계봉의 괴로움은 지금 비할 데 없어
한두 가지만 말하려 해도 먼저 코가 시큰하네
경영한 지 해가 오래라 집은 몹시 낡았나니
처마 끝의 기와와 담장의 벽은 다 땅에 기울었네
끊임없이 비가 올 때를 만날 때마다

채처럼 집이 새어 막을 곳 없고
사철로 부엌에는 두어 개비 나무 있고
옷은 모두 남루하고 얼굴은 파리했네
공양 때는 풀뿌리나물, 새벽에는 죽을 먹고
험한 산에 올라 하루에도 세번 네번 나무를 나르나니
어찌 추위 더위를 가린 적이 있었던가
아무리 눈비 내려도 피할 길 다시 없네
원두(園頭 : 채소밭을 가꾸는 스님)는 늙은 스님 다만 한 사람
풀을 베다 넘어져 한 팔이 상했고
산초와 채소밭은 겨우 손바닥만한데
풀이 우거져 무릎에 차지만 매는 사람이 없네
두메라, 장정의 집 네다섯 호 있지마는
집도 제대로 못 이고 쑥대는 땅에 찼네
사내는 나가 농사 짓고 여자는 방아 찧어
어른들의 할일이 아이들에까지 미쳐오네
열흘 동안 휘몰리다가 하루 동안 쉬나니
어느 여가에 집을 돌봐 내 이익을 꾀할꼬
가을이 와도 쓸쓸히 거두는 것 없나니
다만 남의 밭에 나가 이삭 주울 뿐이네
그들 늘 말하기를, 내년에는 못 견디어
멀거나 가깝거나 다시 이 절 안 보리라 하고
외눈 원주는 자주 와서 말하기를
몇 달을 더 못 가서 양식 떨어지리라고
공양하는 바루를 완전히 비우지 않으려면
돈 가지고 장에 나가 빨리 쌀을 사라 했고
그렇지 않으면 아침 저녁으로 절약하여
밥에는 나물 더 두고 콩자반에는 소금을 더 넣어야 하겠네
계봉의 괴로움은 괴롭고 또 괴롭나니
자세히 말하면야 어찌 이런 일뿐이랴

고통도 없고 모든 것이 풍족한 울단월이 아니거니
의식이 마음대로 절로 올 턱이 없고
비야리에 사는 유마거사 아니거니
향적세계에서 밥 가져다 나누어 줄 수 없네
차라리 이런 천 가지 만 가지 괴로움을
모두 시원한 난간의 한바탕 잠에 붙이고 말리.

옷은 남루하고 파리하게 여윈 대중들을 바라보던 그의 마음은 어떠
했을까. 가히 짐작이 가는 일이다. 그러나 그는 그러한 어려움 속에서
도 자적함이 있었으니, 그의 마음은 이미 높은 경지에 이르러 있었기
때문이다. 그는 어느 날 새붓을 시험해 보기 위해 되는 대로 한 게송
을 써서 시자에게 주었다. 다음 시가 그것이다.

날마다 차를 들고 와 내 갈증을 축이고
공양 때마다 밥을 주어 주림을 들어주네
만일 내게서 아무 지시도 없다고 말한다면
나는 알지. 그대가 이 노파의 자비심을 저버렸음을.

라고 했다. 그는 그를 시봉하는 나이 어린 시자에게 불교의 깊이있는
교리나 눈이 번쩍 뜨일 선리(禪理)를 일러주지는 않았겠지만 평소의
일상적인 일을 통해 그 의미를 일깨워 줌으로써 불법을 가르치려 했
던 것 같다. 그가 또 어느 날 시자에게 써 준 다음의 시는 이러한 그
의 뜻을 짐작하게 해준다.

내가 너를 부를 때마다 너는 대답하였고
네가 혹 내게 물으면 나는 대답하였다
그 가운데 불법이 없다고 말하지 말라
원래 거기는 티끌만큼도 간격이 없느니라.

그는 많은 시를 썼고, 당시 그 시들은 매우 뛰어난 것으로 평가받고
있었다. 뿐만 아니라 한국문학사상 시승(詩僧)으로서의 충지를 빼놓
을 수는 없다.《원감국사어록》에 전하는 그 많은 시들 중에서도 가장
우리의 가슴을 뭉클하게 해주는 것은 동정(東征)의 전함을 만드는 일
로 시달리는 당시 백성들의 딱한 모습을 읊은 〈영남의 간고했던 형
편〉24운이 아닐 수 없다.

영남에서 고생했던 그 참상
말하려 하니 눈물부터 앞서네
두 도에서 군량을 공급했고
세 산에서 전함을 만들었네
부세와 요역은 백배나 더하였고
역역(力役)은 삼년이나 계속되었네
성화 같은 징구는 급했고
뇌성 같은 호령은 전해졌네
사신은 언제나 끊이지 않았고
팔이 있으면 모두 다 묶이었고
채찍을 받지 않은 등 없었네
맞고 보내기 예삿일이며
운수(運輸)는 밤낮 잇달았네
소나 말의 등은 다 부르텄고
백성들의 어깨는 쉴 새 없었네
이른 새벽에 칡 캐러 가고
달빛 밟으며 띠풀 베어 돌아오네
어부들이 밭으로 내닫고
목수들이 바닷가를 휩쓸었네
머슴들 뽑아 갑옷 입히고
장정들은 가려서 창을 메웠네

그저 한시가 촉박하거니
어찌 촌각을 지체할 것인가
아내와 자식은 땅치고 울며
아비와 어미는 하늘에 부르짖네
유명(幽明)을 갈라 다르지마는
성명(性命)의 보전을 어떻게 기약하리
외롭게 남는 이는 늙은이와 어린이
굳이 살아가려니 얼마나 고달픈가
고을마다 반은 집을 비웠고
마을마다 모두 농사 폐했네
어느 집이라 뒤지지 않은 집 없고
어느 곳인들 시끄럽지 않으리
관청 세금도 면하기 어렵거늘
군의 부역을 어찌 면하며
상처는 날로 심해 가는데
허약함과 병은 어찌 나으리
일마다 모두가 통곡을 참나니
산다는 것 참으로 가련하구나
형세가 보전하기 어려운 줄 알지만
호소할 곳 없음을 어찌하리
그러나 제덕(帝德)은 하늘인 듯 덮었고
또한 황명(皇明)은 해인 듯 달렸거니
어리석은 백성들 우선은 기다리네
거룩한 은택이 반드시 퍼지리라
그때는 삼한의 모든 집마다
베개 높여 편히 자는 것 보게 되리라.

그는 또 이와 같은 동정의 참혹한 역사로 인해 농사철까지 놓쳐 버
린 농민들을 보고 "가엾어라, 우리 동토(東土)의 백성들. 저 하늘도

능히 슬퍼하지 못하나니, 어떻게 하면 먼 바람이 불어와서 피눈물의
내 시를 불어 가려나."고 하면서, "슬프다. 나는 무엇하는 사람인가.
눈물만 있어 부질없이 흘리네."라고 하면서 흐느끼고 있는 것이다. 눈
물로 쓴 이 시는 분명 스님의 백성 생각하는 따뜻한 자비심에서 이루
어졌을 것이다.

9. 일연(一然)과 《삼국유사》

한 승려에 의해 이루어진 저술이 오늘날 학자들을 비롯한 일반인들
에게까지도 널리 읽혀지고 있는 것이 있다면 그것은 오직 《삼국유사》
뿐이다. 《삼국유사》는 결코 심오한 사상서도 아니며 뛰어난 문학작품
도 아니다. 다만, 우리나라 삼국시대의 많은 사화(史話)들, 그것도 대
부분 신화적이고 전설적이며 설화적인 이야기들을 모아서 엮은 다분
히 야사(野史)적인 성격을 지닌 책이다.

그럼에도 불구하고 우리나라 고대의 역사·문학·사상·종교·민
속 등을 연구하는 사람이라면 그 누구도 이 책을 보지 않을 수 없을
만큼 이 책은 귀중한 가치를 지니고 있다. 《삼국유사》는 정사(正史)
인 《삼국사기(三國史記)》에서 무시해 버린 일사(逸事)와 야사 등을
모아 체계없이 펴낸 듯하면서도 단순한 야사가 아니다. 여기에는 저자
의 심혈을 기울인 노력과 뚜렷한 역사의식, 그리고 일관된 체계성이
있기 때문이다. 또한 《삼국유사》의 대부분의 내용이 불교사(佛敎史)
에 관한 것이지만, 그렇다고 《해동고승전(海東高僧傳)》과 같이 순수
한 불교사서도 아니다. 이러한 점들이 《삼국유사》의 성격을 간단히
규정할 수 없게 하고 있지만 고대 우리 조상들의 열렬한 신앙심과 높

은 소망 그리고 기쁨과 애환, 꿈과 현실 등을 고스란히 전해 주고 있
는 보고임에 틀림없다. 이것이 곧 《삼국유사》가 수많은 사람들에게
오래오래 읽혀지는 가장 중요한 이유일 것이다.

《삼국유사》의 저자 일연(一然 : 1206~1289)은 몽고의 침략과 간섭
이 계속되던 매우 어려운 시기에 주로 활동했던 인물이다. 그는 9세에
무량사(無量寺)에 가서 취학하고 14세에 진전사(陳田寺)에서 구족계
를 받았다. 일찍부터 그의 명망은 자자했고, 승려의 최고 고시인 선불
장(選佛場)에서 상상과(上庠科)에 합격한 것이 22세 때였다. 그 후 그
는 현풍 비슬산의 무주암(無住庵)에서 몽고의 병난을 피하면서 조용
히 수행했다. 원종(元宗)의 부름을 받아 강화도의 선월사(禪月寺)에
머물면서부터 그의 교화 활동은 활발했고 또 충렬왕(忠烈王) 때에 국
사(國師)에 책봉되어 왕과 신하들로부터 지극한 존경을 받기도 했다.
그는 1289년 84세의 나이로 인각사(麟角寺)에서 입적(入寂)할 때까지
수행과 교화를 하루도 게을리하지 않았고, 노모(老母)를 지극한 효성
으로 모시기도 했다. 그는 선사(禪師)였음에도 불구하고 100여 권의
방대한 저술을 남길 정도로 교학에도 힘썼고, 백가(百家)에 두루 통했
을 정도로 학문의 폭을 넓혔다.

그는 그 시대를 살고 있던 어떤 지식인보다도 역사의식을 뚜렷이
가지고 있었다고 보여진다. 그는 30여 년이나 계속된 몽고의 침략을
겪었고 그 후 계속되는 몽고의 간섭 또한 목격했다. 몽고의 병화로 불
타버린 황룡사(皇龍寺)의 참혹한 광경을 둘러보기도 했다. 그는 이민
족의 침략과 간섭으로 인한 민족적 수난을 겪는 동안 그 현실적 수난
을 극복하기 위해 과거 역사 전통의 재인식을 통해 민족의 자주적인
정신을 강조하고자 했다. 물리적인 힘의 대결이 이미 어려운 상태에
이른 13세기 고려인들의 공통적인 과제는 역시 민족의 자주적인 역사
전통을 고무하는 일이었다. 이러한 당시의 과제를 가장 잘 해결해 준
것이 곧 일연의 《삼국유사》였다.

　일연은 우리나라의 역사 전통을 불교 중심으로 파악하면서 그의 역사의식을 불교적인 정신사관으로 전개시키고 있다. 이 점 《삼국사기》에 나타나는 김부식(金富軾)의 유교적인 정치사관과는 크게 다른 점이다. 신라시대 이후 고려시대까지의 문화적·사상적·종교적 기반이 불교에 있었음을 감안하면 일연의 이와 같은 인식은 타당한 것이었다. 역사 전통에 대한 일연의 이같은 인식은 당시 고려사회가 겪고 있던 혼란과 고통 등 여러 모순의 원인을 신앙심의 약화 때문이라고 보고, 그것을 불교계의 책임으로 인식할 수 있게 해주었다. 이 결과 그는 국민의 신앙이 더욱 강렬하고 또한 건전한 방향으로 나아갈 것과 명리의 추구, 신앙의 오도로 빚어진 당시 불교계 및 사회의 갖가지 모순에 대한 자각과 반성을 은근히 촉구하게 되었던 것이다.

　《삼국유사》의 전편에는 이 땅이 불교와 무관한 낯선 땅이 아니라 본래부터 불교와 인연 깊은 나라라는 불국토사상(佛國土思想)이 짙게 깔려 있다. 이 땅은 본래부터 불국토였을 뿐만 아니라, 현재에도 불보살이 언제나 머무는, 지리상으로는 우리 민족의 생활무대가 되었던 남북 각지가, 그리고 역사적으로는 단군 이래의 고대사 전체가 곧 불교와 인연 깊은 불국토로 설명되고 있는 것이다.

　이와 같이 불국토사상을 강조하게 된 것은 당시 혼란한 민심에 신앙을 통한 자부와 긍지를 고취시킴으로써 이민족 몽고에 대하여 강렬하게 저항하고, 불교에로 향하는 국민들의 신앙심을 고취시켜 국민정신을 정화하고자 했던 때문이다. 불국토사상의 강조를 통한 이민족에 대한 저항의식은 호국불교사상의 강조로도 표현되었는데, 불연 깊은 땅이기에 이 땅은 부처님의 가호에 의해 지켜져야 하고, 부처님이 머무는 불국토이기에 마땅히 침략자로부터 수호되어야 한다는 것이었다.

　그리고 《삼국유사》에는 당시 불교계 및 사회의 모순에 대한 일연의 강한 비판의식이 깔려 있다. 세속적인 명예와 이익에 집착하거나 아내와 함께 살거나 말[馬]을 타며 사치하는 등 타락하고 부도덕한 승려

들이 비판되고, 무질서한 고려 왕실의 불교신앙과 몽고족의 침략 등이
또한 은근히 비판되고 있다. 그리고 《삼국유사》에는 일연의 대중불교
(大衆佛教) 및 민중의식(民衆意識)이 강하게 표현되어 있기도 하다.
그의 민중의식은 인간평등이라는 그의 불교적인 인간관을 뿌리로 하
여 나타난 것이고, 이것은 재가 신자와 출가 승려가 함께 참여하여 수
행하는 결사운동(結社運動)에 대한 높은 관심으로 표명되기도 했던
것이다.

《삼국유사》가 지니고 있는 가장 큰 특징의 하나는 역시 신이(神異)
한 많은 사화(史話)의 수록이다. 이 점을 잘 이해하지 못하면 《삼국유
사》는 황당 무계한 이야기들의 나열인 양 오해하기 쉽다. 그러나 우리
는 《삼국유사》를 읽을 때 고대사료가 갖는 신이적인 성격, 특히 종교
사(宗教史)의 경우 이러한 성격은 더욱 두드러질 수 있다는 것을 염두
에 둘 필요가 있다. 고대인들의 사유는 다분히 초자연적이고 신이적이
며 영웅적인 요소가 짙었다. 이 때문에 고대사회에서는 역사적인 엄연
한 사실마저도 전설화 되거나 혹은 신화적으로 꾸며졌다. 그리고 민속
적인 전승이나 구술 혹은 문학적인 설화나 전설이 역사 기록의 담당
자 노릇을 하기도 하고, 역사는 설화의 한 형태로 자리를 유지하기도
했던 것이다. 특히 종교사화의 경우 더욱 신이적인 성격으로 윤색되어
나타났던 것이다.

《삼국유사》에는 수많은 신앙영이(信仰靈異)가 수록되어 있다. 불상
과 불탑 그리고 불사리를 비롯하여 가사(袈裟), 종(鐘) 등의 불구(佛
具)는 물론이고 심지어는 나무와 짐승들까지도 초월적인 능력과 신령
스러운 힘의 소유자로서 중생들의 무지를 깨우쳐 교화하고 염원을 성
취하도록 도와주는 역할을 담당한다. 오늘날의 합리적인 사고로는 도
저히 이해하기 힘들 정도의 참으로 신이한 영험담들이 많다. 그러나
기사이적(奇事異蹟)이 없는 종교는 없고 또한 영험담이 없는 종교사
는 없다. 사실 불교의 경전 중에도 많은 불가사의(不可思議)한 일을

설하고 있는 사례가 매우 많다. 이것이 곧 12부경(十二部經) 중의 희법(希法)이다. 부처님이 가지가지 위신력(威神力)을 나타냄으로써 중생이 종교적 감동을 갖게 하려는 경전 구성 내용상의 한 방법이다. 《삼국유사》에 불교의 많은 영험담이 수록되어 있는 것은 고대인들의 신앙체험이 강조된 경우이고, 종교적 감동을 불러일으키고자 했던 일연의 의도 때문이기도 했다. 이 때문에 우리는 《삼국유사》를 읽을 때 글자 뒤에 숨어 있는 우리 조상들의 은근한 뜻을, 그리고 상징적인 의미를 읽을 수 있도록 해야 할 것이다.

아무튼 《삼국유사》는 우리나라 삼국시대의 불교사로서도 손색 없는 것이다. 오늘 한국불교의 허실을 알기 위해서도 꼭 읽어두어야 할 고전이다. 옛 스님들은 잦은 병화에 이 책을 보존하기 위해 바위굴 속에 숨겨 전하는 정성을 가지고 있었다. 우리는 그 고마움을 잊지 못한다.

10. 선심승(善心僧)의 사회사업

왕실의 절대적인 비호와 국민들의 열렬한 귀의를 받고 있던 고려시대의 불교는 외형적으로 볼 때 매우 융성한 것이었고 발전된 것이었다. 전국의 방방곡곡에는 수많은 사찰들이 세워졌고 왕사와 국사를 비롯하여 고승 대덕도 많았다. 사찰은 화려하게 꾸며졌고, 승려들은 극진한 대접을 받았다.

그러나 이 시대의 불교는 사상적 측면이나 신앙생활의 측면에서 본다면 많은 모순과 타락 현상을 안고 있었다. 거의 매일같이 서울 개성에서는 기복적인 불사가 베풀어졌고, 궁중에는 몇만 명을 헤아리는 승려들로 득실거렸다. 또한 이들은 호화로운 사원에서 노비들을 부리면서 광대한 토지를 소유하고 있었는데, 그 토지 중에는 힘없는 백성들의 토지를 강제로 뺏는 일도 있을 정도였다. 사원에서는 각종 수공업이 이루어지고 있었고 공공연히 장사를 하는가 하면 심지어는 술까지 만들어 팔았다. 이리하여 이들은 '권세가와 부호들에게 붙어 민중에게 해독을 끼치고 나라를 병들게 하는 자들'이라는 비판을 받기에까지 이르렀다.

그러나 이러한 때에도 남몰래 묵묵히 사회사업을 함으로써 자비행을 실천하던 스님들이 있었다. 이들 스님들이 벌였던 사회사업 중의 하나가 원(院)의 설치와 운영이었다. 원이란 당시의 여행자들을 위한 숙박시설이다.

이들 승려들이 세운 원은 주로 많은 사람들이 다니는 교통의 요충지이면서도 산이 깊숙하여 날이 저물어도 쉴 곳이 없고 사나운 짐승이나 도둑떼가 나타나는 매우 험한 곳이었다. 경주의 동남쪽 32리 쯤에 세워졌던 혜리원(惠利院), 직산현에 있었던 홍경원(弘慶院), 성주의 광탄 언덕에 세워졌던 광탄원(廣灘院), 문경의 견탄(犬灘) 북쪽에 있던 견탄원(犬灘院), 황해도와 평안도의 경계선에 위치한 자비령에 세워졌던 나한당(羅漢堂) 등이 모두 이러한 위치에 있던 원이었다.

승려들이 이처럼 험난한 곳에 원을 세우고 경영한 목적은 고통받는 여행자들을 편안히 쉴 수 있게 하려는 순수한 자비심의 발로에 있었다. 그들은 한결같이 그들의 공덕이나 이름이 세상에 알려지기를 바라지 않았다. '내 공덕이 어찌 남이 알고 모르는 데에 관계 있겠는가' 하는 것이 그들의 뜻이었다. 이 때문에 기록에 그 승려의 이름이 빠져 있는 경우가 많고 그들이 세웠던 많은 원에 관한 기록이 빠지기도 했다.

그들이 원을 세운 경비는 그들 스스로의 노력과 재물을 바탕으로 한 경우가 대부분이었고 그 원의 경영 또한 스스로의 노력에 의지했다. 원에는 불당(佛堂)을 비롯하여 겨울에 사용될 따뜻한 온돌방과 여름에 사용할 시원하고 넓직한 방이 있었고, 주방, 식량을 저축할 창고와 마소를 위한 마굿간이 준비되어 있었다. 그들이 여행자에게 베풀어 준 숙식은 완전히 무료였다. 그들은 이들 원의 경영을 위해 기본 재산으로 이식을 불려가는 방법을 취하기도 했고, 전지를 개간하여 채소 등을 손수 심어 가꾸기도 했다. 그리고 말과 소를 위해 꼴을 베어 말려 저장해 두기도 했다.

이러한 승려들이 활동하던 시기는 주로 고려 말기로부터 조선시대 전기에 이르는 때다. 이 시기는 불교가 주자학자들로부터 심한 공격과 배척을 받던 때다. 권세가와 부호에게 붙어 수도자 본연의 모습을 망각하고 있던 승려들과는 확실히 그 성격을 달리하는 스님들이었다. 불교가 크게 탄압을 받던 조선 초기에도 선심승(善心僧)이라 불리웠던 이들은 다른 승려들이 사찰에서 쫓겨날 때도 이들만은 사찰을 부여받을 수 있었다. 선심이 있는 승려라고 하여 국가에 불려다니며 부역을 하기도 했다. 그러나 그들은 바보인 양 말없이 일했다. 이때쯤 언제나 마을을 다니면서 파손된 다리를 고쳐 주고 병든 사람을 간호하며 길가에 버려진 시체를 업어다 묻어주는 자비승(慈悲僧)이라는 스님이 나타나기도 했다. 이러한 스님들이 있었기에 조선시대 500년간의 모진 탄압 속에서도 한국불교가 그 명맥을 이을 수 있었던 것이 아닐까.

툭하면 불교인들은 자비를 목청 돋우어 외치고 중생구제를 염불인 양 되뇌인다. 그러나 정작 자비는 말이 아니라 행동이란 것과 중생구제는 단순한 공염불이 아니라 중생들이 살고 있는 그 어려운 현실 속으로 뛰어드는 것이라는 너무나 평범한 상식도 망각하는 경우가 많다. 불교인은 좀더 현실을 바르게 인식할 필요가 있고 현실의 역사 속에 얼마만큼의 창조적인 역할을 담당할 수 있을지 생각해 볼 필요가 있다.

Ⅲ. 조선불교 사화

Ⅲ. 조선불교 사화

1. 조선 초기 승려들의 저항

　성리학자들에 의해 고려 말기부터 거세게 일기 시작했던 배불(排佛)의 기세는 드디어 왕조가 바뀐 조선 초기에 이르러 본격화 되기 시작했다. 태조는 그 재위 6년(1397)에 전국에 242사를 제외한 나머지 모든 사찰을 없애 버렸다. 태종은 당시의 11개 종파를 7종(宗)으로 병합했고, 수많은 사찰의 토지를 국유재산으로 몰수했으며, 도첩제(度牒制)를 엄하게 시행했다. 그리고 세종은 7종을 교종과 선종의 2개 종단으로 다시금 묶어버렸고, 성밖 승려들의 성내 출입을 금했으며, 서울 주위에는 36개 사찰만을 남기고 나머지는 모두 폐해 버렸다. 더구나 불교의 암흑시대로 불리워지는 연산군 때에는 교종의 으뜸 사찰 흥덕사(興德寺)의 불상이 파괴되고 원각사(圓覺寺)가 기방(妓房)으로 변하는 참혹한 법난(法難)을 당했다. 이러한 법난은 그 후에도 계속되었다.

　조선시대에 있었던 길고도 참혹한 법난을 통해 볼 때, 승려들의 저항이나 반항은 매우 미미한 것이었다. 물론 승려들의 저항이 전연 없었던 것은 아니다. 태종 5년(1405)에 성민(省敏) 등 수백 명의 승려들이 신문고(申聞鼓)를 울려 조정에 불교 탄압의 억울함을 호소하기도 했다. 그리고 세종 1년(1419)에는 20여 명의 승려들이, 또 2·3년에는 9명의 승려들이 국경을 넘어 명(明)나라로 가서 조선에서의 불교 박해의 실정을 호소하기도 했다.

그러나 이러한 승려들의 활동은 결코 불교 탄압에 대한 보다 근원적이고 능동적인 항거가 되지 못했다. 끈질기게 계속된 것도, 조직적으로 전개된 것도 아니었기 때문이다. 또한 참혹한 탄압 앞에 외국에 그 억울함을 호소하는 정도를 항거라고 하기에는 너무나 무력한 항거였다. 물론 이러한 방법 외에도 불교의 탄압에 항거한 사실은 있다. 정도전(鄭道傳)의 벽불론(闢佛論)을 그 대표로 하는 주자학자들의 배불이론에 맞선 불교계의 호불이론(護佛理論)이 그것이다. 배불 이후 최초로 나타난 호불이론은 함허 득통(涵虛得通)의 《현정론(顯正論)》이다. 또 그 저자를 알 수는 없지만 조선 초기의 또 다른 호불이론으로 《유석질의론(儒釋質疑論)》이 있다. 그리고 조금 훗날의 일이지만 현종(顯宗 : 1660~1674) 때의 백곡 처능(白谷處能)이 조정에 낸 8만여 자로 된 당당한 상소문 〈간폐석교소(諫廢釋敎疏)〉가 있다. 그런데 득통의 《현정론》에는 불교의 교리를 정당화하기 위해서 유교의 교리를 공박한 구절은 없다. 불교와 유교, 더 나아가 도교의 교리까지도 다 인정하고 포섭하며 회통(會通)하여 받아들이려는 노력이 역력히 드러나고 있다.

이처럼 조선 초기 승려들의 이론에는 불교 탄압에 대한 적극적인 항거가 별로 없었다. 학당(學堂)의 유생들이 사찰로 몰려가 승려들을 구박하고 재산을 약탈했다는 기록은 있어도, 거기에 항거한 승려들이 피라도 흘리며 맞싸웠다는 기록은 눈에 잘 띄지 않는다. 왜 그랬을까? 충돌과 싸움을 원치 않는 불교의 교리 때문이었을까? 아니면 당시 불교계의 타락으로 인한 약체성 때문이었을까? 날로 더해가는 불교 탄압의 기세 앞에 왜 당시의 승려들은 무기력하고 연약하기만 했던가고 묻는 것은 어쩌면 바보스러운 질문이다. 왜 그들은 배불의 폭력 앞에 피흘리는 폭력으로 항거하지 않았던가고 따져 묻는 격이기 때문이다.

폭력 앞에 승려들은 무기력했고 연약했다고 해두자. 그리고 그 이유는 투쟁과 싸움을 원치 않는 불교의 교리 탓이기도 하고, 고려 이래로 타락해 온 불교계의 미약한 힘 때문이기도 하다고 해두자. 그러나 배불의 폭력 앞에 폭력과 반항으로 대하지 않고 웃음과 익살 그리고 한없이 너그러운 선심으로 대한 일부 승려들의 태도를 잊어서는 안된다. 배불의 거대한 기세 앞에 웃음과 익살 그리고 자비심으로 저항한 일부의 승려들은 결코 명성을 떨치던 고승이 아니다. 오히려 무력하며 이름없이 살던 승려들이었던 것 같다. 이러한 승려에 대한 기록은 결코 많지 않다. 사람들의 입과 입으로 이들의 행적이 전해졌을 뿐이기 때문이다. 다행히 성현(成俔)의 수필집《용재총화(慵齋叢話)》에는 이러한 승려들에 대한 이야기가 몇 가지 전해지고 있다. 장원심(長遠心), 자비승(慈悲僧), 계승(鷄僧), 신수(信修) 등에 관한 이야기가 그것이다. 이들 네 스님은 모두 조선 초기에 살았던 사람들이지만 아직 한국불교사의 표면에 부각되지 않고 있다.

이들은 한결같이 익살스러운 모습을 하고 무애도인(無碍道人)의 행동을 하는 것으로 나타나고 있다. 장원심은 여러 사람들 위에 우뚝이 솟아 나올 정도로 키가 컸고, 계승은 체격이 작고 한쪽 발을 절었다. 그리고 신수의 얼굴은 가면(假面)과도 같았다고 한다. 그들은 주로 서울 장안에 모습을 드러내었지만 그렇다고 일정하게 거주하는 곳이 있는 것도 아니었다. 장원심은 밤이면 간혹 담 밑에 기대어 앉아 날을 지새고, 병들면 시장바닥에 드러누웠다. 다른 세 사람의 거처 또한 이와 비슷했던 것 같다. 거처가 일정하지 않은 그들은 날마다 서울의 거리를 돌아다니면서 밥을 얻어 먹었다. 자비승은 남이 자기에게 베풀어

주는 것이 있으면 비록 소중한 물건이라도 사양하지 않으며, 남이 자기에게 빌면 있는 대로 다 주어 버리고 다만 떨어진 갓과 옷을 착용할 뿐이었다. 또 음식을 주면 먹고, 주지 않으면 먹지 않았다. 잘 차린 음식이라고 해서 아름답게 여기지 않았으며, 거친 밥이라고 나쁘게 여기지 않았다. 장원심 또한 천금을 받아도 기뻐하지 아니하고 자신의 물건을 잃어도 성내지 아니했다. 남이 주는 것이라면 남자의 옷이거나 여자의 옷이거나 다 몸에 입고 다녔고, 남이 달라고 하면 다 벗어 주었다. 옷이 없으면 맨몸으로 있거나 혹은 풀을 엮어 옷으로 삼고도 부끄러워하지 않았으며 어쩌다 비단옷을 입고도 영화스럽게 여기지 않았다. 신수는 고래가 물을 마시듯 술을 마셨고, 여러 사람들이 보는 앞에서 고기를 먹었다.

이들의 행동은 모두 다 익살스러워 보는 이들로 하여금 폭소를 자아내게 했다. 신수는 하도 익살스러워서 그의 입에서 한마디 말만 떨어져도 사람들이 모두 배를 움켜잡고 웃지 않을 수 없었다고 한다. 항상 손을 쳐서 닭이 날개치는 모습을 흉내내고 입을 움츠려 닭의 울음소리를 내며 다니므로 계승(鷄僧)이란 별명을 얻었던 그 닭소리 하는 스님 뒤에는 언제나 아이들이 떼를 지어 몰려다닐 정도였다.

그들이 하는 일은 남이 잘 하려 들지 않는 하찮은 일이었다. 장원심은 나라에 요사한 재앙이 있을 때면 제자들을 모아 정성을 다해 부지런히 기도했고, 길거리에서 죽은 시체를 보면 업어다 매장했다. 자비승은 다리와 도로, 우물 등을 수리하며 다녔다. 왜 이들은 산 속을 떠나 이처럼 하찮은 일을 하면서 세속에서 지냈을까. 자비승의 대답을 들어보자. 어떤 사람들이 자비승에게 물었다.

"중이면 산에 들어가 도를 닦는 일은 하지 않고 어째서 세상에 있으면서 괴롭게 다리나 도로, 우물 등의 수리 같은 작은 일을 하고 있는가?"

자비승이 대답했다.

"내가 젊었을 때 스승이 나에게 산중에 들어가 10년 동안만 고행을 쌓으면 도를 깨달을 수 있다고 하기에 금강산에서 5년 그리고 오대산에서 5년 동안을 부지런히 도를 닦았으나 아무 보람이 없었다. 그러나 내가 다른 방법으로 국가에 도움을 줄 일은 없다. 다만 다리, 도로, 우물 등이나 수리하여 남들에게 공덕을 베풀고자 할 뿐이다."

자비승의 이 대답에는 무위도식한다는 비난을 듣고 있던 당시의 승려들이 어떻게 이 사회를 위해 공덕을 쌓아야 할 것인가를 잘 말해 주고 있다.

그들은 평소에 미친듯이 행동했다. 그 도도하던 유생들 눈에는 어쩌면 바보처럼 보였을지 모른다. 그러나 결코 그들은 바보도 아니었고 미친 사람들도 아니었다. 그들은 미친듯이 반항했다. 바보처럼 저항했다. 자비승은 비록 공경(公卿) 대상(大相)일지라도 다 이름을 불렀고, 신수 또한 비록 지위 높은 관원으로 평소에 알지 못하던 자일지라도 한번 보면 옛 친구와 같이 이름을 불렀다. 또한 공경(公卿)을 보아도 반드시 공경하지 않으며 어리석은 여자를 보아도 또한 더불어 이야기하던 장원심의 태도와 떼를 지어 그의 뒤를 따르던 아이들을 두고 "내가 거느리고 다니는 하인의 수가 많음은 비록 3공(公)이라도 미치지 못할 것이다."라고 하던 계승의 말 등을 통해 이들의 말과 행동 뒤에 흐르는 강렬한 저항의식을 엿볼 수가 있다. 당시의 엄격하던 신분제도를 기억할 때 결코 이들의 짓이 그리 간단한 것은 아니었다고 생각되기 때문이다.

아무래도 조선시대 승려들의 불교 탄압에 대한 항거는 미미한 것이었음을 감출 길이 없다. 설사 일부의 승려들에 의해 무저항의 저항으로 나타났다고 하더라도 말이다. 왜 그래야 했을까? 이러한 의문은 자비승의 턱에 있었던 상처가 그 약간을 설명해 주고 있다. 자비승의 턱에는 상처가 있었다. 어떤 사람이 그 상처에 대해 물었을 때 자비승은 대답했다.

"일찍이 산에 들어가 땔나무를 하는데 곰과 범이 서로 싸우고 있었다. 내가 그 앞에 가서 타이르기를 무슨 까닭에 서로 해치려고 하는가? 마땅히 서로 화해하는 것이 좋다고 하였더니 범님은 훈계를 듣고 갔으나 곰님은 나의 훈계를 듣지 않고 와서 나의 얼굴을 물었다. 마침 산에 있던 사람이 와서 죽음을 모면할 수가 있었다."

조선시대의 승려들은 바보처럼 항거할 줄 몰랐다. 그러나 그들은 결코 바보가 아니었다. 누가 곰과 범의 싸움을 말리다가 죽을 뻔했던 자비승의 그 진실한 자비를 바보짓이었다고 웃기만 할 것인가.

2. 계승(鷄僧)과 자비승(慈悲僧)

출가 수행자에 대한 국가의 탄압과 일반의 천대가 날로 심해가던 조선시대 초기, 그 어려운 시대에 살면서도 장안의 골목골목을 누비고 다니면서 대중을 교화했던 스님들이 있었다. 그들은 일정하게 머무는 곳이 없었고 또한 불러줄 이름도 알려지지 않았지만 웃음과 익살 그리고 넘치는 자비심으로 시대적 시련을 견디고 참으며 부처님의 혜명을 이어간 이들이다. 비록 그들의 이름과 자취가 돌에 새겨져 전해지지 않았고 아직 한국불교사의 표면에 부각되지 못했을망정 사람들의 입에서 입으로 전해진 그들의 자취는 잊을 수 없다.

성현(成俔)의 수필집 《용재총화(慵齋叢話)》에는 이러한 스님들에 대한 이야기를 몇 가지 전하고 있다. 계승(鷄僧), 장원심(張遠心), 자비승(慈悲僧), 신수(信修) 등에 관한 기록이 그것이다. 이들은 모두가 익살스러운 행동으로 보는 이들로 하여금 폭소를 자아내게 하는 무애도인의 모습을 하고 있었다. 그리고 이들은 남들이 잘 하려 들지 않는 하찮은 일들을 하면서 민중을 교화했다.

이름도 법명도 아니지만 사람들로부터 계승이라고 불렸던 스님이 있었다. 그는 작달막한 키에 다리까지 절뚝이는 절름발이이기도 했다. 그 스님의 초라한 모습이 거리에 나타날 때면 아이들이 모여들었다. 거지꼴의 이 스님을 구경거리로 삼아 모여든 아이들은 순식간에 백명이 되고 천명이 되어 그의 뒤를 졸졸 따라다녔다. 이처럼 아이들이 모여드는 것은 스님의 이상한 짓과 노래 그리고 흉내내는 닭소리 때문이기도 했다. 스님은 항상 길거리에서 닭의 흉내를 내어 아이들을 즐겁게 해주었다. 몸을 꼬고 손을 흔들며 입을 움츠려 훼를 치며 우는 닭의 흉내를 냈다. 장닭이 목청을 뽑아 길게 우는 울음소리를 내기도 하고, 혹은 둥지에서 알을 낳고 '꼬꼬댁 꼬꼬'하고 우는 암닭의 흉내를 내기도 했다. 어떤 때는 마을의 닭들이 따라서 울 정도로 스님의 닭소리 흉내는 매우 뛰어났다. 당시 사람들이 그를 두고 '닭소리 내는 스님' 즉 계승이라고 부르게 된 것도 이 때문이었다.

그 스님은 자기가 스스로 지은 노래를 농부들의 노래에 곡조를 붙여 어깨춤을 추면서 신바람나게 부르곤 했다.

이 세상, 이 세상
한 칸 초가인들 즐겁지 않으리
이 세상, 이 세상
누더기 옷을 걸친들 또한 무엇이 나쁘리
염라대왕의 사자가 와 맞아가게 되면
비록 이 세상에 살고자 한들 어찌 될 수 있으리.

"한 칸 초가집에 산다고 해서, 또 누더기를 걸치고 산다고 해서 어찌 즐겁지 않겠는가."고 하는 그의 노래는 의미심장하다. 흔히 불교에서는 현실 생활의 허무함을 강조하는 경우도 있지만 내일의 삶보다는 오늘의 이 삶이 중요하기에 이 스님의 노래는 현실 생활의 중요성을 일깨워 주고 있다. "거꾸로 매달려도 이 세상이 좋다."이는 우리의 속담이다. 이처럼 이 세상에 사는 일은 중요하다. 길거리를 누비며 노래하는 스님의 법문은 주장자로 법상을 치며 소리지르는 대선사의 그 것보다도 더 쉽고 짜릿한 것이었는지 모를 일이다. 특히 민중들과 아이들에게는.

그러나 당시 사람들의 눈에 비친 우스운 짓이나 하고 다니는 스님의 모습은 초라하고 웃기기 잘하는 미치광이 스님 정도였을지도 모를 일이다. 하지만 그는 어떤 부잣집이나 귀인의 집도 서슴없이 찾아들었고 가난하고 비천한 집이라도 꺼려하지 않았다. 그에게는 빈부귀천의 차별이란 있을 수 없었다. 그는 비록 누더기옷을 걸치고 거처하는 집도 절도 없이 이 골목 저 골목을 떠돌았지만, 그의 자부심은 누구도 따르지 못할 만큼 큰 것이었다. 그를 따르는 수많은 아이들을 가리키며, "내가 거느린 무리가 많음은 비록 삼공(三公)이라도 미치지 못할 것"이라고 하면서 한바탕 웃던 그의 모습에서 그의 마음 속 깊숙이 자리한 크나큰 자부심을 발견할 수 있기 때문이다.

스님은 또 탄식인 양 발원인 양, "관음제석, 관음제석이여, 이 몸 만약 죽으면 온전히 지옥에 떨어지리."라고 노래하기도 했다. 이 노래를 부른 진정한 뜻이 초라한 자기 모습을 뒤돌아 본 순간의 탄식이라고 해야 할지 아니면 죽어서는 지옥의 중생까지도 교화하겠다는 발원인지는 잘 모르겠다. 누가 스님에게는 인간적인 회한과 탄식이 없다고 하랴. 특히 남다른 자부심을 갖고 사는 사람일수록 그 자부심의 그늘에는 남모르는 탄식이 숨어 있는 법. 수많은 아이들의 무리를 거느리고 교화하던 계승. 자부심이 비록 삼공보다 낫다는 것이었을망정 길거리를 방황하는 거지꼴의 자기 모습을 조용히 비추어 보는 날은 약간의 탄식과 슬픔이 없을 수 있겠는가?

그러나 그는 슬픔 정도는 신명나는 어깨춤과 노래로 떨쳐버리고 다시 아이들이 모이는 거리로 닭소리를 흉내내면서 나서는 것이었다. 이름도 잘 알려지지 않은 채 세상 웃기며 살다가 훌훌히 바람에 실려 가버린 한 스님의 발자취가 역사의 모래밭 위에 뚜렷할 리 없다. 그러나 그의 이름이 비석에 새겨지지 않았다 해서 당시 대중들의 가슴 속에 넘쳐나던 환한 웃음마저 잊을 수야 없지 않은가? 까짓 상투야 없어도 개의할 것 없으며 죽어 무덤이 없다고 한탄할 일도 없다. 모든 상(相)이란 상은 헛되고 거짓된 것이매.

불러줄 이름이나 법명마저 알려지지 않았던 한 스님이 또 있었다. 자비승(慈悲僧)이라는 분이 그런 스님 중의 한 분이다. 자비승이란 당시 사람들이 '자비스러운 스님'이란 뜻으로 편의상 부른 것이지 본래의 이름이나 법명은 아니다. 선한 마음으로 사회사업에 참여하던 당시의 스님들을 선심승(善心僧)이라 부른 경우와 같았다.

자비승은 성질이 곧아 도시 굽은 마디라고는 없었다. 그의 삶은 멋지고 신나는 것이었고 떳떳하고 당당한 것이었다. 그의 인생은 그 누구도 그 무엇으로도 구속할 수 없었다. 불교의 엄격한 계율도 그리고 고승 대덕이라는 유혹적인 명예도, 유생들의 가혹한 불교 탄압도 그를 묶어 놓지 못했다. 그가 가진 것이라고는 다 해진 옷과 삿갓뿐, 아무 것도 없었다. 물론 피곤한 몸을 편안히 쉴 집도 없었다. 날이면 날마다 장안의 거리를 돌아다니며 밥을 얻어 주린 창자를 공양할 뿐이었다. 그것도 누군가가 그에게 음식을 주면 먹고 주는 이 없으면 며칠이라도 굶었다. 만약 누군가가 자기에게 시여해 주는 것이 있다면 그것이 아무리 값지고 소중한 것이라도 사양하지 않았으며 또 그에게 요구하는 사람이 있다면 그가 가진 모든 것을 다 주었다. 그렇다고 그가 이 세상의 물건들을 하찮고 쓸모없는 것으로 대했다고 생각한다면 그것은 큰 오해다. 그는 누구보다도 이 세상의 물건들을 소중히 여겼다. 그는 모든 사물을 일컬을 때 반드시 '님'이라는 말을 붙여서 불렀다.

돌은 단순한 돌이 아니라 '돌님'이었고, 말 못하는 나무일망정 그에게
는 '나무님'으로 통했다. 새는 '새님', 곰은 '곰님', 범은 '범님'이었다.
'그리운 것'만이 님이 아니라 그의 눈에 들어오는 이 세상의 모든 사
물은 다 아름다운 님이었다. '개에게도 불성이 있다'고 한 것은 옛 선
사의 화두였지만, 자비승에게는 이 세상 모든 사물이 불성을 가진 것
으로 인식되었던 것일까?

당당하게 살아가는 스님의 눈에 공경 대상인들 부러울 것, 두려울
것이 없었다. 그는 그런 사람을 만날 때도 모두 이름을 거침없이 불러
대곤 했다. 그에게는 곰과 범 같은 맹수마저도 두려운 상대가 아니라
교화의 대상으로 보였다. 스님의 턱에는 큰 흉터가 하나 있었다. 어떤
짓궂은 사람이 스님에게 그 까닭을 물었다. 스님은 웃으면서 답했다.

"하루는 산속에 들어가 땔나무를 하는데 범님과 곰님이 서로 싸우
고 있었다. 나는 그들의 앞에 가서 무엇 때문에 서로 해치려 하는
가? 마땅히 서로 화해하는 것이 좋다라고 타일렀다. 그런데 범님은
나의 훈계를 듣고 갔으나 곰님은 나의 훈계를 듣지 않고 나의 낯을
물었다. 마침 산중에 있던 사람이 와서 구해주어 죽음을 겨우 면할
수 있었다."

세상은 왜 서로 다투는가. 서로 양보하며 살 것을. 사나운 짐승들의
싸움터에 나타나 "무엇 때문에 싸우는가, 서로 화해하는 것이 좋다."
고 타이르는 스님의 모습은 바보스러울 정도로 미련해 보이지만 그
자비심 충만한 한마디 사자후는 진실로 감로의 법문이다.

자비승, 그 스님의 모습은 비록 초라한 거지승의 몰골이었을망정
그가 하던 일은 놀라운 것이었다. 그의 일은 다리나 길 그리고 우물
등을 수리하는 것이었다. 누가 시키는 것도 돈을 버는 것도 아니었지
만 그 일들은 그가 즐겨하는 일이었다.

어느 날 그는 여러 재상들이 모여 있는 곳에 나타났다. 거기에는 성
현(成俔 : 1439~1504)도 있었다. 누가 물었다.

"중이면 산속에 들어가 도나 닦을 일이지 어찌 세상에 있으면서 괴롭게 다리나 도로, 우물 등의 수리 같은 작은 일을 하고 있는가?"

스님은 웃으면서, 그러나 진정으로 답했다.

"젊었을 때 나는 우리 스승으로부터 산중에 들어가 10년 동안만 고행을 쌓으면 도를 깨달을 수 있다는 말씀을 듣고 그 길로 금강산으로 들어가 5년, 다시 오대산으로 옮겨 5년 동안을 부지런히 고행했다. 그러나 아무런 보람이 없었다. 스승은 또 말씀하셨다. 《화엄경》을 백번만 읽는다면 도를 깨달을 수 있다고. 그래서 나는 또 스승이 시키는 대로 했다. 그러나 역시 아무런 보람이 없었다. 이때부터 나는 불도라는 것은 헛되고 망령된 것으로서 믿기 어렵다는 것을 비로소 알게 되었다. 그러나 소승이 다른 방법으로 나라에 보답할 길은 없고 다만 다리, 도로, 우물 등이나 수리하여 다른 사람들에게 공덕을 베풀고자 할 뿐이다."

도(道)는 길이다. 사방으로 통하는 것이 길이다. 고속도로만이 길이 아니라 오솔길도 논두렁길도 길은 길이다. 누가 도통(道通)을 말하는가? 부처님도 팽개쳤던 고행의 길을 왜 10년이나 가야하며 이미 언어의 길이 끊어진 도의 세계를 경을 읽어 건너려 하는가? 그렇다고 왜 이것들을 다 버려두고 가려 하는가? 자비승이 "불도가 망령되다."고 한 말을 두고 누가 말 그대로 믿으며 또 책망하려 하겠는가? 자비승은 적어도 10년 수행과 《화엄경》을 100번 독송한 뒤에 이 사실을 깨달아 알았고 그 깨달음은 환한 것이었음을.

험한 세상에는 의지해 건널 다리가 있어야 하고 목마른 길손에게 우물물은 감로수가 되는 법이다. 우물을 파고 다리를 놓으며 도로를 수리하는 등의 사회사업이야말로 세간의 복전(福田)이 된다고 수많은 경전에서 강조하고 있음을 자비승은 이미 알았던 것이다.

비유하면, 보살은 다리와 배와 같은 존재다. 사람들을 건네주되 분별하지 않기 때문이다.

이는 경전의 말씀이다. '나는 나룻배 당신은 행인'이라고 읊은 시인
은 만해다. 자비심으로 중생에게 이익을 주고자 하는 것은 보살의 서
원이다.

3. 함허당(涵虛堂)의 《현정론(顯正論)》

고려 말부터 배불의 바람은 거세게 불기 시작했다. 고려 말의 배불론
은 주로 착실히 성장해온 사대부(士大夫) 성리학자들에 의한, 승려들의
윤리적인 타락이나 비대한 사원경제 등의 문제에 한하는 것이었다.

그러나 고려가 망하고 조선이 건국되자 배불의 양상 또한 판이하게
달라졌다. 유교적인 정치이념을 표방하던 사대부 성리학자들의 배불
은 폭력적으로 변했다. 조정에 의한 정치적인 척불은 물론, 유생들의
승려에 대한 횡포도 마찬가지였다.

태종은 종전의 11종(宗)을 7종으로 통합하고 전국에 240여 곳의 사
찰만 남겨두고 나머지는 혁파했으며, 각 사원에 상주할 승려의 숫자를
제한하고 사원의 전답과 노비 또한 크게 제한하여 부족한 군수에 채
웠다. 세종 대에 이르러 다시 7종을 선교양종(禪敎兩宗)으로 통폐합했
고 연산군 때에 이르러서는 선교양종마저 모두 혁파했는데, 이로써 불
교는 뿌리째 흔들리는 상황에 처하게 되었다. 세종 24년에는 학당의
생도 20명이 보등사(寶燈寺)에 몰려가 승려들에게 행패를 부린 일이
있다. 뿐만이 아니다. 여러 곳의 사찰이 허물어져 갔고 불상을 녹여
병기를 만들기도 했다. 승려들 중에는 불교 탄압의 실정을 명나라에

호소하기 위해서 압록강을 건넜던 일이 몇 차례 있기는 했지만 유생
들이나 조정에 의한 불교 탄압에 대해 당시의 승려들은 보다 적극적
으로 대처하지 못했다.

　역성혁명의 주체적 역할을 담당했던 삼봉(三峰) 정도전은 당시의
주자학자들 중에서도 가장 격렬한 배불론자였다. 그의 《불씨잡변(佛
氏雜辨)》은 당시 주자학자들의 불교 배척의 논리를 대표할 만한 것이
었다. 불교의 해가 인륜(人倫)을 헐어버렸다고 생각한 삼봉이 '불교를
말끔히 물리쳐 버리겠다'는 입장에서 쓴 《불씨잡변》은 냉정하고 철저
한 비판정신에 입각했다기보다는 편견과 독단을 서슴지 않았고, 특히
불교의 역사 및 교리 등에 대한 인식은 '피상적이고 천박한 견해'라고
지적될 정도다.

　삼봉의 《불씨잡변》에 답하기라도 하듯이 세종 때의 함허당 득통 기
화(得通己和)는 《현정론(顯正論)》을 썼다. 여러 곳의 절을 허물었다
는 소식을 듣고 눈물로 하늘에 고하기도 했던 기화는 아무래도 호법
(護法)의 입장에서 《현정론》을 썼다고 생각된다. 그러나 삼봉이 불교
를 뿌리째 뽑아버리겠다는 격분으로 《불씨잡변》을 쓴 태도와는 달리
기화의 《현정론》은 그 제목이 시사하듯 파사(破邪)보다는 오히려 현
정(顯正)에 그 중심을 두고 논리를 전개하고 있음이 특징이다. 그는
단순히 승려이기 때문에 불교를 옹호한다는 입장에 서는 것이 아니라
의로운 편에 서기 때문에 자기 편견에 치우치지 않으려는 노력을 했
고 따라서 유교를 부정하려는 입장을 취하지 않았다.

　그는 "자기를 위주로 하고 남을 가볍게 생각하거나 자기편이 옳고
상대편이 그르다고 하는 것은 사람의 상정이지만, 통인(通人)과 달사
(達士)는 오직 의(義)에 따르나니 어찌 나와 남, 이편과 저편으로써
시비하겠는가."라고 하면서 "그 도가 따를 만하고 그 예가 본받을 만
한 것이라면 어찌 내가 익힌 것이 아니라고 해서 버리는 것이 옳다고
하겠는가."라고 반박했다. 이러한 입장에 선 그였기에 유교를 들어 배

척한다는 것부터가 편견임을 알았고, 불교를 이단시하는 성리학자들을 향해 "그대는 듣지 못했는가. 천하에는 두 가지 도가 없고, 성인은 두 가지 마음이 없다는 말을. 무릇 성인은 공간적으로 천리 밖에 떨어져 있거나 시간적으로 만세라는 세월이 격해 있어도 그 마음은 다름이 없는 것이다."라고 하면서, 유불선 삼교(三敎)가 공통성을 가진 것이라고 주장했다. 물론 불교와 유교의 같은 점을 밝히기도 하고, 불교사상 중에서 유교사상보다 깊다고 생각되는 것이 있으면 그것을 내세우기도 했다.

기화는 출가하기 전에 성균관에서 유학을 공부한 바 있고, 또 승려에게 유학을 가르치기도 했을 정도로 유학에 대해서도 상당한 이해를 갖고 있었다. 삼봉이 불교에 대해 알고 있던 지식보다 기화가 유교에 대해 알고 있던 지식은 아무래도 한층 더 깊었다고 말할 수밖에 없다. 불교사상에 대한 다분히 피상적인 지식으로 불교를 비판하는 삼봉 등의 주자학자들을 향해 기화는 "누구든지 진실과 거짓을 증험하고자 한다면, 반드시 먼저 서적을 살펴보아야 하는 법. 서적을 살펴보지도 않고 무조건 망령되다고 배척한다면 반드시 아는 사람들의 비웃음을 사게 될 것이다. 그대는 천하의 문장을 다 통람하지 못하면 고금 시문(詩文)의 어구를 평할 수 없다고 한 말도 듣지 못했는가."고 반박한다. 그리고 그는 "몸소 높고 낮음을 알아보고, 또 같고 다름을 알아보고, 또 편견을 버려 편벽된 생각을 없애 지혜로운 안목을 가진 뒤에 대장경이나 유교, 도교의 여러 서적을 읽어 일상 생활에나 생사화복이 일어날 때 참고하라. 그러면 내 말을 기다릴 것도 없이 스스로 수긍하게 될 것이다. 내 어찌 굳이 변명을 일삼아 그대들에게 억지로 들으라고 떠들겠는가."라고 《현정론》을 끝맺고 있다.

이러한 《현정론》을 통한 기화의 주장이 당시의 주자학자들에게 어느 정도 설득력을 발휘했고 영향을 끼쳤는지는 잘 모른다. 배불의 기운이 팽배하던 당시에 이만한 주장이라도 할 수 있었던 기화의 용기

와 당당한 태도는 높이 평가해도 좋을 것이다. 그러나 당시의 불교계
는 이미 세력을 잃고 있었고 제대로 정신을 차리지도 못했고 드디어
는 수도 승려가 천인으로 전락하는 비운을 맞아야 했다.

　이처럼 불교가 힘없이 무너지고 만 까닭은 당시의 불교는 이미 병
든 사자였기 때문이리라. '염불에는 생각이 없고 잿밥에만 정신이 쏠
려 있던' 고려시대의 많은 승려들은 사자 몸 속의 벌레였으니까 말이
다. 조선시대 불교의 쇠망은 이미 고려시대 승려들의 타락상에 그 원
인이 싹트고 있었다. 왕실의 비호와 경제적 부의 축적, 거기에 승려들
의 갖가지 윤리적 타락이 겹쳐지고 있던 고려 후기에 운묵(雲默)화상
무기(無寄)는 "위태롭도다. 위태롭도다.", "마음 아프고 아프도다."
고 탄식하며 《경책(警策)》《석가여래행적송(釋迦如來行蹟頌)》등에서
승려들의 자각을 거듭 촉구하고 있었지만 배부른 승려들의 귀에 들릴
리 만무했던 것이다.

4. 김시습(金時習)의 웃음과 통곡

　조선 초기 그 어수선하던 시절을 살았던 김시습(1435~1493)은 현
실적인 허위와 모순에 철저히 반항하며 그 일생을 마친 자유로운 지
식인이었다.

　그는 세종 17년(1435)에 서울의 성균관 부근에서 태어났다. 이미 다
섯 살 때 세종의 총애를 받고 신동이라 불릴 만큼 그의 재질은 뛰어났
다. 그는 이계전(李季甸), 김 반(金泮), 윤 상(尹祥) 등 당시의 유명한
학자들의 문하에서 열심히 수학했다. 그러나 그는 15세 되던 해에 어머
니를 여의고 아버지가 중병을 앓는 등 어려움을 당했다. 곧 계모를 맞

았고 그도 또한 장가를 들었다. 이러한 중에 그는 한양을 떠나 삼각산(三角山) 중흥사(重興寺)에 들어가 학업을 계속했다. 그의 나이 21세 되는 해에 수양대군이 단종을 몰아내고 권력을 잡았다는 소문을 들었다. 그는 그 길로 머리를 깎고 승려가 되어 스스로 설잠(雪岑)이라고 호했다. 그는 청년시절을 방랑생활로 보낸다. 관서지방을 지나 관동지방으로, 관동지방을 돌아 호남지방으로 떠돌기 9년이었다. 이렇게 10년에 가까운 방랑생활을 보낸 그는 31세 때 경주 남산, 즉 금오산(金鰲山)의 용장사(茸長寺)에 은둔하기 시작하여 6~7년을 보낸다.

그는 47세 때 홀연히 머리를 기르고 안씨(安氏)의 딸을 아내로 삼아 속인과 다름없는 생활을 했다. 그러나 얼마 되지 않아 부인이 죽었고 다시 서울을 떠나 방랑하던 그는 무량사(無量寺)에서 59세를 일기로 생을 마쳤다.

김시습의 사람됨에 대한 이 자(李耔)의 평은 이렇다.

"외모는 볼품없으며 민첩하고 엄하지 못하여 위엄은 적었다. 스스로 이름남이 너무 일렀고, 성격 또한 오활하여서 시대의 형편에 용납되기 어려웠던 까닭으로 멋대로 미친 듯이 농담과 익살을 부려가며 시속을 조롱하므로 사람들은 그 모양을 보고는 문득 경망하고 조급하다고 지목하고서 업신여기고 조롱하며 함부로 욕하기를 꺼려하지 아니하였다."

이 이(李珥)는 《매월당선생전(梅月堂先生傳)》을 짓고서

"그 사람됨이 모습이 못나고 키는 작으나 호기롭고 준수하며 영특하고 뛰어났었다. 간략하고 탄솔하여 위엄있는 거동은 없으나 굳세고 곧아 사람의 과실을 용납하지 못하며 시대를 슬퍼하고 세속을 분하게 여기었다."

고 평했다. 이들의 평을 종합해 볼 때, 그의 키는 작고 얼굴은 못생긴 편이었으며 성격은 곧고 급했던 것 같다.

김시습은 스스로 자화상을 그리고 거기에 "네 형상이 지극히 작고

네 마음이 크게 어리석으니, 너를 산골짝에 두는 것이 마땅하다."는
찬을 덧붙였다. 그는 또 승려가 되어 머리를 깎았지만 수염은 길렀다.
그 까닭을 "머리를 깎은 것은 당세를 피한 것이요, 수염을 기른 것은
장부를 표한 것"이라고 했다. 중국이나 우리나라에 수염을 기른 스님
들이 가끔 있기는 했다. 명나라의 천연(天淵)이란 스님이 수염을 기르
고 "머리를 깎은 것은 번뇌를 없앤 것이요, 수염을 기른 것은 장부를
표한 것"이라고 했고 조선시대의 사명대사 또한 긴 수염을 기르고 있
었다. 그런데 김시습의 자화상에 그려진 수염은 사명대사의 그것만큼
길지도 멋있지도 못한 모양을 하고 있어서 보는 사람으로 하여금 웃
음을 자아내게 한다.

그러나 그의 장부적인 기질만은 대단한 것이었음에 틀림없다. 그의
미친 듯한 웃음과 통곡은 바로 이 장부적인 기질 탓이기도 했다. 그는
당시의 현실적 모순을 바라볼 때 마냥 시시하기만 했을지도 모른다.
그는 그의 마음을 알아주는 이 없는 고독함을 달래기 위해 시를 썼다.
어떤 날은 밤이 늦도록 1백 여 수나 되는 시를 써서 흐르는 물에 하나
하나 띄워 보내기도 했다. 달 밝은 밤이면 이소경을 외웠고 그것이 끝
나면 반드시 통곡했다. 또는 나무로 농부의 모습을 조각하여 책상 옆
에 두고 하루 종일 들여다보다가 통곡하고 불태워버리는가 하면, 어떤
때에는 자기가 심어 가꾼 벼가 이삭이 여물 때 낫을 휘둘러 한 이랑을
다 베고 목놓아 울기도 했고 관리 임명의 명부가 발표되어 그 중에 인
망이 없는 사람이 끼어 있으면 "이 백성이 무슨 죄인가."라고 말하며
울기도 했다. 이처럼 시시한 현실을 보고 울적한 마음, 강개한 마음을
다 풀 길 없을 때, 그는 통곡하는 것이었다.

그의 마음은 언제나 백성들과 농민들의 편에 있었다. "백성은 나라
의 근본이니, 근본이 견고해야 나라가 편안하다."는 《서경(書經)》의
말을 인용하면서, "곡물창고나 재물창고는 백성의 몸이요, 의복과 관
과 신발은 백성의 가죽이요, 주식과 음선은 백성의 기름이며, 궁실과

거마(車馬)는 백성의 힘이요, 공부(貢賦)와 기용은 백성의 피"라고 애민의(愛民義)에서 강조하고 있는 것이다. 그는 또 소설《금오신화》에서 "덕망이 없는 사람이 권력으로 왕위에 올라서서는 안된다." "나라를 다스리는 이는 폭력으로써 백성을 위협해서는 안된다."라고 직접적으로 꼬집기도 했다.

그는 그의 노비와 전택(田宅)을 사람들이 마음대로 빼앗아가도 개의하지 않다가 홀연히 그 사람에게 반환을 청구하기도 했다. 그 사람이 불응하자 법정에 나가 떠들썩하게 다투어 승소하였다. 문 밖에 나온 그는 하늘을 쳐다보며 크게 웃고는 갑자기 그 승소문서를 꺼내어 발기발기 찢어서 개천 속에 던지기도 했다.

세조가 일찍이 내전에서 스님을 불러 법회를 열었을 때 그도 또한 뽑혀 참석하였다. 그러나 그는 홀연히 이른 새벽에 도망하여 일부러 거리의 거름구덩이에 빠져 얼굴만 내놓기도 했다. 하루는 그를 따르는 여러 스님들이 설법을 청했다. 그는 그들에게 법연(法筵)을 준비하게 하고 가사를 갖추어 입고 가부좌로 앉았다. 여러 스님들이 가득 모여 합장하고 꿇어앉아 듣고 있었다. 그는 소 한 마리를 몰고 오라고 했다. 여러 사람들이 그 까닭을 모른 채 소를 끌어다 뜰 아래에 매었다. 그는 또 소 먹일 꼴을 가져오라고 하여 소 뒤에 놓게 하고 크게 웃으며 말하기를, "너희들이 법을 듣고자 하는 것이 이와 같다."고 하니, 여러 스님들이 얼굴을 붉히고 돌아갔다. 진리란 어느 먼 하늘에 있는 것이 아니다. 그러나 어리석은 사람들은 소가 자기 바로 뒤에 있는 풀을 보지 못하고 멀리 다른 풀을 찾아 헤매는 꼴이라는 상징적인 의미를 내포하고 있는 것인지도 모르겠다. 그에게 불교를 배우러 오는 제자들이 있으면, 비록 부유한 집의 아이라도 반드시 산전(山田)을 개간하고 김매고 거두는 일을 시켰던 것도 이러한 뜻이 있었을 것이다.

김시습의 기인적인 행적은 많은 사람들의 입에 오르내린다. 그러나 그가 남긴 많은 글을 보면 그가 얼마나 깊이있는 사상을 가진 뛰어난 지식인이었던가를 짐작하기에 넉넉하다. 그의 사상에는 유불일치적인 성격이 있다. 유불교체기라는 시대적 배경이 반영된 탓인지도 모르겠다. 웃고 통곡하는 김시습의 모습은 곧 반항적인 지식인의 고뇌의 표출이기도 했다. 아무튼 그는 한국불교사에서 빼놓을 수 없는 인물임에 틀림없다.

5. 연등회(燃燈會)

연등회는 일찍이 인도를 비롯한 불교문화권에서 널리 성행하던 행사다. 중국에서는 남북조시대부터 연등회가 연례 행사로 열렸고, 우리나라 또한 신라시대부터 행해지고 있었다. 신라 때에는 해마다 정월 보름이면 황룡사에서 연등회가 베풀어졌고, 이날이면 으레 왕이 친히 행차하여 밝혀진 등을 구경하기도 했다. 고려 초기에는 신라의 전통을 이어 정월 보름에 연등회가 베풀어졌지만, 차차 부처님의 열반일인 2월 15일에 행해졌다. 태조 왕건의 〈훈요십조(訓要十條)〉에는 해마다 2월 15일에 연등회를 행해야 한다고 밝혀 놓기도 했다. 물론 이날이 아니더라도 특별한 법회에는 가끔 연등회가 열리기도 했다.

2월 15일에 행해지던 연등회가 부처님의 탄생일인 4월 8일에 행해지기 시작한 것은 대개 무인정권시대의 실력자 최 이(崔怡)로부터 비롯되었다.

불교가 전 국민들의 신앙으로 받들어지던 고려 때의 연등회는 국가적인 큰 행사였고 모든 국민의 축제이기도 했다. 이날이 되면 왕실을 비롯하여 집집마다 등불을 밝혔고 관등(觀燈)놀이로 흥겹게 보냈다.

고려 인종 때에 우리나라에 와서 몇 달을 머물렀던 송나라 사신 서

긍(徐兢)이 쓴 《고려도경(高麗圖經)》에는 "2월 보름에 모든 불사에서 촛불을 켜는데 극히 번화하고 사치스럽다. 왕과 비빈이 함께 가서 구경하고 나라 사람들은 도로를 시끄럽게 메운다."고 연등회의 풍경을 기록하고 있다. 또 최 자(崔滋)는 그의 《보한집(補閑集)》에서 연등회의 풍속을 다음과 같이 묘사하기도 했다.

이날 저녁이 되면 모든 관리가 각각 크고 작은 비단을 산의 이곳 저곳에 연결해 두고, 모든 군부(軍部) 또한 화려한 비단으로써 잡아 매어 거리에 길게 늘어 놓는다. 또 그림이 그려져 있는 휘장과 글씨가 쓰여진 등불은 하늘에 이어져 대낮같이 밝다.

그리고 흥겨운 이날의 축제를 위하여 어린아이들은 봄부터 등을 만들 비용과 재료를 구하기에 들떠 있기도 했으니, 호기(呼旗)라는 풍속이 그것이다. 초파일이 되기 오래 전부터 아이들은 장대에 종이를 오려 붙여 기를 만들어 들고 물고기의 껍질을 벗겨 북을 만들어 두드리며 떼를 지어 마을과 거리를 돌면서 연등값을 달라고 외쳤고, 또 어른들은 기꺼이 쌀이나 베를 주어 이들의 비용을 도왔다. 이것을 '호기'라고 했다.

《고려사》에는 공민왕이 그 13년과 15년 4월 궁중의 뜰에서 호기희(呼旗戲)를 하는 아이들에게 베 백필을 하사했다는 기록도 보인다. 임금님으로부터 연등 비용을 하사받은 아이들의 기쁨은 참으로 컸을 것이다.

불교가 정책적으로 핍박을 받았던 조선시대에는 불교 교단의 성쇠와 국가정책에 따라 연등회가 가끔 금지되기도 하고 권장되기도 하는 등, 다소 기복이 없었던 것은 아니지만, 민간의 아름다운 풍속이 되어 오늘에까지 전해지기에 이르렀다.

《용재총화(慵齋叢話)》, 《동국세시기(東國歲時記)》, 《경도잡지(京都

雜志)》,《열양세시기(洌陽歲時記)》등의 문헌이나 당시의 문인들이 남긴 시 등에 의하면 조선시대 또한 연등회가 매우 화려하게 베풀어지고 있었음을 알 수 있다.

초파일이 되면 인가를 비롯하여 관청 시장까지 모두 등대[燈竿]를 세운다. 이 등대는 대나무를 죽 묶어서 만들어 높이가 여남은 길이나 되었다. 사치를 부리는 사람은 큰 대나무 수십 개를 이어 매고 한강, 용산, 마포, 현호(玄湖), 서강(西江)의 다섯 강에서 돛대를 실어다가 받침대를 만들어 놓기도 했다. 등대의 키가 작으면 사람들이 모두 빈정거렸다는 것을 보면 서로 다투어 등대의 키를 높이려고 했던 것 같다. 등대 끝에는 꿩의 꼬리로 장식하거나 채색 비단으로 깃발을 만들어 달기도 했다. 혹은 종이를 수십 발이나 되게 이어 붙여 펄펄 휘날리게 하고, 혹은 광주리를 매달기도 하고, 혹은 허수아비에 옷을 입혀 줄에 붙들어매어 놀리기도 했다. 혹은 회전등(廻轉燈)을 매달아 빙빙 돌게도 했다.

또 어떤 사람은 일월권(日月圈)을 꽂아 바람에 의해 그것이 빙빙 돌게도 했다. 일월권이란 긴 장대의 끝에 구멍을 뚫고 다른 나무를 그 구멍에 꿰어 ＋자형으로 되게 한 다음 가로지른 나무의 한 끝에는 붉은빛, 다른 한 끝에는 흰빛의 작은 공을 반으로 쪼갠 것 같은 것을 붙여서 바람이 불면 그것이 빙빙 돌게 만든 것이었다. 이에 비해 가난한 집에서는 등대 꼭대기에 노송(老松)을 붙들어매기도 했다.

등을 매다는 방법은 등대의 깃발 아래에 가로 막대기를 대어 갈고리를 만들고 그 갈고리에 줄을 얹어 그 줄의 양 끝이 땅에까지 내려오게 한 다음, 줄의 한 끝을 맨 윗등의 머리쪽에 붙들어매고 다음 한 끝을 맨 아랫등의 꼬리에다 붙들어매어 서서히 잡아 올리면 그 등을 매단 줄이 갈고리까지 올라가 멈추도록 했다. 그래서 많이 달 때는 10여 등, 적게 달 때는 3~4등을 매다는데 각 집에서는 자녀들의 수대로 등을 달고 밝은 것을 길하게 여겼다.

등은 직접 만들기도 했지만 가게에서 만들어 팔기도 했다. 특히 조선시대 시장이 있던 종가(鍾街), 지금의 종로에는 등을 파는 가게가 즐비하게 늘어서 있었다고 한다. 가게에서 파는 등은 천태만상으로 오색 찬란하고 값이 비싸며 기이하고 우아한 것을 자랑으로 여겼다. 등을 보려고 종가에 몰려든 사람들이 담벼락같이 몰려 섰고 학, 사자, 호랑이, 거북, 사슴, 잉어, 자라 등에 선녀가 올라 탄 형상의 등을 만들어 팔면 여러 아이들은 다투어 사서 장난하며 놀았다.

등의 종류에는 수박등, 마늘등, 연꽃등, 칠성등, 오행(五行)등, 일월(日月)등, 공등, 배[船]등, 종(鐘)등, 북등, 누각등, 난간등, 화분(花奔)등, 가마등, 머루등, 병(瓶)등, 항아리등, 방울등, 알등, 봉등, 학등, 잉어등, 거북등, 자라등, 수복(壽福)등, 태평(太平)등, 만세(萬歲)등, 남산(南山)등, 사자등, 호랑이등, 사슴등, 외 모양의 등 등의 수십 종이나 되었다.

북[鼓]등에는 중국 삼국시대의 관우, 장비, 제갈량 등의 장군들이 말을 탄 모양을 그리기도 했다. 또 등의 틀을 안팎 두 겹으로 만들어 바깥쪽에는 천이나 엷은 종이를 붙이고 안쪽에는 말타고 개를 데리고 호랑이, 이리, 사슴, 노루, 꿩, 토끼 등을 사냥하는 그림을 오려 붙여 가운데 축을 세우고 그 위의 풍차가 돌아감에 따라 그림의 그림자가 속의 등불로 말미암아 바깥틀에 비치게 만든 영등(影燈) 같은 특수한 것도 있었다.

등은 종이로 바르기도 하고 붉고 푸른 비단으로 바르기도 했다. 그리고 등에는 꽃이나 새, 혹은 하늘을 나는 선녀 등의 그림을 그리기도 하고 편편한 면이나 모가 진 곳에는 돌돌 말은 색종이나 길쭉한 종이를 붙이기도 했는데, 이러한 방법은 지금까지도 전해지고 있다.

연등회날 거리의 풍경을 《동국세시기》에는 다음과 같이 묘사하고 있다.

이날 저녁에는 전례에 따라 야간 통행금지가 해제된다. 온 장안의 남녀들은 초저녁부터 남북의 산기슭에 올라가 등 달아 놓은 풍경을 구경한다. 어떤 사람은 악기를 들고 거리를 쏘다니며 논다. 그리하여 서울 장안은 사람의 바다를 이루고 불야성(不夜城)을 만든다. 떠들썩하기를 밤을 새워 한다. 장안 밖의 시골 노파들은 서로 붙들고 다투어 와서 반드시 남산 서쪽 봉우리인 잠두봉에 올라가 구경한다.

등을 구경하려는 선남선녀로 남산과 북악산 기슭이 빽빽히 메워지던 이날 밤, 통소를 불거나 북을 두드리고 종로의 거리를 나다닐 수 있던 밤, 혹은 말썽꾸러기 아이들이 등을 쏘아 맞추기도 하던 밤, 통금이 없이 밤을 지새던 이 밤은 확실히 부처님의 덕을 기리는 축제의 밤이었다.

지금의 종로인 종가의 관등놀이는 가장 볼 만한 것이었던 것 같다. 《동국여지승람》 한성부(漢城府) 제영조(題詠條)에는 〈종가관등(鍾街觀燈)〉이라는 제목 아래 당시 여러 문인들의 시를 수록해 두고 있다.

> 서울 십리 천만 집에
> 거리 등불 곳곳마다 붉은 안개 감도네
> 향수레 보배 말길 가득 지나가니
> 취한 노래 노는 여자 얼굴이 꽃 같아라
> 밝은 등 휘황하여 대낮처럼 밝은데
> 옆 사람 오가는 것 작은 성성이 같아라
> 인간세상 즐거운 일 여기에 많은 것이
> 음악소리 끝나는 곳에 새벽 누수 들리는구나.

이 시는 종가관등을 읊은 풍월정(風月亭)의 시다. 이 외에도 서거정, 이덕무, 김종직, 정범조, 이민서 등의 연등을 읊은 시가 전해지기도 한다.

연등회가 열리는 밤이면 소밥을 먹는 풍속과 물장구놀이의 풍속이 또한 행해지곤 했다. 어린아이들은 등대 아래 자리를 깔고 느티떡과 소금에 볶은 콩, 삶은 미나리나물을 벌여 놓고 오가는 사람에게 나누어 주었다. 이것은 부처님이 탄생한 날에 고기 반찬이 없는 간소한 음식으로 손님을 맞아다가 즐기는 뜻으로 '부처님 탄신일의 소밥[佛辰茹素]'이라 했다.

또 아이들은 물동이에 물을 담아 바가지를 엎어 놓고 빗자루로 두들기면서 진실하고 솔직한 소리를 내면서 놀았는데, 이것을 물장구놀이[水缶戲]라고 했다.

홍석모(洪錫謨)는 《동국세시기》에서 이러한 풍속은 송나라의 영향을 받은 것 같다고 다음과 같이 쓰고 있다.

송의 장원(張遠)이 지은 《오지》에 '서울 풍속에 염불하는 사람은 콩으로써 그 수를 헤아린다. 그랬다가 4월 8일 부처님의 탄생일에 이르러 그 콩을 볶는데, 소금을 약간 쳐서 길에서 사람을 맞이해다가 먹여 인연을 맺게 한다.'고 하였다. 지금 풍속에 소금을 볶는 것은 여기서 비롯된 것이다. 또 《제경경물략(帝京景物略)》에 '음력 정월 보름날 저녁부터 새벽까지 아이들이 북을 치며 보내는 것을 태평고(太平鼓)라 한다.'고 했다. 지금 풍속의 물장구놀이가 태평고의 뜻이다.

지금도 우리는 초파일 밤에는 등불을 밝힌다. 비록 국가적인 행사는 아니라고 하더라도 전불교도들은 정성으로 불을 밝히고 소원을 발한다. 우리는 크고 화려하지 못한 등이라도 정성을 담은 하나의 등을 밝혀야 하리라. 가난하지만 마음 착한 사밧티의 한 여인이 크나큰 서원과 정성으로 켠 등불이 다른 수많은 등불이 다 꺼져버린 깊은 밤에도 홀로 빛나고 있었듯이, 정성으로 밝히는 우리의 등불은 꺼지지 않을 것이기에. 등불은 흔히 지혜광명에 비유되기도 한다. 《화엄경》에서는 지혜광명을 등불에 비유하여 "보살은 그의 몸을 하나의 크고 밝은 등불로 삼기를 스스로 원한다. 환한 광명이 되어 일체 모든 중생들을 널리 일깨워 줄 수 있다."고 설하기도 했다. 또한 만해는 "타고 남은 재가 다시 기름이 됩니다. 그칠 줄을 모르고 타는 나의 가슴은 누구의 밤을 지키는 약한 등불입니까."라고 노래하기도 했다.

절에서 스님들은 등을 공양하면서 "대원을 심지 삼고 대비를 기름 삼아 대사(大捨)를 불길로 하니, 이 셋이 모인 보리의 등불이 법계를 비추고 뭇 중생에 빛을 비추니 모두 다 성불을 이루소서." 하고 염원하기도 했다.

우리는 하루 속히 어두운 우리들의 마음을 밝은 등불로 밝혀야 하리라. 그리고 또 우리는 어둡고 험한 이 풍진 세상에서 길을 잃고 헤매는 사람들에게 그 길목을 비춰주는 충실한 안내자 장명등(長明燈)이 되어야 하리라.

6. 진묵대사(震默大師)

진묵(1562~1633)은 임진(壬辰)의 전화(戰禍)로 이 땅이 생기를 잃고 있던 그 시절에 민중과 함께 살다간 전설과 신비에 쌓인, 그러면서도 석가여래의 응신으로까지 불리던 고승이다. 그러나 그에게는 행장도 비(碑)도 일찍이 없었다. 다만, 그가 주로 활동했던 전주지방 사람들의 입을 통해서 뛰어나고 기이한 그의 행적이 오랜 세월에도 전해지고 있었다. '이름이 높으면 무정한 돌에 새길 필요가 없는 것이니, 길가는 나그네의 입이 바로 그 비이기 때문'이라고 한 옛말을 되새기게 하는 그러한 인물이 곧 진묵이다.

진묵이 이 세상에서 자취를 감춘 지 200여 년이 지난 1850년경에 초의(草衣)에 의해서 《진묵선사유적고(震默禪師遺蹟攷)》가 이루어졌다. 김기종(金箕鍾)이 진묵에 관한 일화를 모았는데, 이를 토대로 초의가 쓴 것이 곧 이 책이다. 이 책에는 진묵에 관한 일화 열일곱 가지를 수록해 놓았다. 우리는 내용 중의 어디까지가 역사적 사실인지 잘 모르지만 이 땅의 종교풍토, 아니 일반 민중들의 가슴속에 자리하고 있던 고승의 모습이 어떤 것이었던가를 생각하게 해준다. 진묵의 일화에는 역사적 진실도 있겠지만 민간에 구비전승되는 사이에 민중들의 생각과 이상적인 고승의 모습이 덧붙여지기도 했을 것이기 때문이다.

호는 진묵(震默), 이름은 일옥(一玉)으로 1562년 만경현 불거촌에서 태어났다. 그가 태어날 때 이 마을의 초목이 3년간이나 말랐으므로 사람들은 '세상에 보기 드문 기질을 타고난 이'라 했다고 한다. 아마도 이 전설은 진묵이 불거촌의 정기를 한 몸에 지닌 채 태어났다는 것을 강조하고자 함에 그 저의가 있었던 것 같다. 그는 어릴 때부터 슬기롭고 자비로워 모두들 '불거촌의 산 부처'라고 했다. 7세에 출가, 전주의 봉서사(鳳棲寺)에서 수행, 스승의 가르침 없이도 불교의 깊은 뜻을 환히 알았다고 한다. 그러나 그 절의 스님들은 그에게 신중단(神衆壇)에 예배하는 일을 맡겼다. 그를 한낱 사미승(沙彌僧)으로밖에 알아보지 못했기 때문이다. 어느 날 주지승의 꿈에 나타난 신중은 "우리들은 부처님을 호위하는 신들인데 도리어 부처님의 예배를 받을 수 있겠는가. 빨리 그이를 바꾸어 우리들의 불안을 없애도록 하라."고 했다. 이처럼 신중들이 나이 어린 그를 부처님으로 대접했던 것이다.

진묵에 얽힌 일화에는 신중(神衆)이나 나한(羅漢), 혹은 금강력사 등이 그를 호위하고 있었다는 경우가 많다. 십륙존자는 늘 그를 시봉하려 했다든지, 그가 나한들의 머리를 때리면서 어려운 처지에 있던 아전의 일을 도와주라고 했다든지, 끝내 곡차(穀茶)라 하지 않고 술이라고 대답하는 스님을 금강력사가 철퇴로 때렸다든지, 산신령을 시켜

위막촌의 모기를 쫓아버렸다는 등의 이야기가 다 이러한 것이다.

역사상의 많은 고승들이 그랬듯이 진묵에게는 신통력이 부여되어 있어 갖가지 기적을 낳았다. 진묵의 바루에 담긴 바늘이 국수로 변했다는 이야기, 송광사(松廣寺)와 무량사(無量寺)에서 동시에 불상을 조성하게 되어 증사(證師)로 초청을 받은 그가 송광사에는 주장자를 무량사에는 염주를 각각 보냈는데, 단 위에 세워둔 주장자가 밤낮으로 넘어지지 않았고 염주는 저절로 딸각딸각 소리를 내며 돌아갔다는 이야기, 멀리서 입으로 물을 뿜어 해인사의 불을 껐다는 이야기, 죽은 고기를 먹었는데 항문으로 살아 있는 고기가 나와 냇물로 되돌아 갔다는 이야기 등이 그것이다. 원효(元曉)나 혜공(惠空), 또 사명(四溟) 등의 일화에서 볼 수 있는 갖가지 신통이 진묵에게 다 부여되어 있는 것이다.

이러한 신통은 그가 원래부터 총명하고 슬기로웠으며, 혹은 한 달 이상 삼매에 들어 시간 가는 줄 몰랐다는 데까지 연결되어 있다. 진묵은 그와 교유하던 유학자 봉곡 김동준(金東準)으로부터 《강목(綱目)》 한 질을 빌려서 메고 가면서 한 권씩 빼내어 읽고서는 모두 버렸는데 절에 도착하니 한 권도 없었다. 훗날 그 까닭을 묻는 봉곡에게 "고기를 다 잡았으면 통발은 버리는 것"이라고 답했고, 내용을 물어보자 하나도 틀림이 없었다고 한다. 그의 총명이 이 일화를 통해 강조되고 강물을 건너면 배는 버리듯이 어디에도 집착하지 않는다는 불교의 가르침이 포함되어 있다.

진묵은 가끔 깊은 삼매에 들곤 했다. 변산 월명암(月明庵)에서 하루는 문을 열고 앉아 문지방에 손을 얹고 《능엄경(楞嚴經)》을 읽고 있었는데, 바람에 흔들리는 문에 찍힌 손에서 피가 흐르는 줄도 모른 채 삼매에 들어 밤이 지나는 줄도 몰랐다. 그리고 그는 언젠가 상운암(上雲庵)에 있었다. 그 제자들이 멀리 양식을 구하러 갔다가 한 달이 넘어 돌아왔더니 그의 얼굴에는 거미가 줄을 쳤고, 무릎 밑에는 먼지가 쌓여 있었다.

한국불교사에는 일연(一然)과 같이 효성이 지극한 고승이 가끔 있었지만, 출가 승려의 몸으로 지극한 효성을 다했던 대표적인 인물은 곧 진묵으로 표현된다. 그는 그의 노모를 전주 왜막촌(倭幕村)에 모셔 두고, 그 마을 뒤 일출암(日出庵)에 거처하면서 봉양했다. 여름에 모기 때문에 괴로워하는 어머니를 위해 진묵이 산신령에게 부탁해 모기를 쫓아버린 뒤로 그 마을에 모기가 아주 없어졌다. 그리고 돌아가신 어머니를 제사지내며 지었다는 다음의 제문에는 인간적인 사모의 애틋한 정이 흘러넘친다.

> 태 안의 열달 은혜는 무엇으로 갚사오며
> 무릎 아래 삼년 양육은 잊을 수 없나이다.
> 만세 위에 다시 만세를 더해도 자식의 마음 오히려 미흡한데
> 백년 안에서 백년을 못 채우니 어머님 수명 어이 그리 짧으신가.
> 표주박 차고 길에서 행걸하는 외로운 이 중이사 이미 그렇거니와
> 비낀 비녀로 안방에서 혼인 못한 저 누이동생이 가엾지 않나이까.
> 상단을 마치고 하단도 파하여
> 스님네들 뿔뿔이 제 방으로 가면
> 앞산은 첩첩하고 뒷산은 중중한데, 영혼은 어디로 가시렵니까.
> 아아! 슬프고 슬프옵나이다.

진묵의 모습은 계율에 얽매이지 않는 한 무애도인으로 부각된다. 그는 술을 마시되 차로 생각하고 마셨다. 곡차라 하면 마시되 술이라 하면 마시지 않았다고 하여 곡차라는 그 유명한 말이 진묵으로부터 비롯되었다. 그는 사미 시절에 이미 어떤 소녀와 사랑을 나누었으며, 또 어느 날 봉곡(鳳谷)의 동비(童婢)에게 "너는 아들을 낳고 싶지 않느냐."고 꺼리낌없이 말한다. 무엇보다도 그가 일찍이 읊었다는 다음

의 게송은 그의 활달한 기상과 무애한 선기(禪機)에 접하게 해준다.

하늘은 이불, 땅은 자리, 산은 베개로 삼고
달은 촛불, 구름은 병풍, 바다는 술통으로 하여
크게 취해 벌떡 일어나 춤을 추노니
도리어 긴 소매 곤륜산에 걸릴까 하노라.

진묵에 얽힌 갖가지 일화 중에서도 그가 어머님을 제사하며 지었다는 제문이 그의 인간적인 모습을 담고 있다면, 위의 게송은 무애도인으로서의 그의 풍모를 엿볼 수 있게 해준다. 물론 이들 시에는 초의의 윤색이 가해졌을 것이지만. 진묵, 그는 민중의 입으로 전해지는 고승이고 민중의 희망과 꿈이 투영되어 있기도 한 위인이다.

7. 조선 후기 승려들의 곤욕과 한

백련사 서쪽 석름봉에서
백련사를 지키던 스님 한 분
자축거려 다니면서 솔을 뽑누나
어린 솔싹 자라나서 겨우 두세 치
여린 줄기 연한 잎이 귀엽기도 하거니
어린 아기 기르듯 애호 깊어라
해묵어 큰 재목이 될 것이어늘
어찌하여 눈에 보이는 대로 모조리 뽑아 버려

싹도 씨도 남기지 않으려는고
부지런한 농부들이 호미 메고 긴 가래 들고
밭고랑에 돋아나는 모진 잡초를 애써 매듯이
관문의 역졸들이 길을 닦느라
길가의 독사를 쳐서 섬멸하듯이
날개돋힌 산귀신이 시뻘건 머리칼을 뒤집어쓰고
구천나루를 한 손아귀에 잡아채듯이
닥치는 대로 보이는 대로 모조리 뽑아 치운다
스님을 불러 그 연유 캐어 물으니
스님은 목매어 말도 못하고
두 눈에서 눈물만이 비오듯 쏟아지네
이 산에 솔 기르기 그 얼마나 애썼던가
스님 상좌 할 것 없이 성심성의 가꿨으라
땔나무 아끼느라 찬밥으로 끼니하고
골골마다 순찰 돌며 새벽종을 울리었네
고을 성안 초부들도 감히 접근하지 못하고
시골 농민 도끼야 얼씬이나 하였으랴
수영 방자 달려와서 사또 분부 내렸노라
산문에 들어서며 범 같은 호령일세
지난 여름 폭풍우에 절로 꺾인 나무들
스님이 남벌하였다고 책잡아 매질하네
하느님 맙소사, 이 설움 견딜소냐
절간 돈 만냥으로 그 미봉 하였다네
금년들어 솔 베어선 항구까지 메어 가며
큰 배를 만들어서 왜놈 방어한다더니
그러나 항구에는 배 한 채 뜨지 않고
애매한 이 산만 발가숭이 되었다네
이 애솔이 자라면 큰 소나무 되리니
화근을 뽑아라, 쉴새없이 뽑아라

이로부터 솔 뽑기를 솔 심듯이 하였도다
잡목이나 남겨두어 겨울 채비나 하리라
오늘 아침 관첩 내려 비자 따서 바치라니
비자나무 마저 뽑고 산문을 닫으리라.

다산 정약용의 〈승발송행(僧拔松行)〉이라는 시다. 관가의 성화를 피하기 위해 그 화근이 되고 있는 소나무를 모조리 뽑아버리고 산문(山門)을 닫겠다는 당시 승려의 한을 읊은 것이다.

조선시대, 특히 그 후기에 이르면 불교는 당시의 사회로부터 소외되고 탈락되어 크게 낙후되어 있었고, 몇 분의 고승을 제외한 일반 승려들은 심한 멸시와 천대를 받으며 갖가지 잡역에 시달리고 있었다.

지난날 수많은 노비와 토지를 소유했던 사원은 여지없이 몰락했고 지배계층과 밀착하여 귀족으로 군림하던 승려들, 이들의 사회적 지위는 조선 후기에 이르러 칠천(七賤)으로 전락하고 말았다. 동냥중이 마을에라도 들어서면 아이들은 "중아 중아 까까중아, 뱀 잡아 회쳐 줄까." 하고 놀려댔고, 어른들은 "사니 상투가 있나, 죽으니 무덤이 있나."고 하면서 한없이 멸시했다. 심지어는 "중 죽이고 살인당한다."는 속담이 생겨났을 정도로 부처님의 혜명을 이어갈 제자로서의 권위는 여지없이 땅에 떨어지고 말았으니 어찌 슬픈 일이 아니겠는가?

부지런히 수행에 전념했어야 할 출가 승려의 신분으로 명산을 찾아와 풍류를 즐기는 양반들의 종인 양 그들을 접대하고 시중들어야 했던 당시의 사정을 다산의 《목민심서》에는 다음과 같이 말해 주고 있다.

정한봉(鄭漢奉)이 이야기하기를, 어떤 두어 사람의 관원이 휴가를 만나 노래하고 춤추는 자들을 데리고 절에 가서 놀다가 술에 취하여 옛사람의 시를 외웠다.
죽원(竹院)을 지나다가 중을 만나 얘기하니

또 한번 부생(浮生)의 반나절 한가함을 얻었네.

스님이 듣고 웃으며, "높으신 관원께서 반나절의 한가함을 얻는 데 이 늙은 중은 3일 동안 바빠야 합니다."고 말했다. 그것은 하루는 장막을 쳐야 하고, 하루는 모여서 노는 데 심부름을 하고, 하루는 소제를 해야 한다는 것을 말한 것이다.

음풍영월을 위한 양반들의 행차가 뻔질나게 많았음은 기록을 통해 알 수 있지만, 계곡의 바위마다에 새겨 놓은 그 하잘것없는 수많은 이름자들이 말해 주기도 한다. 양반들이 절에 이르면 모든 승려들은 나아가 영접을 해야 했고, 심지어는 승려가 직접 양반이 탄 가마를 메는 경우도 있었고, 이마를 땅에 대고 엎드린 채 양반의 그 뻔뻔스런 상판을 바라볼 수도 없었다. 이 뿐이 아니었다. 당시 사원에 부과된 갖가지 잡역(雜役)은 승려들을 괴롭히고 사원의 경제력을 찌들게 하고 있었다. 통도사에서는 종이를, 법주사에서는 빨랫돌을, 대흥사에서는 동백기름을, 송광사에서는 송화(松花)를 각각 바쳐야 했었는데, 이것은 모두 그 절의 특산물이었고, 이밖에도 수많은 공물을 바쳐야 했다. 갖가지 응역(應役) 중에서도 가장 심한 것은 종이를 만들어 바치는 일이었다.

순조 27년(1827) 통도사의 승려들은 "종이를 만들어 바치는 일 때문에 원래 5~6백명이나 되던 승려의 수는 4~5십명으로 줄어들고, 그 중에서도 늙고 어린 승려를 제하면 20여 명밖에 되지 않는데, 이들도 혹은 가마를 메고 혹은 닥나무를 사러 다니며 혹은 밤낮 없이 종이를 떠야 하고 또는 각종 잡부금을 마련해야 한다."는 어려운 사정을 경상도 수군절도사에게 호소하기도 했다.

지금도 통도사의 일주문 밖에는 잡역을 혁파한 덕암(德岩)화상의 공덕을 기리는 송덕비가 서 있고 범어사에는 잡역을 혁파한 낭백수좌(朗伯首座)에 얽힌 설화가 전해지고 있는데, 이들은 모두 당시의 어려웠던 사정을 말해 주는 것이다.

범어사에 부과된 잡역(雜役)만도 무려 270여 종이나 되었고 이 폐역(弊役)에 시달린 승려들은 살기가 어려울 정도였다. 이에 낭백(법호는 樂官이다)이란 스님은 후세에는 반드시 재관(宰官)이 되어 이 폐단을 없애리라는 서원을 세웠다. 그리하여 그는 산 밑의 큰 길가에 오이를 심어서 오가는 사람들에게 배불리 먹이고, 또 짚신을 삼아 행인에게 보시하기도 했다. 그 외에도 힘이 미치는 데까지 그는 온갖 선행을 닦으며 일심으로 불전에 나아가 "제가 후세에는 감사나 순찰사 같은 벼슬하는 사람이 되어 우리 절의 이 고역을 없애도록 하여 줍소서."라고 서원했다. 이러기를 10년 세월, 그는 어느 날 사중(寺衆)을 모은 뒤에 "나는 이제 죽기로 작정했으니, 만일 내가 죽은 지 10년 후에 혹 벼슬하는 이로서 우리 절에 와서 잡역을 없애주는 이가 있으면, 그는 곧 나인 줄을 알아라." 하고 곧 몸을 주린 범 앞에 던져 죽었다. 그 뒤 과연 경상도 순찰사 조 엄(趙嚴)이 각군을 순찰하다가 범어사에 이르러 사승을 불러 절의 사정을 자세히 묻고 270여 종의 잡역을 일시에 면제해 주었다. 이에 한 노승이 낭백수좌의 이야기를 하고 순찰사가 태어난 날과 낭백수좌가 죽은 날이 같음을 알았다고 한다.

낭백수좌에 얽힌 이같은 설화는 당시 승려들의 한이 어떠한 것이었나를 알게 해주는 것이다. 생각하면, 조선 후기 승려들이 당한 이러한 수모는 당연한 과보였는지 모른다. 고려시대의 많은 승려들은 왕공귀족의 세력에 붙어 권력을 휘두르는 횡포를 자행했고, 대부분의 사원에서는 막대한 부를 축적하고 노비를 거느렸다. 출가승려의 신분으로 취처(娶妻)하는 경우가 허다했고, 말을 타고 거리를 교만스레 다니다가 행인을 밟아 죽이는 일까지 있을 정도였으며, 가사자락으로 술단지를 덮는 일까지 있었다. 그리고 고려 말에는 종파간에 재산을 둘러싼 싸움이 벌어지기도 했다. 이러한 불교계의 모순과 타락을 두고, 고려 후기의 무기(無寄)는 "가슴 아픈 일이다. 가슴 아픈 일이다."라고 했고, '위태롭고 위태로운 일'이라고 경고했었다. 그러나 그러한 모순과 타락은 시정되지 못한 채 조선시대로 넘어가게 되었던 것이다.

우리는 오늘날 한국불교사를 말하는 사람들 중에서 조선시대 후기에 겪어야 했던 승려들의 천대와 멸시에 대해 까맣게 잊은 채 몇몇 고승들의 영광으로 전체 역사를 설명하려 드는 경우를 종종 대한다. 어둡고 슬펐던 역사를 잊어버린다면 무엇에 의지해서 오늘을 경계할 것인가.

8. 탈춤 속의 파계승

출가 승려들의 가무오락은 계율로써 금하고 있다. 그러나 계율의 마지막 목적도 구속이 아닌 해탈에 있고 자리(自利)가 아닌 요익중생(饒益衆生)에 있기에 때로는 승려들의 가무오락이 무애행으로, 또는 교화의 방편으로 찬양되기도 했다. 신라시대의 원효(元曉)와 대안(大安) 그리고 혜숙(惠宿)과 혜공(惠空) 등의 경우가 그 좋은 실례라고 할 수 있다. 무애의 노래, 무애의 춤을 추며 천촌만락을 다니며 교화했던 원효, 언제나 특이한 형상을 하고 동발(銅鉢)을 두드리며 '대안(大安) 대안'이라고 외치며 다녔다는 대안, 화랑들의 무리 속에서 지내기도 하고 사냥도 하면서 교화했던 혜숙, 언제나 이름없는 절에 살면서 미치광이처럼 술에 취하여 등에 삼태기를 지고 골목에서 노래하며 춤추었다는 혜공, 이들은 모두 무애의 도인으로 추앙을 받고 있다. 이들의 궁극적 목적이 서민 대중의 교화에 있었기에 그렇다.

이처럼 노래와 춤은 민중 교화의 가장 적절하고 직접적인 방법이기에 많은 종류의 가무가 승려로부터 전파되어 우리나라의 고전 음악과 무용 중에는 불교적인 요소를 그 배경으로 하고 있는 것이 상당히 많다.

근래에 많은 인기를 모으고 있는 탈놀이[假面劇] 또한 일반 서민 대중에게 권선징악을 가르치려는 목적에서 사찰로부터 유래된 것이라고 한다. 그런데 조선 중기 이후에 크게 성행하기 시작하여 탈놀이의 대표적인 것이 된 양주별산대놀이의 주요 내용이 타락한 승려들의 이야기로 구성되어 있고, 파계승(破戒僧)이 무한히 회롱당하고 조롱당하는 것으로 되어 있다는 사실에 놀라지 않을 수 없다. 전체 여덟 마당 아홉 거리로 되어 있는 이 양주별산대놀이의 줄거리 중 여섯 마당까지가 모두 승려들의 놀이로 구성되어 있고 마지막 샌님마당만이 양반인 언청샌님이 천인인 말뚝이와 쇠뚝이에게 희롱당하는 것으로 되어 있다.

제일 마당은 염불장단의 거드름춤으로 상좌들이 사방에 고하는 의식무(儀式舞)인 상좌마당으로부터 시작된다. 제이 마당은 옴중마당으로 옴 오른 중이 어린 상좌에게 희롱을 당하는 장면이고, 먹중마당인 제삼 마당은 먹중, 즉 파계승들이 놀이판에서 옴중에게 매를 맞고 같이 수선 부리는 장면이다. 고승(高僧)인 연닢과 눈끔적이가 신장(神場), 즉 놀이판을 정리하러 (잡귀를 쫓는 역) 나왔다가 풍악소리를 듣고 춤추며 놀아나는 제사 마당이 연닢 눈끔적이마당이며, 염불놀이·침놀이·애사당 벅구(소구)놀이 등 팔먹중들이 놀아나는 장면이 제오 팔먹중마당이다. 그리고 노장(老丈)마당인 제육 마당은 네 거리로 구성되어 있는데, 먹중들이 파계승인 노장을 조롱하는 장면인 먹중놀이, 소무(小巫) 즉 기녀(妓女)와 노장이 놀아나는 장면인 소무놀이, 신장사가 원숭이를 시켜 노장과 소무를 우롱하는 장면인 원숭이놀이, 취발이(늙은 총각으로 어려서부터 절간에서 심부름으로 늙었다)가 노장으로부터 소무를 빼앗아 살림을 차리고 아들을 낳는 장면인 취발이놀이 등이 그것이다.

탈꾼들의 재담을 들어보면 더욱 가관이다. "애애, 우리들은 겉은 중이라도 속은 멀쩡한 오입쟁이 중인데 염불이고 곱불이고 다 그만두고 백구타령(白鷗打鈴)이나 한번 해 보자." 이것은 팔먹중들의 재담이다. 팔먹중 중의 어른 격인 완보(完甫)가 놀이판에 나타나 생불(生佛)이 되었던 도승(道僧) 노장에게 "어 하하하, 스님이 나타나 계셨구려. 이크 이것 보게. (스님이 쓰던 모자인 송낙을 만지며) 이 속에는 새 새끼도 치겠구나. 스님 어째 나달아 계시오. 스님이야 절간에서 천사 천왕 관자 재보살 광대원만 대다라니 염불이나 부르고 계시면 하루에 엽담배가 세 대요, 송피(松皮)죽이 세 그릇이요, 상좌 노리개가 세 판인데 무얼하러 나달아 계시오. 스님 여기 땡중 하는 데는 당치 않으니 어서 올라가서 염불이나 하다가 한 세상을 보내시오."라고 말한다. 노장은 화선(花扇)을 설레설레 흔들며 싫다고 한다.

노장이 계집을 유혹하는 장면의 짓거리를 보자. 노장이 갈지자 걸음으로 두 소무에게 접근하며 왔다갔다 갈팡질팡한다. 두 소무는 마주 서서 바라춤을 춘다. 노장 다시 두 소무를 번갈아 마음에 두고 춤추며 왔다갔다 한다. 이리 보고 저리 보다가 하나가 시기를 하지 않을까 갈팡질팡한다. 이렇게 계속하다가 두 소무의 입술을 떼어먹는데 목구멍으로 넘어가지를 않아 가슴을 땅땅 친다. 다시 소무의 겨드랑이 털을 뽑으려다 실패한다. 결국 두 소무에게 다 배척당한다. 안되겠다는 듯 화가 나서 장삼, 송낙, 염주를 벗어버리고 공기놀이를 한다. 소무가 보는데 공기놀이를 하는 것은 돈 자랑을 하는 것이다. 이렇게 하여 노장은 두 소무를 유혹하여 거느리게 된다.

이처럼 노장이 계집에게 유혹되어 여염으로 소무를 쫓아 나왔기에 절은 폐허가 되어버렸다. 이에 일생을 절에서 심부름이나 하며 늙은 취발이도 산에서 내려와 돌아다니다가 어느 집 담 헐어진 사이로 안을 들여다보니 늙은 중이 계집을 둘씩이나 끼고 농락하는 것이 보이자 불 같은 욕심을 먹고 뛰어들어간다. 결국 도승으로 일컬어지던 노장은 절의 심부름꾼 취발이에게 그가 거느렸던 계집 하나를 빼앗기고, 나머지 한 계집만 데리고 퇴장한다.

이상이 양주별산대놀이의 파계승이 무한히 희롱당하는 여섯 마당까지의 줄거리다. 청정한 수도자가 타락하여 민중들로부터 끝없는 조롱을 받는다는 이야기는 승려들의 신분과 대접이 마치 천인과도 같이 전락되고 양반들의 하인 취급을 받던 조선시대의 산물이다. 물론 이 시대에도 참으로 존경받는 청정한 수행승이 없었던 것은 아니다. 그러나 이처럼 민중들의 웃음거리가 되던 승려들 또한 많았음을 숨길 필요는 없다.

한국불교사를 돌아보면 승려들이 왕을 비롯한 전국민의 귀의와 존경을 받던 때도 있었고 무지한 서민대중들을 교화하던 때도 있었다. 그러나 사치와 명리에 젖어 있던 고려시대의 승려들이 훗날 민중들의 웃음거리가 되고 양반들의 사역을 당하는 때가 오리라는 예측을 조금이라도 했더라면 스스로 조심하고 조심했을 것이다. 어찌 짐작이나 했으랴. 출가한 몸으로 말을 타고 달리며 길에서 무고한 백성을 밟아 죽이기까지 하던 그 교만한 승려들이.

오늘날 한국불교계는 한국의 불교사를 말할 때 으레 긍정적인 면, 자랑스러운 면, 밝은 면만을 말해왔다. 그러나 역사의 언덕에는 반드시 깊은 골짜기가 있기 마련이고 어두운 그림자가 따르기 마련이다. 만약 그 역사의 골짜기와 그림자를 잊어버린다면 그것도 결코 바람직한 일은 아닐 것이다. 역사의 어둠과 아픔을 드러내는 일은 결코 기분 좋은 일은 아니다. 그러나 이것마저 잊어버렸을 때, 우리는 무엇을 근거로 참회하고 반성할 수 있겠는가? 의식이 있는 불교인들이라면 양주별산대놀이는 결코 신나고 재미있는 탈놀이일 수는 없으리라. 부끄럽고 창피한 한국불교의 한 장면을 일깨워주는 것이 아니겠는가.

9. 추사(秋史)와 불교

추사(秋史) 김정희(金正喜 : 1786~1856)는 학자로서, 또는 예술가로서 그 이름이 높다. 청(淸)나라 고증학풍의 영향을 받은 그의 학문은 경학(經學), 금석학(金石學), 사학, 지리학, 천문학 등에 두루 미쳤고, 그의 예술은 글씨와 그림은 물론 전각(篆刻)에 이르기까지 뛰어나지 않음이 없었다. 그의 예술에는 폭 넓은 그의 학문적 향기가 있는데 그 향기는 단순한 학문적 향기라기보다는 그가 도달했던 선(禪)의 세계에서 풍겨오는 향기다. 물론 그는 당시의 유학자들로부터 통유(通儒)로 추앙을 받았다. 그러나 그의 학문은 유학에 머물러 있지 않았다. 당시 전통적인 사대부들이 금기로 여기던 불교학, 특히 선학(禪學)에 통해 불교계로부터 선지식(善知識)으로 대접을 받았다.

추사의 집안은 대대로 불교와 깊은 인연이 있었다. 그가 태어난 예산군 신암면(新岩面) 용궁리(龍宮里) 옛집에서 바라보이는 곳에 화암사(華巖寺)라는 절이 있었는데, 이 절은 추사 집안의 원찰(願刹)이었다. 이 절은 추사의 증조할아버지 한신(漢蓋)이 1752년에 중건한 이후부터 대대로 돌보아 왔던 곳이다. 추사는 어린 시절을 화암사의 종소리를 듣고 그곳의 승려들과 사귀면서 자라났다. 이렇게 추사와 불교와의 인연은 집안의 원찰 화암사로부터 맺어졌다. 훗날 추사가 제주도에서 귀양살이를 하고 있을 때, 추사의 집안에서 화암사를 중수한 일이 있었다. 이때 추사가 중수상량문을, 그의 동생 명희(命喜)가 중건기를 지었으며 막내동생 상희(相喜)가 글씨를 쓸 정도로 화암사와 추사의 집안과는 깊은 인연을 가지고 있었던 것이다.

추사는 24세 때 그의 아버지를 따라 연경(燕京)을 다녀온 일이 있다. 그때 그는 옹방강(翁方綱)·완원(阮元)·조강(曺江) 등 당시 중

국의 대학자들을 만나 많은 영향을 받았는데, 특히 조강을 만났던 법
원사(法源寺)에서 서역(西域)에서 온 승려를 만나 시를 지어주기도
했다. 그는 연경에서 돌아올 때 불전, 불상, 염주 등을 가져와서 400
여 권의 불전과 불상 등은 마곡사(麻谷寺)에 기증하고, 염주와 《금강
경》만은 오래오래 그 자신이 지니고 다녔다.

  그는 많은 불교 서적을 읽었다. 《화엄경》, 《법화경》, 《원각경》,
《능엄경》, 《반야심경》, 《금강경》, 《사십이장경》, 《안반수의경(安般守
意經)》 등의 많은 경전을 비롯하여 각종의 논소(論疏) 및 선사의 어록
등은 물론 많은 승사(僧史)류도 두루 섭렵해서 불교에 대한 해박한
지식을 갖고 있었다. 특히, 그는 《금강경》과 《사십이장경(四十二章
經)》을 매우 가까이 하고 좋아했던 것 같다. 《금강경》은 그가 묘향산
으로 돌아갈 때 호신부(護身符)로 삼아 지니고 갈 정도로 그가 좋아하
던 경이었다. 그는 《사십이장경》을 읽고서 비로소 불교 역시 사람에
게 착한 일을 하도록 권하고 악한 짓을 경계하도록 권하는 것임을 알
았다고 한다. 그는 불교경전을 익히고자 하는 사람은 먼저 《사십이장
경》으로부터 시작하는 것이 좋다고 했다. 또 그는 초의선사(草衣禪師)
에게 42알로 된 염주를 만들어 주고자 했던 적이 있는데, 이것은 《사
십이장경》의 뜻을 42개의 염주알에 담아 보내고자 함이었다. 이처럼
그는 《사십이장경》을 좋아했다. 이 경은 선악의 제업(諸業), 원리제
욕(遠離諸欲) 등을 설해 일상의 실천에 적절한 교훈을 담고 있어 일찍
부터 실천을 중시하는 선가(禪家)에서 널리 독송해 오던 경이다. 추사
가 이 경을 특히 좋아하게 된 것도 여기에 실천적 교훈이 담겨 있기
때문이었다.

  추사는 당대의 많은 고승들과 교유했다. 그 중에서도 그의 가장 친
한 벗은 동갑이었던 대흥사(大興寺)의 초의선사였다. 초의는 유교와
시문, 그리고 그림과 다도(茶道)에 조예가 깊은 선승(禪僧)이었다. 추
사와 초의와의 친교에는 진실로 맑고 깨끗함이 있었고, 남다른 존경과

깊은 우정이 있었다. 이들 두 사람 사이에는 선(禪)이나 시(詩), 그리고 글씨와 그림 등에 관한 대화가 오고 갔지만, 특히 두 사람을 떼어 놓지 못하게 한 것은 차로 맺어진 인연이었다. 추사와 초의는 다도의 멋을 아는 뛰어난 차인(茶人)이었던 것이다. 초의는 추사에게 해마다 그가 손수 만든 차를 선물로 보내주었고, 또 추사는 그의 글씨를 초의에게 보내주기도 했다. 〈명선(茗禪)〉이란 글씨도 추사가 초의로부터 차를 선물받고 고마운 마음을 표하기 위해 초의에게 보냈던 것이다. 《완당선생전집(阮堂先生全集)》에는 추사가 초의에게 보낸 38통의 서신이 수록되어 있는데 그 중에는 다음과 같은 내용의 편지도 있다.

편지가 있어도 답할 생각을 못하는 것은 '산중이 반드시 바쁜 탓만이 아니고 세속과 교섭할 것이 없다'고 했기 때문입니다. 그러다가 다시 마음을 돌이켜 먼저 《금강경》을 내렸던 것을 회상하면서 이 늙은이가 가소롭게도 절인의 생각을 한때 품었음을 고백합니다. 이분이 과연 선사냐 이렇게 생각할 때, 나는 사(師)를 보는 것은 물론 사의 글까지도 보고 싶지 않았습니다. 그러나 다만 차의 인연만은 끊을 수 없고 무너뜨릴 수가 없습니다. 이로써 차를 보내주실 것만을 재촉하고 글은 필요하지도 않습니다. 이제는 2년 동안이나 세금 못 받고 밀린 차를 함께 주실 것이고, 미루어 잘못함이 없도록 하는 것이 옳을 것입니다. 그렇지 않으면 마조(馬祖)의 할(喝)이나 덕산(德山)의 방(棒)이 오히려 맞을 것이어서 백천 겁을 지난다 할지라도 할과 방을 피할 수 없을 것입니다.

이 편지는 두 분의 정의가 얼마나 두터운 것이었던가를 충분히 짐작하게 해준다. 사실 제주도로 귀양가던 추사가 해남 대흥사를 들러 초의를 만났고, 초의 또한 추사의 유배지를 다녀오기까지 할 정도로 두 분의 친교는 매우 깊었던 것이다.

추사와 백파와의 관계는 선(禪)의 논쟁으로 유명하다. 추사는 초의를 통해 70년 수도를 자부하는 백파대종사와 왕복 편지로써 선리(禪

理)에 관한 토론을 벌였던 것이다. 백파는 추사보다도 19년이나 선배로서 당시에 선풍(禪風)을 드날리던 고승이었다. 그러나 추사가 백파의 선학에 대한 견해를 15조의 논설로 반박한 《증답백파서(證答白坡書)》에는 "옛부터 선문인(禪門人)이 무식한 무리이기에 변론하기가 창피하여 마치 어린이가 떡을 다투는 것과 같다."고 할 정도로 논파하고 조롱하였다. 여기에서 추사의 논설을 자세히 소개하는 것을 피하지만, 추사의 불교관은 고증학에 그 토대가 있었기에 백파와는 견해가 서로 달랐던 것이 아닌가 생각된다. 백파가 입적한 훗날 추사는 그의 비문을 썼다. 그 비문에서 백파를 화엄종주(華嚴宗主)며 율사(律師)며, 대기대용(大機大用)의 선기(禪機)를 갖춘 분이라고 했다. 또 평소에 백파와 서신으로 왕복 논란한 것은 세속 사람들과 같이 천박한 감정으로 시비한 것이 아니라고 밝히기도 했다.

추사는 그의 노년을 선친의 묘소가 있는 과천(果川)의 관악산(冠岳山) 기슭에서 보냈다. 여기서 불경을 독송하고 때로는 가까운 봉은사(奉恩寺)를 찾아가 승려들과 불법을 논하기도 했다. 유명한 봉은사의 '판전(板殿)' 두 자도 그가 돌아가기 3일 전 병중에 쓴 작품이었다.

흔히 그의 생동하는 글씨에는 속기(俗氣)가 묻어 있지 않다고들 한다. 어떻게 그는 글씨에서 속기를 떨어버릴 수가 있었을까? 그는 예서 쓰는 법에 대해 "예서 쓰는 법은 가슴 속에 맑고 드높으며 고아(高雅)한 뜻이 있지 않다면 손에서 나올 수가 없다. 가슴 속에 맑고 드높으며 고아한 뜻은, 또한 가슴 속에 문자향(文字香)과 서권기(書卷氣)가 있지 않으면 팔 아래와 손가락 끝에 드러나 피어날 수 없다. 모름지기 가슴 속에 문자향과 서권기를 갖추는 것이 예서 쓰는 법의 기본이며 비결이다."라고 밝힌 적이 있다.

추사의 글씨는 손끝으로 쓴 것이 아니다. 문자향 가득한 가슴으로 쓴 것이다. 그런데 추사가 말하는 문자향이나 서권기는 학문적 향기를 말하는 것이지만, 그렇다고 단순한 학문적 지식 정도를 뜻하는 것은

아니다. 추사가 사란(寫蘭)의 어려움을 논하면서 구천구백구십구분까
지는 노력에 의해서 도달할 수 있지만, 그 나머지 일분은 사람의 힘으
로 가능한 것이 아니며, 또한 사람의 힘 밖에서 나오는 것도 아니라고
강조한 바 있다. 이것은 무엇을 뜻하는 것일까? 아마도 이것은 선(禪)
의 구경(究竟)인 불이(不二)의 절대경(絕對境)이라고 생각된다. 그가
어느 날 난초를 그리고 덧붙인 다음의 화제(畫題)가 이 사실을 설명
해 주고 있다.

난초를 그리기 30년, 제대로 된 적이 없었는데
우연히도 그려졌구나 바로 그 지경이
문을 닫고 앉아서 찾고 또 찾은 곳
이것이 곧 유마의 불이선(不二禪)이구나.
不作蘭花三十年　　　偶然寫出性中天
閉門覓覓尋尋處　　　此是維摩不二禪

추사가 찾고 또 찾던 지경은 바로 불이선(不二禪)의 그 절대경이
었다.

10. 이동인(李東仁)의 개화활동

19세기 후반, 곧 1870년대로부터 1880년대에 이르는 시기의 진보적
인 정치가와 사상가들은 우리나라의 개화문제를 심각하게 논의했다.
개화를 주장한 사람들 중에도 온건론과 급진론이 대두되어 있었지만,
특히 급진적인 개혁을 주장했던 개화당이 당시의 사회에 끼친 영향은

매우 컸다. 개화당 형성의 사상적 배경에는 불교사상의 영향이 큰 것으로 지적되고 있다. 유대치(劉大痴)는 김옥균, 박영효 등 개화당 인사에게 불교적인 영향을 주었고 이동인(李東仁), 탁정식(卓挺植) 등은 승려로 개화당에 깊이 관여하기도 했다. 이 중에서도 이동인은 더욱 주목되는 인물이다. 그는 일본을 넘나들며 서구의 문물을 개화당 인사에게 폭넓게 소개했는가 하면, 남다른 외교적 수완을 발휘하기도 했던 승려이기 때문이다.

각치(覺治) 이동인에 대한 자료는 단편적인 것만이 남아 있는데, 그것도 1878년 겨울로부터 1881년 3월에 이르는 2년 남짓한 기간에 관한 것뿐이다. 당시 그는 30대 전후의 청년 승려였지만 품격도 문필도 갖춘, 그리고 세계정세에도 눈밝은 이였다. 그가 포교를 위해 부산 별원(別院)을 개설하고 있던 오꾸무라 엔신(奧村圓心)이라는 일본 승려를 찾아가 깊은 인연을 맺은 것은 1878년 12월 1일이었다. 당시 그는 통도사에 머물고 있었던 것 같고 주로 시사와 국제정세 등에 많은 관심을 표했다. 그는 일본 승려와 반 년 정도 교류하면서 더욱 세계 정세에 대한 지식을 축적했을 것이다.

이동인은 1879년 초여름으로부터 8월 중순까지 서울에 머물렀다. 아마도 봉원사(奉元寺)였을 것이다. 이때쯤 이동인은 김옥균, 박영효, 서재필 등 개화당 인사들에게 많은 자극과 영향을 주었다. 김옥균이 봉원사로 이끌고 온 많은 사람들에게 세계 여러 나라의 도회지며 군인의 모습 같은 사진들을 요지경으로 보여주었고 《만국사기(萬國史記)》라는 책도 보여주었다. 김옥균은 더 많은 책을 구해오도록 이동인에게 부탁했고, 자금을 제공하면서 일본의 정세를 살피고 올 것도 아울러 부탁했다.

이에 이동인은 일본승 오꾸무라의 도움을 얻어 일본으로 밀항했는데 1879년 11월의 일이었다. 몇 달을 경도(京都)의 동본원사(東本願寺)에 머물던 이동인은 1880년 3월에 동경의 천초별원(淺草別院)으로 옮겼고, 후꾸자와 유기찌(福澤諭吉)와 교유를 맺기도 했다. 훗날 많은 개화파의 인사들이 후꾸자와의 영향을 받게 되는 그 계기가 이동인에 의해 최초로 열렸던 것이다. 당시 이동인은 스스로를 조야(朝野)라고 하면서 일본인들의 주의를 피하기도 했다. 조선의 야만인이란 뜻이었다. 이 무렵 이동인은 주일 영국공사관 2등서기관 사토와도 깊은 인연을 맺었다.

사토에게 한국어를 가르쳐 주는 한편 유럽의 건물 사진을 비롯한 흥미있는 사진들을 많이 수집했다. 외국의 발달된 문명이 거짓이 아니라는 사실을 한국사람들에게 구체적으로 인식시키기 위해서였다. 그리고 세계 정세에 대해 알아보았고 한국의 자원 개발과 인삼의 수출, 나아가서는 영국과의 수교 가능성까지 타진했다. 한편 박영효, 김옥균 등에게 많은 서적을 구해서 보냈는데 역사·지리·물리·화학에 이르기까지 다양한 것이었다. 이 서적들은 개화파의 인사들이 세계 정세와 새로운 문물을 이해하는 길잡이가 되었던 것이다.

이동인은 일본에서 수신사로 파견되었던 김홍집을 만나기도 했다. 1880년 8월의 일이었다. 그리고 김홍집 일행 중의 한 사람으로 수행했던 윤웅렬(尹雄烈)을 사토에게 소개하기도 했다. 윤웅렬은 윤치호의 부친이었다. 이동인은 9월 말경 김홍집을 따라 귀국했고, 곧 민영익을 만나 그의 사랑방에 머물면서 국왕을 알현하기도 했다. 이동인은 국왕이 내어준 여권을 가지고 다시 일본으로 향했다. 10월 초순이었다. 미국과의 조약을 맺기 위해 하여장(何如璋)을 만나기 위해서였다. 하공사와의 회담을 끝낸 이동인은 일본의 우대신(右大臣) 이와쿠라를 만나는 등 일본의 지도자와 접촉하기도 했는데, 다시 그가 부산에 돌아온 것은 12월 18일이었고 1881년 정초에는 서울에 도착하였다.

이 무렵 정부에서는 외교를 담당할 통리기무아문(統理機務衙門)이라는 새 기관을 설치했고 이동인은 참모관(參謀官)이 되었다. 미국과의 조약체결을 위한 초안도 작성했다. 신사유람단을 일본에 파견하는 일이며, 유길준·윤치호 등의 유학생을 파견하는 일 또한 이동인이 계획하였던 것이다.

1881년 3월, 이동인은 다시 일본으로 출발하라는 국왕의 명을 받게 된다. 신사유람단의 향도 역할과 아울러 무기와 군함의 구입 가능성에 대한 타진을 위해서였다.

일본에 갈 준비에 바쁘던 3월 15일경, 그는 행방불명이 되고 말았다. 약 한 달간을 어느 곳엔가 납치·감금되어 고통을 받다가 살해된 것으로 알려지고 있다. 갑신정변이 일어나기 3년 전이었다.

승려 이동인에 관해 현재 우리가 알 수 있는 것은 개화활동에 관한 것뿐이고 그의 승려로서의 면모에 대한 기록은 거의 없다. 승려의 신분으로 지나치게 정치적인 활동을 했기에 그의 이름이 정치단체인 개화당사에는 기록될 수 있어도 근대불교사에서는 제외될 수밖에 없다는 평가도 있다. 그러나 승려가 천인으로 취급되고 도성 출입마저 금지되어 있던 당시의 상황을 감안할 때, 당시의 누구보다도 세계 정세에 밝고 외교적 수완이 뛰어났던 승려가 있었다는 사실에 놀라지 않을 수 없다.

개화당의 형성에는 불교사상이 그 중요한 배경이 되었다고 한다. 불교의 선사상은 그들의 혁명적 이념을 고무시켰을 것이고, 특히 고식적이고 형식적인 유교사상을 비판할 수 있는 토대를 이룩해 주었을 것이다. 일찍이 이능화는 개화당 인사들이 선도(禪道)를 공부하여 지혜로운 사려를 얻게 되고, 불교의 도리를 사회에 직접 응용하여 혁신을 도모코자 갑신정변을 일으켰다고 보았다. 유대치가 도념(道念)을 말하고 김옥균이 선학에 몰두했다고 한 것으로 보아도 불교의 선사상이 영향을 주었다는 것은 타당한 지적일 것이다. 이동인은 하인들이 하는 일도 조금도 개의치 않고 행할 수 있는 인물이었다고 한다. 또한 그가 일본에 있을 때 한 사람의 양반과 같이 있었는데, 그 귀족은 형식상 이동인의 하인 노릇을 했다고도 한다. 또한 개화당은 신분의 구분없이 구성되어 있었고 갑신정변을 일으키고 공포한 정강 중에는 인민평등권을 제정할 것이 포함되어 있기도 했다. 인민의 권리를 세우고자 했던 개화당의 이념에는 불교 평등사상의 영향이 돋보인다. 이동인은 정치사뿐 아니라 근대불교사에서도 기록될 만한 인물이다.

제 2 편 한국불교사 소묘

Ⅰ. 되새겨보는 경전의 의미

Ⅱ. 이 땅에 정착한 불교

Ⅲ. 한국불교의 역사적 성찰

I. 되새겨보는 경전의 의미

Ⅰ. 되새겨보는 경전의 의미

1. 《승만경(勝鬘經)》의 구성과 사상

《승만경》은 B.C. 3~4세기경 대승사상가들에 의해 성립되었다. 몇 종의 한역본 중에서도 널리 유포되고 있는 것은 구나발타라가 436년에 번역한 《승만사자후일승대방편방광경(勝鬘獅子吼一乘大方便方廣經)》이다.

이 경은 진흥왕 37년(576), 안홍(安弘)법사에 의해 신라에 전래된 뒤 상당한 영향을 끼쳤다. 진덕여왕은 이 경의 주인공인 '승만'으로 이름을 삼기도 했고, 원효와 도륜 등이 이 경에 대한 주석서를 남기기도 했던 것이 그 예다. 특히 원효는 이 경의 여래장사상(如來藏思想)을 중시했는데, 그의 현존 저서에만 해도 이 경이 20여 회나 인용되어 있다.

친정 부모인 사위국의 파세나디왕과 말리카부인으로부터 불법에의 귀의를 권유하는 편지를 받은 아유사국의 왕비 승만부인이 불법에 귀의하고 부처님으로부터 장차 성불하리라는 수기를 받는 장면으로부터 이 경은 시작된다. 전체 15장 중에서 서분에 해당하는 1장 여래진실공덕장의 내용이 그것이다. 본론격인 2장으로부터 14장까지 정종분(正宗分)의 내용은 승만부인이 스스로 깨달은 바를 부처님 전에서 토로하고 부처님은 그것을 인가하는 형식으로 전개된다. 대개 부처님의 설법으로 펼쳐지는 다른 경에 비해 이 경은 재가 여인의 입을 통해 진리가 설해지고 있는 점이 한 특징이기도 하다.

승만부인은 부처님 앞에서 먼저 열 가지의 서원을 발하고, 다시 세 가지의 크나큰 원을 발하면서 어김없이 지킬 것을 맹세한다. 곧 십수장과 삼원장의 내용이 그것이다. 이어서 그는 섭수정법장에서 바른 진리인 일승법을 거두어들인다는 것이 곧 대승정신의 체현이며 보살행의 실천이란 것을 말한다. 일승장에서는 "정법인 일승이 곧 대승이며, 모든 착한 법이 대승에 의해서 자라나는 것"이라고 강조한다. 참으로 성스러운 진리가 무엇인가에 대해 사성제(四聖諦)를 중심으로 밝히는 부분이 부변성제장이다. 성제, 즉 성스러운 진리란 곧 여래장이라고 밝힌 부분은 여래장장이다. 그리고 법신장에서는 번뇌장에 얽힌 여래장이 곧 법신이라고 강조하고, 공의은복진실(空意隱覆眞實)장에서는 여래장의 지혜를 밝힌다. 일제장과 일의장에서는 사성제 중에서도 멸(滅)의 일제만이 항상하는 것이고 귀의의 대상이 된다고 선언한다. 잘못된 견해와 진실된 견해가 어떤 것인가에 대해서는 전도진실장에서, 그리고 이 경의 가장 핵심적인 주제인 여래장에 대해서는 자성청정장에서 피력하고 있다. 진자장에서는 스스로 밝힌 지혜의 등불에 의지하여 믿는 자가 참다운 부처님의 제자임을 밝힌다.

이 경의 유통분에 해당하는 15장 승만장에서는 이 경을 받들어 지니고 널리 펼 것을 강조한다. 특히 이 경의 유통과 관련하여 아유사국으로 돌아온 승만부인이 남편 우칭왕과 함께 일곱 살 이상의 남녀에게 대승법으로 교화하여 온 나라의 국민들이 모두 대승으로 향하게 했다고 경을 끝맺고 있다.

《승만경》의 특징 중의 하나는 재가(在家) 중심의 수행이 강조되고 있는 것이다. 물론 《유마경》에서도 재가불교가 재창되고 있다. 한 거사의 입을 통해서 설해진 경이 《유마경》이라면, 《승만경》은 한 재가여인의 입을 통해서 설해진 것이다. 《유마경》에서는 "보리심을 발하면 그것이 곧 출가"라고 했다. 《승만경》에서도 또한 "부처님에 의지하여 출가하고 대승의 위의(威儀)인 계가 곧 출가"라고 한다. 그리고 성문, 연각 등의 이승에 머물면서 세간, 출세간의 갖가지 착한 법을 거두어들이는 것이라고 한다. 이러한 주장은 세상에 살면서 대승의 진리를 체현할 것을 강조하는 것이다. 발전된 대승보살사상을 담고 있는 《승만경》과 《유마경》에 의하면, 출가란 가족을 떠나서 산 속으로 들어가는 형식적인 것이 아니라 보리심을 발하여 세속적인 것에 물들지 않고 집착하는 것으로부터 떠나는 것을 의미하는 것이 된다.

《승만경》의 사상적인 주제는 일승(一乘)사상과 여래장사상이다. 올바른 진리란 곧 대승을 말함이며, 대승이 곧 불승(佛乘)이며, 여래에게 귀의하는 것이 가장 진실한 귀의라고 경에서는 천명하고 있다. 승만부인은 또 "아욕달이라는 커다란 못으로부터 여덟 개의 큰 강이 흘러나오듯, 대지를 의지하여 온갖 씨앗들이 자라나듯, 대승에서도 성문과 연각, 세간과 출세간의 모든 착한 법이 나오게 되는 것"이라고 설한다. 이러한 주장은 일승이 곧 불법의 구경임을 천명한 것으로 《법화경》의 회삼귀일(會三歸一)사상과도 깊은 연관이 있다.

《승만경》은 《여래장경》, 《부증불감경》, 《대반열반경》, 《무상의경》 등과 더불어 여래장사상을 언급하고 있는 초기 대승경전 중의 하나이다. 특히 《승만경》은 훗날 《대승기신론》, 《능가경》 등에서의 체계적인 여래장사상을 형성하는 기초가 되었다고 하는 점에서 그 사상사적 의의가 크다. 여래장사상이란 여래의 씨앗, 즉 여래가 될 수 있는 가능성이 모든 사람의 마음 속에 감추어져 있다는 것이다. 경에서는 "생사란 여래장에 의지하는 것"이라고 설한다. 그리고 "고통을 싫어하고 열반을 구하게 되는 것도 여래장이 있기 때문"이라고 한다. 생사의 고

통으로부터 떠나 열반을 구하려 하는 것은 자성청정한 여래장에 돌아
가는 것이 되기 때문이다.

또 승만부인은 "여래의 법신이 번뇌 속에 감추어져 있지만, 거기서
떠나지 않는 것을 여래장이라고 한다."고 설한다. 구름 낀 하늘에 해
가 보이지 않는다고 해서 해가 사라지고 없는 것이 아닌 것과 같다.
어둠의 먹구름이 걷히면 태양은 다시 그 밝은 빛을 비추는 것이다. 여
래장이란 구름에 가리기도 하고 구름을 헤치고 나타나기도 하는 해와
도 같은 우리들의 마음이다.

이 경에서 지나쳐 버릴 수 없는 승만부인의 강렬한 서원이 있다. 곧
진리의 수호가 그것이다. 승만부인은 "몸과 생명과 재산을 던져 바른
진리를 거두어들여야 할 것"을 강조한다. 재산은 물론 몸과 목숨까지
도 다 버려 진리를 지키겠다는 승만부인의 염원은 경의 마지막 장에
서 다시 한번 되풀이 강조되고 있다. 부처님과 승만부인의 마지막 대
화가 "올바른 진리는 수호하고 나쁜 법에 빠진 사람들은 항복받아야
한다."는 것으로 끝나고 있기 때문이다. 진리의 수호, 올바른 도리의
천명, 그것을 위해 삿된 견해를 쳐부수는 일, 그것은 곧 우리들의 염
원이기도 하다. 진리를 수호하는 사람은 곧 진리의 구현자이고, 또한
대승보살행을 실천하는 사람이기 때문이다.

《승만경》의 서분과 유통분에서는 교육의 중요성과 그 목표가 은근
히 설해지고 있다. 교육의 궁극적인 목표는 올바른 진리의 체현에 있
다. 부처님이 자비로써 세상을 교화·구제한 것도, 부모가 자식을 인
도하는 것도, 국왕이 국민을 교화하는 것도 모두 그 궁극적인 목표는
일승인 진리의 세계로 인도함에 있다는 것을 이 경은 가르쳐 주고 있
다. 인도란 고삐를 잡고 끄는 것이 아니다. 인간의 마음 깊숙한 곳에
간직되어 있는 여래의 씨앗에 물을 주어 키우는 것이고 그 여래장이
라고 하는 불씨에 점화해 주는 것이다.

2. 《금광명경(金光明經)》의 호국사상

호국삼부경(護國三部經) 중의 하나인 《금광명경(金光明經)》은 일찍이 중국, 한국, 일본 등지에서 유포·신앙되었다. 우리나라의 경우 7세기 중엽에 이 경이 신라에 전래되었고 고려시대에는 주로 왕실을 중심으로 신앙되었다. 고려시대의 이 경에 대한 신앙은 도량(道場)과 법석(法席)·강회(講會) 등으로 전개되었다. 도량·법석·강회 등은 조금씩 그 의미를 달리하지만 그 신앙의 형태상 뚜렷이 구별되는 특징은 없다. 이 경에 근거한 신앙은 주로 금광명경도량으로 전개되었지만 공덕천도량(功德天道場)과 사천왕도량(四天王道場) 또한 이 경에 근거한 신앙이다. 따라서 고려시대에 행해졌던 수많은 법회 중 금광명경도량, 사천왕도량, 공덕천도량 등은 곧 《금광명경》에 그 사상적 기반을 두고 행해졌던 한 신앙 형태다.

금광명경도량이 《금광명경》의 참회품, 공덕천품, 정론품 등의 내용을 토대로 하여 예참·송경·강경 등을 행하는 법회라면, 공덕천도량은 이 경의 공덕천품에 그 근거를 두고 인간에게 갖가지 공덕과 재물을 증장시켜 준다는 길상천녀(吉祥天女), 즉 공덕천을 그 본존으로 모시고 복덕을 비는 법회다. 그리고 사천왕도량은 이 경의 사천왕품에 나타나고 있는 호법의 천왕인 사천왕을 그 대상으로 하여 국가 수호를 다짐하고 기원하던 의식이다. 이들 도량은 재앙의 소멸과 기복, 그리고 외침의 격퇴 등을 그 목적으로 했지만 특히 사천왕도량은 진병(鎭兵), 공덕천도량은 소재(消災)와 기복의 성격이 강한 법회였다. 그러나 이들 도량 개설의 목적이 넓은 의미의 호국에 있었음은 틀림없다.

《금광명경》에 나타나고 있는 호국사상은 이 경이 유포되는 곳을 따라 사천왕과 공덕천 등이 그 국토와 국민을 수호하겠다는 서원으로 나타나고 있다. 이것은 법신불의 지혜를 바탕으로 하여 나타나는 화신불의 공덕을 상징적으로 표현한 데 불과하다. 특히 이 경에서 삼신설(三身說)이 강조되고 있는 까닭이 여기에 있다.

이 경에서 설해지고 있는 호국을 어떤 왕실이나 국가를 수호하는 것으로 이해하면 그것은 피상적인 것이 된다. 오히려 진리의 울타리를 지킴으로써 중생들이 의지해 살고 있는 국토를 평화롭게 보호하는 것이 호국의 본래적 의미다. "호국이란 사제(四諦)의 경계를 지키는 것"이라는 천태 지자대사의 해석이 곧 이것을 의미한다.

갖가지 재난은 무엇 때문에 일어나는가? 《금광명경》에서는 모든 어려움과 고통은 우리들이 지은 바 업장(業障)의 탓으로 일어난다고 했다. 이 경에서는 다음의 네 가지 업장이 지적되고 있다.

① 보살이 지켜야 하는 율의(律儀)를 범하고 악을 행하는 일.

② 대승의 진리를 믿지 않고 비방하는 일.

③ 자기에게 갖추어져 있는 선근을 자라게 하지 않는 일.

④ 욕망의 세계, 물질의 세계, 관념의 세계 등에 빠져 헤어날 줄 모르는 일.

이상과 같은 업장은 모든 재액의 원인이 된다. 그러면 어떻게 우리들이 지은 업장을 소멸하고 고쳐갈 것인가? 경에서는 계속해서 다음과 같은 방법을 일깨워 주고 있다. 첫째, 부처님을 가까이 모시고 자기의 모든 잘못을 고백하고 뉘우쳐야 한다. 둘째, 모든 부처님들에게 일체의 중생을 위하여 깊고도 오묘한 진리를 설해 주도록 권청해야 한다. 셋째, 모든 중생들이 소유한 바 공덕에 따라 기뻐해야 한다. 넷째, 가지고 있는 바 일체의 선근공덕을 궁극적인 깨달음에 회향해야 한다. 이처럼 이 경에서는 참회·권청·수희·회향 등을 통해서 업장을 소멸해야 한다고 설하고 있는 것이다.

이에 대해 길장(吉藏)은 그의 《금광명경소》에서 좀더 자세히 해석하고 있다. 길장에 의하면 죄악을 일으키는 근본에는 다음의 다섯 가지가 있다. ① 부끄러워하고 참회할 줄 모르는 마음, ② 불법을 즐거워하지 않는 마음, ③ 질투심, ④ 욕망·물질·관념 등에 매달리는 마음, ⑤ 나태한 마음 등이 그것이다. 참회를 통해 우리가 저지른 죄악을 고쳐가야 한다. 기꺼이 진리를 구하는 마음으로 부처님이 불법을 설해 줄 것을 권청하면 진리를 비방하던 마음은 사라진다. 남들이 좋은 일을 할 경우 이를 따라 기뻐할 줄 알 때 질투의 마음은 사라진다. 보리심을 근본으로 하여 궁극적인 깨달음을 향해 가노라면 욕망과 물질과 관념의 늪에서 헤어날 수 있게 된다. 자기는 물론 타인에게까지도 이익을 주겠다고 발원하라. 그러면 게으르고 나태하기 쉬운 우리의 마음은 정진을 향해 치달을 것이다. 이것이 길장의 해석이다.

이 경의 사천왕품에서는 이 경의 유포에 의해 나타나는 공덕으로 말미암아 국토가 수호된다고 강조하고 있다. 호국에 대한 직접적인 내용을 담고 있는 사천왕품은 이 경이 호국의 경전으로 신앙되는 중요한 근거가 되고 있다. 동·서·남·북을 지키는 지국천·광목천·증장천·다문천 등의 사천왕은 "사부대중이 이 경을 지니고 독송하면 이 경이 유포되는 곳을 따라 모든 백성들을 지켜주고 안온하게 해주겠다."고 발원한다.

결국 《금광명경》의 호국사상이란 우리들 스스로의 수행과 참회를 통해 평화와 안녕이 수호될 수 있다는 사실을 강조해 주고 있는 것이다. 사천왕이 수호해 줄 수 있는 것도 이 경의 멸업장품에서 강조되고 있는 재난의 원인인 업장이 소멸될 때인 것이다. 사천왕의 수호는 결국 상징적인 표현에 불과하다.

3. 《법화경》 법사품의 교육적 의미

"한 사람의 선량한 어머니는 백 사람의 교사를 능가한다." 이는 교육사상가 J. H. 헤르바트의 말이다. 어머니는 그의 자녀를 어떤 인간으로 어떻게 길러낼 것인가에 대해 구체적인 생각과 책임감 있는 자세로 임하지 않으면 안된다. 결코 본능적인 사랑만으로는 자녀를 잘 키울 수 없기 때문이다. 어머니가 지향하는 인생의 목표는 뚜렷해야 하고 그 자신의 마음은 맑아야 한다. 이처럼 중대한 사명을 맡고 있는 어머니들, 특히 불교를 믿고 불교를 알며 그 가르침에 따라 살고 있다고 자처하는 많은 어머니들은 이러한 사명에 대해 확신을 가지고 있는가?

이에 필자는 《법화경(法華經)》의 법사품(法師品)을 토대로 하여 어머니의 자녀 교육에 대한 목표와 그 실천의 기본적인 문제를 논의해 보고자 한다.

《법화경》은 《묘법연화경(妙法蓮華經)》의 약칭이며 모두 7권 28품으로 되어 있다. 이 경은 대승경전 중에서도 손꼽히는 대표적인 경전의 하나로서 천태종의 소의(所依) 경전이란 것은 다 아는 사실이다. 이 경의 사상은 일불승(一佛乘)·회삼귀일(會三歸一)·제법실상(諸法實相)을 드러내는 데 있고, 그것은 석가 출세의 본뜻인 이 세상 누구나 다 부처를 이루어야 한다는 평등일미(平等一味)의 크나큰 이상을 말하고 있는 것이다.

이러한 《법화경》의 사상에 따른다면 자녀 교육의 목표는 일미평등한 불격(佛格)을 성취하도록 하는 데 있어야 마땅하다. 다시 말하면, 지혜와 자비를 구족한 온전한 인격을 이룩하도록 해야 하고, 참다운 인간의 모습을 실현할 수 있도록 교육되고 양육되어야 한다. 법사품에서는 다음과 같이 말씀하셨다.

　　약왕(藥王)보살이 부처님에게 물었다.
　　"만약 선남자 선여인이 여래가 입멸한 뒤에 사부대중을 위해 이 경을 설하려면 어떻게 하면 좋습니까?"
　　부처님은 다음과 같이 말씀하셨다.
　　"그들은 마땅히 여래의 방에서 여래의 옷을 입고, 여래의 자리에 앉아 (入如來室 著如來衣 坐如來座) 이 경을 설해야 한다. 여래의 방이란 대자대비의 생활인 것이며, 여래의 옷을 입는다는 것은 유화인욕(柔和忍辱)의 행동이며, 여래의 자리란 일체법공(一切法空)을 말하는 것이다."

여기에서 여래 입멸 후에 《법화경》을 설하고자 하는 선남자 선여인이라고 불리는 법사는 《법화경》의 사상을 펴고자 하는 사람을 뜻한다. 즉 모든 사람은 부처를 이루어야 한다는 《법화경》의 이상에 따라 불타의 인격을 실현시키고자 하는 사람을 두고 하는 말이다.

그렇다면 어린 자녀의 스승이요, 법사인 어머니라는 선여인이 그들의 자녀를 교육하고자 할 때 그는 마땅히 여래의 방에서 여래의 옷을 입고 여래의 자리에서 그의 자녀를 길러야 한다. 그래야만 목표로 하는 지혜와 자비를 구비한 참다운 인격을 성취시킬 수 있기 때문이다.

부처님은 지혜와 자비를 구족한 완전한 인격이다. 그리고 부처님의 자비는 관세음보살이라고 하는 상징적 인격체로 표현된다. 자비의 구체적인 기능과 양상은 관세음보살을 통해 구현된다고 하는 것이 불교의 입장이다. 이러한 관세음보살에 대해서는 《십일면관음신주심경(十一面觀音神呪心經)》에 구체적으로 설명되어 있다. 《법화경》의 보문품(普門品)에서도 관음보살에 관해서 말하고 있지만 그것은 일반적인 표현에 지나지 않는다. 그리고 일찍이 신라인들은 관세음보살의 그러한 모습을 석굴암의 십일면관세음보살상으로 조각하기도 하였다. 이

제《십일면관음신주심경》을 토대로 하여 자비의 구체적인 기능과 모습을 검토해 가기로 하자. 경에는 다음과 같이 말하고 있다.

앞의 세 얼굴은 자비로운 모습인데 선한 사람을 보고 자비로운 마음을 일으켜 찬양함을 나타낸 것이다. 왼편의 세 얼굴은 화를 내는 모습인데 악한 자들을 보았을 때 슬픈 마음을 일으켜 그를 고통에서 구하려 함을 나타내는 것이다. 또 오른쪽의 세 얼굴은 흰 이를 드러내고 미소하는 모습으로서 착한 행위를 하는 자를 보고 더욱 불도에 정진하도록 권장함을 나타낸 것이요, 뒤의 한 얼굴은 폭소(爆笑)하는 모습으로 착하고 악한 뭇사람들이 함께 뒤섞여 있는 모습을 보고 이들을 모두 거두어 들이는 큰 아량을 보이는 것이요, 맨 위의 불면(佛面)은 불도의 구경(究竟)을 설함을 나타낸 것이다.

우리는 이상의 말씀을 석굴암의 관세음보살상을 머리에 그리면서 곰곰이 생각해 볼 필요가 있다. 자비면 자비일 뿐이지, 어떻게 화내는 모습이 있고 폭소하는 모습이 있는가 하고 의심할 수도 있다. 그러나 자비란 본능적인 애착이나 사랑과는 다르다. 때로는 인자하고 때로는 노하지만 결코 자애로운 미소 그리고 모든 것을 용납하는 크나큰 웃음을 잃지 않을 수 있어야만 그것이 진실한 자비인 것이다.

어린아이는 별별짓을 다 하면서 자란다. 대견할 정도로 착한 짓을 하는가 하면 얄미울 정도로 나쁜 짓을 하기도 한다. 그리고 심한 장난을 치기도 하고, 심술궂은 짓을 하기도 한다. 그때마다 어머니는 적당한 방법과 자비심으로 그를 길러가야 한다. 때로는 자상한 모습으로, 때로는 화난 얼굴로, 그리고 때로는 미소하면서 양육해야 한다. 가끔은 용서할 줄도 알아야 하고, 또 가끔은 칭찬하기도 하면서 말이다. 그 어린아이가 훗날 복덕과 지혜를 구비한 참된 인격을 이룩할 수 있게 하기 위해서, 그리고 참으로 인생의 보람을 찾아 누릴 수 있게 하기 위해서 어머니는 언제나 자비로워야 하는 것이다. 이렇게 어머니는 자비의 깊은 의미를 깨달아야 하고 언제나 자비로 충만한 부처님의 방에서 그의 자녀를 교육해야 하는 것이다.

그리고 자녀를 기르는 어머니는 언제나 여래의 옷을 벗어서는 안된다. 부드럽고 화평하며 인욕하는 여래의 옷 말이다. 어머니의 부드럽고 안온한 옷자락 속에서 자라나는 어린아이의 가슴속엔 평화롭고 아름다운 마음이 깃들 수 있게 될 것이고, 어떠한 어려움도 참고 견디는 어머니의 품속에서 자라난 어린이야말로 훗날 이 고통의 바다를 참고 견딜 충분한 능력을 갖추어 가질 수 있으니 말이다.

모든 사람들로 하여금 불타의 인격을 이룩하게 하려는 사람은 마땅히 일체법공(一切法空)의 경지인 여래의 자리에 앉아야만 한다는 것은 무엇을 의미하는 것일까. 이것은 이 세상 일체의 모든 것이 공(空)하다는 진리를 깨달아야 한다는 것이다. 공이란 이 세상의 모든 현상은 연기라고 하는 관계 속에 얽혀 있으며 확고부동한 고정적 실체가 없다는 뜻으로 이해할 수 있을 것이다. 좀더 부연해서 말한다면 이것은 나와 너, 나와 그것이라는 상대적이고 차별적으로 집착하는 마음으로부터 자유롭게 된 상태를 의미한다고 할 수 있다. 다시 말하면 개인과 이 사회가 별개의 것이 아니라는 것을 깨닫고 내가 곧 사회, 사회가 곧 나라고 하는 깨달음을 통해 이기적 차별적 집착으로부터 자유롭게 된 상태가 곧 여래의 자리이고, 일체법공인 것이다.

어린 자녀의 교육을 맡고 있는 어머니는 마땅히 이러한 자리에 머물러 있어야 한다. 그래야만 귀여운 그의 자녀에게 무조건 애착하거나 집착하여 그를 자기의 소유물인 양 착각하지 않을 수 있겠기 때문이다.

4. 화합의 기초는 평등

불교의 교단을 '화합을 본지로 하는 이상적 집단', '좋은 벗의 집단'이라는 의미를 가진 승가(僧伽 Saṁgha)라고 부르는 것은 매우 중요한 의의를 갖고 있다. 거기에는 모든 사람들은 한결같이 평등하다는 중대한 사실이 포함되어 있기 때문이다.

카스트라는 엄격한 계급제도가 지배하던 인도사회에 불교의 교단이 형성되면서부터 그 계급사회는 흔들리기 시작했다. 갖가지 다른 신분 계층에서의 많은 사람들이 깨달음을 성취한 부처님을 향해 모여들었고, 부처님은 그 모든 사람들을 한결같이 맞아들였기 때문이다. 이 까닭에 부처님의 제자 중에는 바라문 출신과 장자의 아들, 그리고 왕족들도 많았지만 천민 출신 또한 많았다. 천민 출신의 스티나, 우둔하기 짝이 없었던 판타카, 매춘부 출신의 연화색녀, 살인귀 앙굴마라, 이들 모두가 붇다의 훌륭한 제자가 될 수 있었고 교조인 붇다와 지혜 제일의 샤리풋타 그리고 귀족 출신의 많은 제자들과 더불어 모두가 좋은 벗이 되었다. 이처럼 불교 교단의 모든 성원은 완전한 평등이란 원칙 아래 있는 것이었다. 거기에는 계급도 통솔자도 통솔되는 사람도 없었다. 부처님 또한 신적인 존재 즉 절대자가 아니라 한 사람의 구성원에 지나지 않았다. 붇다와 그 제자들은 서로 손을 잡고 같은 길을 가는 동행인이었고 도반(道伴)이었으며 진리의 벗이었다.

남을 멸시하는 버릇을 버리지 못하던 당시의 바라문들은 이러한 불교 교단을 향해 비난과 욕설을 퍼부었다. 바라문 출신으로 붇다의 제자가 된 바셋타와 바라드바자 등에게 "너희들은 고귀한 계급을 등지고 미천한 계급의 사람들과 가까이 사귀고 있으니 그것은 어리석기 짝이 없는 짓"이라고 비난하는 등의 경우가 그 실례다.

이에 부처님은 "바라문만이 최상의 종족이요, 나머지는 미천하다고 주장하는 것은 지혜로운 사람으로서는 받아들일 수 없는 일"이라고 하면서 "네 가지 종족이나 계급은 그 사람의 혈통이나 신분으로서 차별되는 것이 아니고 우리는 모두가 똑같은 사람"이라고 주장했다. 그리고 그는 그의 많은 제자들을 향해 "이 세상에는 여러 큰 강들이 있다. 강가, 야무나, 아치라바티, 사라부, 마히 등이다. 그러나 그 강물들이 큰 바다에 이르고 나면 앞의 이름들은 없어지고 오직 대해라고만 불린다. 이와 같이 너희들도 출가하기 전에는 귀족이었거나 바라문, 바이샤, 수드라의 어느 편이었건 간에 출가하여 나의 가르침에 따른다면 옛날의 계급과 이름은 없어지고 석가모니를 신봉하는 사문이라는 이름으로 평등하게 불린다."고 말하기도 했다.

붇다의 이와 같은 인간평등의 선언은 그가 깨달은 상대론적 존재론인 연기의 진리와 이에 의해 고정적인 실체성(實體性)을 거부하는 무아(無我)설에 그 배경을 둔 동체의식(同體意識)에 의한 것으로 세계 인류에게 커다란 희망을 안겨주는 것이었다.

이처럼 인간의 평등을 주장하는 불교가 이 땅에 전래된 후 때로 승려들은 왕실과 귀족들의 편에 서서 그들을 옹호하기도 했고, 경제적인 부와 노비를 소유하는 귀족이 되기도 했지만, 적어도 불교 교단 안에서는 평등이 적용되고 있었다. 신라시대의 노예출신 혜공(惠空)과 지통(智通)은 출가수행하여 고승으로 존경받았고, 노예 욱면(郁面)과 광덕(廣德)의 처 또한 왕생할 수 있었다. 고려 말의 신돈(辛旽)과 조선시대의 부용당(芙蓉堂)도 천민 출신이었다. 문무왕이 전답과 노비를 주었을 때 의상은 "우리들의 법은 지위의 높고 낮음을 평등하게 보고 신분의 귀천을 없이하여 한가지로 합니다…… 어찌 제가 전답과 노비를 소유하겠습니까?"라고 하면서 노비와 전답받기를 거부한 것은 평등의 실현이었다. 원효가 "평등무차별의 맛이 곧 평화의 맛"이라고 하고, "동체대비(同體大悲)를 체득한 자, 그는 모든 중생의 선근을 다

키우고 자라게 하기를 마치 대지가 온갖 초목을 자라게 함과 같이 한
다.”고 하면서, 모든 사람을 다 소중히 여기고 그들과 함께 살아야 하
는 긍정적인 인생관으로 서민 대중 속으로 뛰어들었던 것 또한 평등
사상의 구현이었다.

동체의식에 터전한 평등의 원리는 화합과 협동과 단결의 기초다.
평등이 실현될 때 마찰과 갈등, 그리고 불화는 그칠 것이다.

부처님은 일찍이 여섯 가지 화합하는 법[六和]에 대해, “첫째, 같은
계율을 같이 지켜라. 둘째, 의견을 같이 맞추라. 셋째, 받은 공양을 똑
같이 수용하라. 넷째, 한 장소에 같이 모여 살아라. 다섯째, 항상 자비
롭게 말하라. 여섯째, 남의 뜻을 존중하라.”고 했다.

이처럼 우리가 남과 더불어 함께 하고 같이 하며 동등하게 할 수 있
는 기초는 사람은 누구나 평등하기 때문이다. 자기의 소중함을 아는
사람, 그는 마땅히 다른 사람의 소중함도 알아서 남의 뜻을 존중할 뿐
아니라 해치지 않아야 한다. 평등하기 때문이다. 평등은 화합의 기초
고 평화의 원리다.

5. 불전으로 본 여성상

붇다를 길러 준 이모 마하파자파티 왕비를 비롯한 샤카족 5백명의
여인들이 붇다에게 나아가 출가를 청한 적이 있었다. 그러나 붇다는
처음에는 이들의 출가를 허락하지 않았다. 붇다는 나중에 네번째의 간
청을 뿌리칠 수 없어 그들의 출가를 허락하면서도, 그들에게 따로이
여덟 가지 엄격한 계법[尼八敬戒]을 마련하여 출가한 여인은 반드시
이 여덟 가지 계법을 지키도록 했다. 이와 같은 사실은 오히려 붇다

스스로가 남녀의 차별을 강조한 것처럼 이해될 수도 있다. 여성의 출가를 허락해 줄 것을 청하던 제자 아난다에게 "여인도 불법에 귀의하여 지성으로 수행에 힘쓴다면 성과를 얻을 수 있다."고 했던 붇다는 왜 처음 여성의 출가를 거절했고, 마지못해 허락한 후에는 팔경계를 지키도록 했을까?

이 점 흥미있는 문제가 아닐 수 없다. 붇다가 모든 사람은 평등하다고 하는 것은 모든 사람에게 불성이 숨어있다고 본 까닭이지 현실적으로 있을 수 있는 인간의 약점이나 차이를 그냥 그대로 한결같이 보지는 않았던 것이다. 이 때문에 현실적인 여성에게 부인할 수 없는 생리적인 면, 심리적인 면에서의 약점을 간과하지 않았던 것이다. 붇다는 "여인은 세속의 애착이 강하므로 도에 들어가기 어렵다."고 했다. 또 "여자는 자기의 매력이 누군가를 사로잡기를 원한다."라고 했다. 그리고 언젠가 붇다는 알리라고 하는 여인에게 다음과 같이 말한 적도 있었다. "여자는 모두가 다 남에게 의지하는 것을 본성으로 한다. 때문에 그들은 남에게서 괴로움을 받는다. 그러므로 여자는 보다 더 열심히 정진하고 여자에게 따라다니는 약점에 지지 않도록 노력하여야 한다." 이러한 붇다의 관찰은 예리했고 여성의 약점을 누구보다도 더 잘 알고 있었던 것이다.

붇다가 여인의 출가에 대해 얼른 허락하지 않은 또 하나의 이유로는 수행자들을 위한 교단의 질서를 생각하지 않을 수 없다. 인간의 고통과 번뇌는 욕망으로부터 생겨나고, 그 욕망 가운데서도 가장 뿌리가 굳센 것이 애집이라고 가르쳤던 붇다였기에 수행자들의 집단 속에 여인이 끼어드는 일은 그의 말씀대로 '곡식이 자라는 논밭에 잡초가 끼어드는 것'이었다. 물론 이것이 여성만의 문제는 아니었고 남자에게도 똑같은 문제가 있었던 것이다. 그래서 붇다는 팔경계를 마련하는 까닭을 "물을 넘치지 않게 하기 위해 둑을 쌓듯이 교단의 질서를 위해 따로 여덟 가지 계법을 마련한다."고 했던 것이다.

비구들 중에 목건련의 신통력이 뛰어났듯, 연화색녀는 비구니 중에서 신통력이 제일이라고 일컫는다. 그녀는 과거에 매춘부였다. 그러나 그녀가 괴로운 과거를 참회하고 보다 열심히 도를 구하여 정진할 때 과거는 문제될 수가 없었던 것이다. 또 가난하지만 마음 착한 여인이 넓고 큰 서원과 정성으로 연등회에 하나의 등불을 켠 적이 있었다. 그때 붇다는 그 여인이 오는 세상에 반드시 성불할 것이라고 수기하기도 했다.

이와 같은 근본불교를 토대로 하여 훗날 대승불교에서는 불교의 깊은 이치를 설하는 데까지 발전하여 갔다. 승만이라는 한 부인의 입을 빌려 대승의 깊은 진리를 설하고 있는 《승만경》이 바로 그러한 경이다. 여기에는 중생들은 본래부터 깨끗한 부처의 성품을 갖추고 있지만 번뇌에 가리워 깨달음의 빛을 내지 못하는 터이므로 부지런히 그 번뇌의 티끌을 털어버려야 할 것을 강조하고 있다. 또 승만부인이 발한 열 가지 서원과 세 가지 큰 원이 있는데 그 세 가지의 큰 원에는 중생을 건지려는 보살의 크나큰 소원이 담겨 있다.

이와 같은 모든 사실들은 불교에서의 여성의 위치가 조금도 차별없는 평등한 것이었음을 말해 주고 있는 것이다. 모든 중생에게 불성이 갖추어 있다고 설하는 불교의 근본적인 사상 앞에 남녀의 차별이란 있을 수 없다. 그렇다고 해서 현실적인 차이나 약점마저도 무시해 버릴 수는 없지만 말이다. 오직 하나의 문제가 있다면 그것은 누가 더 열심히 정진하여 깨달음의 세계로 나아가느냐 하는 것뿐이다.

6. 불국토(佛國土) 건설의 길

이 세상 사바세계는 고통도 많고 근심도 많다. 그래서 세상은 고통의 바다. 무명의 미친 바람은 태풍을 일으키고 난파당한 중생들은 파도를 따라 부침한다. 이 세상은 예토, 욕심으로 오염된 더러운 땅. 그래서 근심 걱정 없는 맑고 깨끗한 부처님의 나라 불국토는 우리들의 약속의 땅이다. 그곳은 정토다. 깨끗한 땅이다. 이 거친 파도를 헤치고 저쪽 언덕에 있는 고향 땅이다. 일찍이 신라 때의 표훈(表訓) 스님은 말했다. "사바세계는 연화장세계로 근본을 삼는다"고. 난파당한 사람들에게는 등대가 희망이듯이 고해에 헤매는 사람들에게는 연화장세계라는 불국토가 희망이 된다. 부처님이 수많은 제자들에 에워싸여 《법화경》을 강의하던 영산도 불국토다. 영산불국이다. 아미타불이 손짓하고 계신 극락세계도 정토다. 비로자나불이 계신다는 연화장세계도 불국토다.

모두가 하나의 불국세계. 신라의 위대한 종교가이자 예술가였으며 또한 정치가였던 김대성(金大城)은 그 찬란한 꿈을 신라땅에 이룩했다. 불국사, 그것은 단순한 절 이름이 아니다. 이 거친 사바세계에 세운 오아시스 불국토다. 그가 신라 땅에 불국세계를 건설하고자 했던 것은 험한 세상 사는 사람들이 절망하지 않고 이상세계에 대한 희망을 버리지 않게 하기 위한 배려였다. 불법의 다리를 건너고 수행의 계단들을 땀 흘리며 올라 불국세계에 이르도록 설계된 불국사, 그것은 나그네가 고향으로 돌아오기를 기다리는 손짓이다. 그러나 지금 불국사의 다리와 계단은 막혀 있다. 몇 푼으로 산 관람권 한 장이면 쉽게 불국사에 이른다. 그러나 구경꾼의 눈에 비친 불국사, 그것은 와자지껄한 사바세계와 조금도 다름이 없다. 다리를 힘겹게 건너고 땀 흘리며 계단을 차례로 오르는 노력을 하지 않은 사람들에게 무설전(無說殿)에서 울리는 침묵의 진정한 설법이 들릴 리가 만무하다.

불국사, 그곳도 지친 나그네가 잠시 쉬어갈 수 있게 만든 화성(化城)에 지나지 않는다. 세계니 국토니 하는 용어들은 산천초목과 인간이 숨쉬고 사는 현상의 세계로 이해할 수 있다. 그러나 불교에서 이와 같은 의미로 쓰는 법계(法界)라는 용어에는 또 다른 의미가 내포되어 있다. 이성의 세계, 본질의 세계가 그것이다. 즉 이법계(理法界)다. 불국토에 대한 이해도 어느 한쪽에 치우친다면 바람직하지 못하다. 불국토의 건설을 현상적이고 현실적인 문제, 예컨대 정치적·사회적·경제적인 여러 문제들을 생각하지 않은 채 마음의 세계 안에서만 이룩하려 할 때, 그것은 지나친 관념론에 떨어지고 만다. 반대로 불국토의 건설을 사회적인 평등이나 물질적인 풍요, 편리한 시설 등으로만 설명하려 할 때 도저히 손에 잡을 수 없는 신기루가 되고 말 것이다. 사실 불국토의 경계는 깨달음의 세계이기 때문이다. 또한 세계는 다양할 수도 있다. 갖가지 중생들이 보고 듣고 하는 세계, 그것은 한량이 없고 그 성격도 다양하다. 또한 중생들의 근기가 같지 않기 때문에 그 각양각색의 업을 따라 중생의 마음이 물들면 더러운 땅이 되고 중생의 마음이 맑으면 깨끗한 땅이 되기도 하는 것이다. 보살의 갖가지 수행 공덕으로 장엄한 연화장세계도 있다.

마음이 맑으면 국토가 청정하고 마음이 물들면 국토가 더럽다는 경우, 그것은 적어도 사법계(事法界)에서의 일은 아니다. 이법계(理法界)에서나 혹은 이사무애법계(理事無碍法界)에서 가능한 이야기다. 역사적인 이해, 그것은 현상적이고 현실적이며 세속적인 것이다. 그러나 불국토의 건설, 혹은 불국토로 가는 길을 역사적인 시각에서도 설명할 수는 있어야 한다.

우리나라 1600년 불교사를 돌아볼 때, 신라시대에는 불국토사상이 있었다. 신라야말로 불교와 인연이 가장 깊은 복받은 땅이고 따라서 많은 보살이 신라 땅에 머물며 많은 성인들이 출세한다고 믿었다. 신라불국토설이라고 하는 것도 따지고 보면 신라불교의 토착화 과정에서 대두된 것이다. 각 시대의 상황을 비교해 볼 때, 상대적으로 신라시대는 불교문화가 꽃피던 시절이었다고 평가할 수 있다. 그렇다고 신라는 곧 불국토였다고 말할 수 있는가? 그렇지는 못하다. 불국토를 건설하고자 하는 꿈을 강하게 지니고 살았던 시절이긴 하지만, 여전히 사바세계를 인식하며 고뇌하다가 간 사람이 많았을 것이다. 밖으로 볼 때 고려 때만큼 불교가 융성했던 시절도 드물다. 그러나 안으로는 이미 많은 문제를 가지고 있었다. 이 때문에 고려 후기의 무기(無寄)라는 스님은 당시 불교계의 타락상을 보면서 탄식했다. "급하고 급하다. 위태롭고 위태롭다."고. 그러나 당시의 많은 스님들은 무기의 이 탄식 소리를 듣지 못했다. 설사 이 비판의 소리를 듣는 이가 약간 있었다고 하더라도 그들의 모순과 타락상을 어떻게 반성하고 개선할지에 대해서는 알지 못했다. 만해(萬海)는 뒤엎힌 둥지 속에 깨어진 알은 부화의 기약이 없음을 강조한 적이 있다. 조선시대 불교의 둥지는 완전히 뒤엎히고 말았다. 고려시대에 국사나 왕사의 대접을 받던, 아니면 적어도 귀족계층에 속해서 거들먹거리던 승려들은 조선시대에 이르러 천인의 대접을 받아야 했다. 불일(佛日)은 먹구름 속에 숨고 법륜(法輪)은 구르지 못했다. 물론 지혜의 목숨이 완전히 끊어졌던 것은 아니지만, 불교의 세력이 미미하기 짝이 없었다. 만해는 《조선불교유신론》에서 1910년 당시의 불교 상황에 대해 심각하게 우려하고 있었다. 다른 종교의 대포가 우렁차게 땅을 흔들고 그 세력이 넘쳐 하늘을 찌르며 그 홍수가 이마에 넘쳤으니, 조선의 불교는 어떻게 해야 할 것인가라고 탄식했을 정도다. 타종교의 홍수가 불교라는 땅을 휩쓸고 가기 전에 방파제를 튼튼히 쌓고 땅을 높여야 한다고 외쳤었다.

70여 년의 긴 세월이 지난 오늘날의 형편은 어떤가? 홍수가 위험수위에 육박하고 있는 것은 아닌가? 부질없는 걱정이고 방정맞은 입

방아인가? 나는 올 여름 해인사 강원과 여수의 불교청년회에서 한국
불교사를 특강한 바 있다. 많은 사람들의 가슴 속에 한국불교의 내일
에 대해 어떤 위기의식을 갖고 있음을 느낄 수 있었다. 그것이 막연한
불안이긴 해도 앞으로의 한국불교에 대한 걱정임에는 틀림없었다. 언
제나 그렇듯이 반대로 인식하고 있는 사람도 있을 수는 있다. 앞으로
의 한국불교의 전망은 밝을 것이라고.

앞에서도 이야기했듯이 불국토는 국토건설과 같이 단순한 것은 아
니다. 각자의 맑은 가슴에 세울 수도 있는, 풀잎에 맺힌 이슬방울을
통해서도 그곳에 비친 영롱한 세계를 발견할 수는 있을 것이다. 그러
나 또 달리 생각해 보면 홍수로 옥토를 묻어버린 뒤에 가을의 수확을
기약할 수 없듯이 이 땅에 불일이 빛나고 법륜이 언제나 쉬지 않고 구
르기 위해서는 불교의 교세를 더욱 튼튼히 할 필요가 있다. 이러한 시
각은 역사적이고 현상적이며 세속적인 것이기는 해도 중요한 일이다.

오늘날 전국의 여러 곳에서 거대한 미륵불을 봉안하는 불사가 진행
되고 있다. 역사적으로 볼 때는 어려운 현실에 부딪힐 때마다 미륵신
앙이 고개를 들었다. 현실이 어려울수록 민중들은 희망의 신앙, 구원
의 신앙인 미륵신앙에 매력을 느끼기 때문일 것이다. 그러나 거대한
미륵불상을 봉안하고 그 앞에서 향을 사른다고 곧 용화세계가 도래하
는 것은 아니다. 설사 그 이상세계가 도래했다고 하더라도 모든 중생
들이 다 그 세계에 태어나는 것이 아니라 십선법(十善法) 등 수많은
공덕을 닦은 결과로 해서 태어날 수 있는 것이다. 사실 아름답고 풍요
로운 유토피아는 수많은 공덕이 모여서 이룩된 세계이기도 하다.

오늘 한국의 불교도에게 이 땅에, 1600년의 전통이 숨쉬고 있는 이
한반도에, 불국토를 건설하는 일은 중요하다. 그러나 넘실거리는 홍
수를 피하기 위해 튼튼하고 굳건한 방파제를 쌓는 일은 더욱 중요하
고 급하다. 그래야 불일이 빛날 수 있고, 진리의 수레바퀴가 구를 수
있는 땅을 확보할 수 있기 때문이다.

승만부인은 여러 원을 발했지만 그 중에서도 주목되는 것은 진리를 수호하겠다는 굳은 서원이다. 승만부인은 몸과 생명과 재산을 던져 바른 진리를 거두어들여야 한다고 강조했다. 재산은 말할 것도 없고 몸과 목숨까지도 다 버려 진리를 지키겠다는 승만부인의 염원은 《승만경》의 마지막 장에서 다시 한번 되풀이 강조되고 있다. 부처님과 승만부인의 마지막 대화가 올바른 진리는 수호하고 나쁜 법에 빠진 사람들은 항복받아야 한다는 것으로 끝나고 있기 때문이다. 진리의 수호, 올바른 도리의 천명, 그것을 위해 삿된 견해를 쳐부수는 일, 그것은 곧 우리들의 염원이기도 하다. 진리를 수호하는 사람은 곧 진리의 구현자이고 또한 대승보살의 길을 가는 사람이기 때문이다. 진리를 수호하려는 강한 의지가 없는 사람에게 불국토의 건설이란 잠꼬대다. 불국토, 그것은 진리의 성이기 때문이다.

만해는 《조선불교유신론》에서 앞으로 전개될 세계는 불교의 세계라고 내다보았다. 세계의 역사는 평등과 자유를 향해 나아갈 것이고, 불교의 주의는 곧 자유와 평등이기 때문이라는 것이다. 앞으로 전개될 세계사에 불교가 밝은 빛을 비출 것이라는 사실은 의심할 필요가 없다. 이 때문에도 한국의 불교는 더욱 잘 지켜져야 하고 가꾸어져야 하는 것이다. 이를 위해서는 자기가 확실히 믿는 바를 남에게 전파하는 일이 중요하다. 불법승 삼보에 귀명하는, 이 귀중한 목숨까지도 다 바쳐서 귀의하는 신행의 생활, 이러한 신심이라야 그의 가슴에 불국세계가 펼쳐질 것이다.

Ⅱ. 이 땅에 정착한 불교

II. 이 땅에 정착한 불교

1. 한국불교사 개관

(1) 고대의 불교

한반도에서 불교가 최초로 공인된 것은 고구려 소수림왕 2년(372) 이다. 백제는 침류왕 원년(384)에, 그리고 신라는 고구려나 백제에 비해 훨씬 뒤진 법흥왕 14년(527)에 불교가 공인되었다. 물론 이들 삼국의 사회에서는 공인되기 이전에 불교를 접촉하여 알고 있기는 하였다. 불교가 공인된 시기는 삼국이 모두 고대국가 체제를 정비하던 때였다. 이는 불교의 전래가 고대국가의 성립과 관련이 있음을 알게 해준다. 초기 불교의 수용은 왕실에 의해서였고, 왕실의 보호에 힘을 입어 발전하였다. 고구려와 백제는 왕실에 의하여 순조롭게 수용되었지만 족장 세력이 강력했던 신라에서는 왕실의 불교 수용에 대한 반발로 이차돈의 순교가 있었다.

초기 불교는 재래의 무격(巫覡) 신앙을 대체하는 성격을 지니고 있었다. 불교의 수용은 전통 문화의 폭을 크게 확대시킴으로써 세련된 고대 귀족문화의 융성을 가능하게 했다.

고구려에 처음 전래된 불교는 '인과적(因果的) 교리로서의 불교' 내지 '구복(求福)으로서의 불교'였다. 특히 고구려에서는 삼론학(三論學)에 대한 연구가 활발했다. 승랑(僧朗)은 중국 삼론종(三論宗)의 제3조로서 크게 기여했고, 일본으로 간 혜관(慧灌)은 그곳 삼론종의 시조가 되었다. 고구려 말 불교와 도교가 대립하자 고승 보덕(普德)은 백제로 옮겼고 불교는 위축되었다.

백제불교의 특징은 계율(戒律)의 중시에 있었다. 성왕(聖王) 때 인도에서 돌아온 겸익(謙益)은 율부(律部)를 번역했고, 담욱(曇旭)과 혜인(惠仁)은 이에 대한 연구를 했다. 일본의 선신니(善信尼) 등이 백제의 계율학을 배워 갔고, 성왕은 계율을 중시하는 방향으로 불교를 장려하였다. 많은 백제의 고승, 기술자, 건축가, 예술가 등이 일본으로 건너가서 그곳에서 지도적인 역할을 담당하면서 소위 아스카(飛鳥)문화의 형성에 기여했고, 일본 고대국가의 정비에 정신적 이념을 제공했다.

신라의 불교는 진흥왕 때부터 크게 발전했는데, 특히 신라 왕실은 '왕이 곧 불(佛)'이라는 사상을 수용했고, 전륜성왕(轉輪聖王)사상의 불교적 정치이념을 구현하고자 했다. 이는 신라 왕실이 찰제리종(刹帝利種)이라는 설과 신라 삼보의 대두, 청소년의 수양 단체인 화랑도의 조직 등으로 나타났다. 신라에는 흥륜사(興輪寺), 황룡사(皇龍寺), 통도사(通度寺) 등의 대사원이 건립되었고 황룡사에는 장륙상(丈六像)이 모셔지고 목조 9층탑이 세워졌다. 그리고 원광(圓光), 자장(慈藏) 등의 고승이 활약했다. 원광은 고대 사회의 새로운 윤리 덕목으로서 세속오계를 지도 이념으로 제시했다. 자장은 신라불국토설을 강조함으로써 당시의 국민들이 자부와 긍지를 가지고 불교에 귀의하게 했다. 특히 그는 불교를 통한 국민 정신의 통일에 기여함으로써 삼국 통일의 정신적 기반을 형성했다. 불국토이기에 외적의 침략으로부터 보호되어야 한다는 호법(護法)이 곧 호국(護國)이라는 호국사상 또한 신라불교의 한 특징이다.

통일신라시대에 불교는 더욱 융성, 발전했다. 많은 사원이 세워졌고, 원효(元曉)와 의상(義相)은 가장 대표적인 고승이다. 원효는 80여 부 200여 권의 저술을 남긴 세계문화사에 빛나는 사상가이다. 그는 정토신앙으로 대중을 교화한 실천적인 종교가이기도 했다. 우리나라 화엄종(華嚴宗)의 시조 의상의 문하에는 표훈(表訓), 진정(眞定), 지통(智通) 등의 10대 제자가 배출되어 신라 화엄종의 주류를 형성했다.

이 밖에도 유식학(唯識學)의 대가로 원측(圓測)과 태현(太賢)이 있었고, 신문왕 때 국사로 많은 저술을 남긴 경흥(憬興), 신인종(神印宗)의 종조(宗祖)인 명랑(明朗), 점찰교법(占察敎法)을 일으킨 진표(眞表), 향가의 작가로 유명한 월명(月明)과 충담(忠談), 《왕오천축국전(往五天竺國傳)》을 남긴 혜초(慧超) 등의 많은 불교 사상가가 배출되어 이 시대의 불교문화를 빛냈다.

신라 말기에는 많은 승려들이 중국으로부터 선법(禪法)을 배워 신라에 전했는데 소위 선문구산(禪門九山)의 성립이 그것이다. 선법의 전래는 신라불교를 새로운 방향으로 전개시켰다. 또한 교종의 여러 문제를 극복하게 했고, 경주 중심의 불교를 지방에 확산시키는 데 기여했다. 주로 6두품 귀족과 지방 호족 출신들이 선법 도입을 주도했고, 서민이 적극적으로 귀의함으로써 귀족적인 교종의 한계를 극복하면서 발전했다.

(2) 고려시대의 불교

고려의 불교는 일반적으로 호국적이고 귀족적이었으며 기복적(祈福的)이었다. 고려시대의 왕실과 귀족은 물론, 일반 국민의 정신적 지주가 되었던 불교는 국교로 신봉되었다. 특히 국가를 비보(裨補)하고 국운을 번영하게 하는 호국적인 종교로 인식되었던 이 시대의 불교는 국가의 보호를 받아 더욱 융성했다. 불교에 대한 국가적인 보호와 숭상에 따라 왕자 및 귀족 자제들이 출가하는 풍속이 생겨났다. 승려들은 국가의 모든 역으로부터 면제되고 사원은 국가로부터 토지를 지급받았다. 이처럼 승려들은 귀족 계층에 속했고 국가 권력과 밀착한 불교는 귀족적인 성격을 가지고 있었다.

국가나 왕실의 안녕과 융성을 기원하는 호국적이고 기복적인 많은 불교 행사가 성행했다. 법회(法會), 도량(道場), 설재(設齋) 등으로 분류되는 행사의 종류는 팔관회(八關會), 연등회(燃燈會), 인왕(仁王)도량, 무차대회(無遮大會), 반승(飯僧), 경행(經行) 등 무려 70여 종이나 되었다.

고려 초기의 불교계는 대체로 신라 말기부터 성장하고 있던 선종이 화엄종과 대립하면서 계속 발전했다. 선승(禪僧)들에 의해 화엄종에 대한 공격이 전개되었고 화엄종 승려 중 상당수가 선종으로 개종함으로써 화엄종은 위축되었다. 그러나 광종대의 균여(均如)에 의해 화엄종 내의 남·북악(南北岳)의 대립이 극복되면서 화엄학은 새로운 단계로 전개되었다. 중앙집권체제가 성립되고 문벌귀족 세력이 대두하자 호족세력과 밀착되어 있던 선종은 밀려나고, 그 대신 문벌귀족의 불교로서 화엄종과 법상종(法相宗)이 고려 중기 불교계의 주류를 이루었다. 흥왕사(興王寺)를 본거로 하는 화엄종은 의천(義天)에 의해 주도되었고, 현화사(玄化寺)를 중심으로 하는 법상종은 해린(海麟), 소현(韶顯) 등에 의해 발전하고 있었다. 화엄종의 의천은 국청사(國淸寺)에서 천태종(天台宗)을 성립시키고 선교(禪敎)의 일치를 주장했다.

무신난 이후의 고려불교계에는 많은 변화가 있었는데, 특히 신앙단체로서의 결사(結社)의 유행은 주목할 만하다. 귀족불교에 대한 반성에서 출발한 이 결사운동은 기층 사회의 신앙으로 확산되었는데, 선종의 수선사(修禪社)와 천태종의 백련사(白蓮社)가 대표적이다. 지눌(知訥)이 개창한 수선사는 곧 조계종(曹溪宗)의 확립이기도 했다. 지

높이 주장한 정혜쌍수(定慧雙修)의 사상은 혜심(慧諶) 등 그의 제자들에 의하여 계승·발전되었다. 이 밖에도 선종에는 지겸(志謙), 일연(一然) 등과 여말의 보우(普愚), 혜근(惠勤) 등의 고승이 배출되어 선풍(禪風)을 떨쳤다.

고려불교가 남긴 최고의 문화 유산은 고려대장경이다. 그리고 불교가 고려 예술에 끼친 영향 또한 간과할 수 없다. 특히 불교 신앙으로 함양된 고려인의 맑고 깨끗한 마음은 고려청자의 정신적 바탕이 되기도 했다. 이 시대에는 사경(寫經)이 유행하여 지금까지도 상당수의 금·은자 사경이 전해지고 있다. 고려의 불화 또한 일본에 많이 전해졌다.

한편, 고려불교는 많은 모순을 안고 있었다. 왕공·귀족의 세력에 붙어 권력을 휘두르는 횡포를 자행한 승려들이 있었고, 사원에서는 옳지 못한 방법으로 부를 축적하기도 했으며, 취처(娶妻)한 승려도 허다했다. 고려 말기의 이같은 불교계의 모순과 타락은 신흥사대부들의 비판 대상이 되었고, 새로운 왕조가 개창되면서 척불의 된서리를 맞게 된 한 원인이기도 했다.

(3) 조선시대의 불교

조선시대의 불교는 정치적인 탄압에 의해 위축된 수난의 불교였다. 그럼에도 불구하고, 이 시대의 민중들에게는 불교가 유일한 종교적 위안과 용기를 주면서 전통 종교로서의 명맥을 꾸준히 이어오고 있었다.

이 시대의 불교는 이중 내지는 삼중의 구조를 이루고 있었다. 위정자들에게는 정치적인 척불과 신앙심에 의한 신불(信佛)이 갈등을 일으키고 있었다. 세종 및 세조의 경우, 그리고 계속된 왕실 비빈들의 불교 신앙과 이를 규탄하던 유신들과의 갈등 등이 그것이다. 승려들의 모습 또한 여러 가지로 나타났다. 왕실의 비호를 받거나 유생들과 교유하던 고승이 있었는가 하면 갖가지 잡역에 시달려야 했던 천인에 속하는 승려가 있었고 일반민중과 부단히 접촉하던 연화승(緣化僧)이 있었다.

국가에 의한 불교의 억압과 정비책은 왕권을 확립하고 재정 및 인력을 확보하기 위한 현실적이고 정치적인 요구에 의해 수행되었다. 태조는 불교의 구체적인 폐단에 손을 대는 정도로 그쳤지만 태종은 강력히 억불책을 추진했다. 그는 사원의 재산을 동결시키고 많은 사원과 노비를 몰수하였으며, 종단(宗團)을 종래의 11종에서 7종으로 묶었다. 세종 26년에는 다시 7종을 선교양종으로 정비하고, 양종에 각 18개의 사찰만을 공인사찰로 지정하였다. 이처럼 국가에 의해 강제로 단행된 종파의 통폐합은 각 종파에 의한 독자적인 교리의 해석이나 발전을 상실하게 했다.

한편, 도첩제(度牒制)를 시행하여 승려의 수를 억제하였으나, 국가의 큰 토목공사에 동원된 승려들에게 도첩 또는 호패를 주어 그들의 신분을 보장해 주는 구제책이 시행되기도 했다. 따라서 승려들의 신분은 일종의 국가 상비 노동자로 전락되어 갔다. 그러나 왕실 비빈들의 불교 신앙은 여전히 계속되었고, 세종 말년과 세조조에 걸쳐 사찰의 중건과 불경의 간행 등이 실시되기도 했다. 승려에 의한 독점적인 공납 청부 활동이 전개되는 등 승려들의 사회 경제적인 진출로 불교의 중흥이 꾀해지기도 했다. 때로는 왕실의 비호 아래 사원에 막대한 토지와 노비가 급여되고 여러 가지 특전이 부여된 적도 있다. 그러나 조선 왕조의 전 시대를 통하여 억불책은 변함이 없었다. 15세기 후반부터 16세기 전반에 걸쳐 불교는 암흑시대를 맞게 되었다. 연산군의 불교 탄압은 원각사를 기방(妓房)으로 만들 정도로 광폭한 것이었다.

명종대의 섭정 문정(文定)왕후와 그를 돕던 보우(普雨)에 의해 불교계는 다시 부흥의 계기를 맞았다. 유생들의 반대에도 불구하고 선교양종이 부활되고 도승법(度僧法)과 승과제(僧科制)가 시행되었다. 이때의 승과에 의해 서산(西山)과 사명(四溟) 같은 고승이 배출될 수 있었다. 이도 잠시뿐 문정왕후와 보우가 죽자 불교계에는 다시 어두움이 찾아들었다. 임진왜란과 병자호란으로 인해 국가의 운명이 위태로울 때 서산, 사명, 영규(靈圭), 각성(覺性) 등이 이끄는 의병승(義兵僧)의 활동은 도탄에 빠진 민중을 건지려는 종교심의 발로였고, 오랜 역사를 가진 종교로서의 저력을 발휘한 것이었으며, 쇠퇴한 불교를 중흥시키는 계기를 마련하기도 했다. 조선 후기의 불교는 사명, 언기(彦機), 태능(太能), 일선(一禪) 등에 의해 서산 문하 4대파가 형성되어 서산의 정신을 계승하였고 선수(善修)는 문하에 각성(覺性)과 희언(熙彦) 등을 키워 이 시대 불교의 명맥을 잇는 고승들을 배출했다.

조선 후기 불교계에는 중요한 사상적 논쟁이 있었는데, 백파(白坡)와 초의(草衣) 사이에 벌어진 '선에 대한 논쟁'이 그것이다. 두 선사의 제자들까지 가담하여 18세기부터 19세기 말까지 계속된 이 논쟁은 한국 불교사상사에서 유례가 없는 격론이었다.

유대치(劉大致)의 불교 사상이 김옥균(金玉均), 박영효(朴泳孝), 서광범(徐光範) 등 개화당(開化黨) 요인에게 끼친 영향은 주목된다. 개화당 형성의 사상적 배경은 불교에 있었다. 이동인(李東仁), 탁정식(卓挺植) 등은 일본을 왕래하며 외교 활동을 벌이기도 하고, 신문화를 수용하여 개화당 인사들에게 영향을 끼치기도 하였다.

한편, 이 시대에는 위정자 및 유생들에게 핍박과 시달림을 받으며 종이와 기름과 신 등을 만들어 관가에 바치는 등의 잡역에 종사하면서 천인의 대접을 늘 받고 살던 것이 대부분의 승려 모습이었다. 이들은 대개 기를 들고 법고·꽹과리·징 등을 울리면서 마을을 방문, 염불로 기복 권선하면서 민중을 교화하였다. 이처럼 모연(募緣)을 방편으로 삼아 대중 교화를 펴던 연화승은 이 시대 불교의 특징적인 모습이기도 했다.

조선시대의 불교문화는 전 시대에 비해 뒤떨어진 것이 사실이다. 그러나 초기의 불교문화에는 전 시대의 여운이 지속되고 있었고 점차 대중 속으로 파고들면서 전 시대와는 다른 양상으로 전개되어 갔다.

억불정책에도 불구하고 불전간행 사업은 꾸준히 진행되었다. 세조는 25종의 불전과 9종의 국역본을 간행했고, 인수(仁粹)대비 또한 37종의 불전을 중인(重印)하였다. 지방의 사찰에서도 많은 불전이 꾸준히 간행되었다. 이와 같은 불전의 간행은 불교 대중화의 계기가 되었고 우리나라 인쇄술의 발전에 큰 기여를 하였다.

우리나라 최초의 소설인《금오신화(金鰲新話)》중의 〈만복사저포기(萬福寺樗蒲記)〉를 비롯하여《구운몽(九雲夢)》,《안락국전(安樂國傳)》,《옹고집전(壅固執傳)》등의 불교소설이 쓰여졌다. 또 이 시대에는 범패(梵唄)가 성행하였고 대휘(大輝)의《범음종보(梵音宗譜)》라는 저서가 나왔다. 영산회상(靈山會相)은 뛰어난 불교 음악이고 산염불·회심곡·염불타령 등의 많은 불교 민요가 불려지기도 했다. 본래는 불교의식 무용인 바라춤 등은 승무라는 민속무용으로 발전했다.

(4) 근대의 불교

근대의 불교계는 그 핍박의 굴레를 벗고 새로운 모색을 하기 시작했다. 고종 32년, 비록 일제 승려의 주선에 의해서나마 승려의 입성 금지령이 해제되었다. 이 시기에 국가에서는 관리서(管理署)를 설치하는 등 불교에 관심을 보이기 시작했고 불교계에서도 원흥사(元興寺)를 중심으로 새로운 진로를 모색하고 있었다.

1906년에 원흥사에 불교연구회, 그 2년 후에는 국가적 교단인 원종(圓宗)이 설립되었다. 합방 직후, 당시 원종 종정 이회광(李晦光)이 한국 불교를 일제의 불교와 연합하려고 망동하자, 이에 분개한 승려들은 박한영(朴漢永), 한용운(韓龍雲) 등을 중심으로 임제종(臨濟宗)을 세우고 이를 막았다. 이와 같은 원종과 임제종의 대립은 국권의 상실과 함께 없어지고, 총독부는 사찰령을 제정하여 한국 불교를 규제했다. 사찰령은 불교의 발전보다 일제의 식민통치를 위하여 만들어진 것이었다. 사찰령의 굴레에 묶여 있던 일제하의 불교 교단은 자율적이며 정상적인 발전을 할 수가 없었다. 사찰령이 시행되면서부터 30본산제가 실시되고 주지 권한의 비대화, 승려들의 속화 타락, 불교 자체에 의한 자율적 통제기관의 결여 등 많은 문제가 생겨났다.

이러한 시기에 침체된 불교를 되살리고 누적된 불교계의 여러 가지 모순을 타파하고자 하는 불교 유신이 제창되기도 했다. 한용운의《조선불교유신론》은 당시의 대표적인 유신론이다. 1920년대 이후부터 조선불교청년회, 조선불교유신회 등을 중심으로 사찰령폐지운동과 교단의 체질개혁운동이 일어났다. 정교(政敎)분리의 주장과 주지에 대한 성토 등을 통하여 사찰령폐지운동을 폈으나 성과를 얻지는 못했다.

3·1운동이 일어나자 한용운, 백용성(白龍城), 그리고 당시 중앙학림의 재학생들이 불교계의 주동적인 인물로서 이 운동에 가담했다. 특히 한용운은 3·1운동의 주도적인 역할을 담당했고 독립정신을 크게 고취시킴으로써 불교계의 부끄러움을 면하게 해주었다.

2. 삼국시대 불교사

(1) 서 론

서력 기원 전후로부터 시작된 삼국시대는 고구려의 멸망(668)에 이르기까지 약 700년간 계속되었다. 이 중에서도 대개 300년경까지는 원삼국시대로 구분하는데, 4세기 이후로는 고대국가로 발전하기 때문이다. 고구려는 태조왕(53~145) 때에 고대왕권의 기반을 형성하고 소수림왕 때에는 중앙집권적 국가체제의 정비에 성공한다. 고이왕(234~285) 때에 고대 왕권의 토대를 닦은 백제는 근초고왕(346~375) 때에 이르러 고대국가의 체제를 정비하고 크게 발전한다. 신라의 경우는 내물마립간(376~401) 때에 고대국가의 기반을 형성한 뒤 법흥왕(514~540) 때에 이르러 고대국가의 통치체제를 갖추게 된다.

이처럼 삼국이 고대국가의 체제 정비를 갖추어 가고 있던 때에 불교가 전래 수용된다. 즉 고구려는 태학의 설립과 율령의 반포 등 국가 체제를 정비했던 소수림왕 때에 불교를 공인했으니, 곧 372년의 일이다. 백제에 불교가 공인된 침류왕 원년(384) 또한 고대국가로 크게 발전하던 때에 해당하고, 법흥왕 14년(527)에 불교를 공인한 신라의 경우도 마찬가지다. 불교 공인의 시기가 삼국이 모두 고대국가 체제를 정비하던 때에 해당하고 있었음은 고대국가의 발전에 불교의 영향이 대단히 컸음을 알게 해준다.

고대국가로의 발전 단계에 접어든 삼국 사회에서 종래의 원시종교나 조상숭배 신앙만으로는 사회 생활을 이끌어 갈 수 없었을 것이다. 부족국가시대에 비하여 크게 확대되고 복잡해진 고대국가의 발전 단계에서 야기되는 사회 생활의 여러 문제들에 대하여 불교는 한 차원 높은 인간관과 세계관을 제시하고, 고대국가의 정신적 기반을 마련하여 준 것이었다. 초기의 불교 수용은 왕실에 의해서였고, 왕실의 도움을 받으면서 발전하였다. 삼국시대에 있어서 불교가 차지하는 역사적 기능과 공헌은 대단히 크다. 무엇보다도 강조되어야 할 것은 삼국의 고대문화를 발전시키는 데 절대적으로 이바지했다는 사실이다. 삼국시대는 우리 문화의 후진성을 극복하고 문화적 개성을 확립시켜 갔던 시기고, 그 토대를 불교가 구축했던 것이다. 불교는 각 지역의 토착신앙을 배제하지 않고 그것을 포섭하면서 전파되었던 특징을 갖고 있다. 불교가 외래의 종교이면서도 불교 이전의 전통문화를 그대로 인정하고 포섭함으로써 심각한 갈등을 겪지 않았고, 전통문화를 파괴하지 않았다. 그리고 불교는 새롭고도 다양한 국제문화를 전해 주었다. 이 시대 외국 문화의 수용은 사신의 내왕과 더불어 승려의 외국 유학에 의하여 이루어지고 있었다. 따라서 삼국은 불교를 통하여 당시의 국제문화를 폭넓게 접하게 되고 다양한 문화를 확보하게 되었으며 문화의 발전에 깊이와 폭을 더해 주었다. 중국 문화뿐만 아니라 인도 및 중앙 아시아 문화까지도 소개하여 줌으로써 삼국으로 하여금 국제문화 정세에 대한 자각과 한족문화에 대응할 수 있는 탄력성을 주고 한(漢) 문화로 기울어지는 것을 막아주기도 했던 것이다.

결국 불교는 우리나라 고대문화 발전의 선도였고 그 토대였던 셈이며 이는 곧 우리 문화의 기틀을 형성했던 것임을 의미한다.

또 하나 주목해야 할 것은 불교 신앙이라는 공통분모를 삼국민 사이에 형성시킴으로써 한민족의 진정한 형성과 통합의 기초를 마련했던 점이다. 삼국은 서로 7세기 동안이나 분열·대립함으로 해서 정치·사회·문화 전반에 걸쳐 많은 이질적인 것이 있었지만, 불교라는 공통의 문화가 있어서 통일 이후의 민족 융합을 쉽게 했던 것이다. 이처럼 삼국시대 불교가 담당했던 역사적 공헌은 컸다.

(2) 고구려의 불교

고구려에 불교가 공인된 것은 소수림왕 2년(372)의 일이다. 곧 전진왕 부견이 보낸 승려 순도가 전해 준 불상과 경문을 공적으로 받아들임으로써 불교가 공인된 것인데, 이는 우리 역사상 최초의 일이었다. 또한 고구려에 아도화상이 오고 초문사와 이불란사의 두 절이 세워졌는데 공인으로부터 2~3년만에 있었던 일이다. 고국양왕(384~391)은 불교를 숭신하여 복을 구하라고 하교했고 광개토왕은 392년에 평양에 아홉 개의 절을 창건했다. 이처럼 고구려의 불교 수용 초기에는 불교신앙으로 복을 얻게 된다고 인식하면서 국가적으로 불교를 장려했던 것이다.

문자왕 7년(498)에는 평양에 금강사를 세웠다. 의연은 평원왕 18년(576)에 북제로 가서 법상으로부터 불교 역사의 대강과 남도파 지론종의 학풍을 배우고 돌아왔다. 이로부터 고구려에서는 기원전 889년을 불멸 연대로 사용했다.

고구려 불교의 사상적 주류는 삼론학에 있었다. 고구려 요동 출신의 승랑은 5세기 후반에 중국으로 가서 승조계의 신삼론학을 연구, 공사상의 새로운 학문적 체계를 이룩했다. 양무제가 512년에 우수한 학승 10명을 뽑아 승랑에게 수학하게 할 정도로 그의 명성은 자자했다. 그의 법은 승전이 이었고 삼론종을 열었던 길장은 법랑의 제자다. 581년대 촉에 들어간 인법사도 그곳에서 삼론을 강의하였고, 수나라에서 삼론을 강의한 실법사 그리고 625년에 도일하여 일본 삼론종의 시조가 된 혜관도 모두 고구려 출신이었다. 혜관은 수나라의 길장으로부터 삼론을 배웠는데 일본으로 갔고 일본 불교계의 중추가 되어 승정으로 활약하기도 했다. 구마라습에 의해 《중관론》, 《십이문론》, 《백론》 등의 삼론이 번역되자 공사상에 대한 이론의 전개가 깊어졌는데, 삼론 연구가 본 궤도에 오르게 된 데에는 승랑 등 고구려 출신 승려들에 힘입은 바 컸던 것이다.

고구려에서는 그 말기에 도교의 수입으로 인해 불교와 갈등이 빚어지게 되고 이것은 곧 고구려 멸망의 한 원인이 되기도 했다. 즉, 영류왕(618~642) 때에는 당으로부터 도교의 수입이 있었고, 또 보장왕 2년(643)에는 연개소문이 도교의 수용을 적극적으로 주장했고 이에 고구려에서는 당나라에 요청해서 숙달 등 8명의 도사가 왔으며 불사를 빼앗아 도관을 삼음으로 인해서 갈등이 생겨났던 것이다. 이 때문에 당시 대표적인 고승 보덕은 도교를 믿게 되면 나라가 위태롭게 된다는 것을 왕에게 여러 차례 간했다. 그러나 왕이 이를 듣지 않자 보덕은 보장왕 9년(650)에 남쪽 전주의 고달산으로 망명했는데, 곧 고구려 멸망 18년 전의 일이었다.

고구려의 고승들은 국내에서보다도 해외에서 더 많은 활동을 보여주고 있다. 중국으로 건너갔던 승랑, 파약, 지황, 인법사, 실법사, 그리고 일본으로 건너가 눈부신 활동을 전개했던 혜편, 혜자, 담징, 혜관, 도증, 도현 등의 예가 이를 말해 준다. 파약(562~613)은 영양왕 7년(596) 중국으로 가서 천태종 지의의 문하에서 교관을 받았고 지황도 영양왕 대에 중국으로 갔는데 설일체유부에 통했었다. 평원왕 때 일본으로 건너간 혜편은 처음으로 일본에 여승을 배출했다. 595년에 일본으로 건너간 혜자는 성덕태자의 스승이 되어 《법화경》, 《유마경》, 《승만경》 등의 경전을 가르쳤고, 또한 그는 수의술에도 능했다. 담징은 종이와 붓, 먹 만드는 법을 전했을 뿐 아니라 그림에도 능하여 법륭사의 금당벽화를 그리기도 했다. 그리고 양원왕(545~558) 때의 고승 혜량은 신라로 망명, 신라 최초의 국통이 되어 불교의 발전에 기여했다. 보장왕 때 보덕의 망명 사실은 앞에서 말한 바와 같다. 이처럼 고구려의 고승들은 국외에서 많은 활동을 한 것으로 나타나고 있는데, 여기에는 고구려 국내 자료가 전하지 않은 이유가 있을 것이지만 고구려 말기에 불교가 그 사명을 다하지 못했던 것은 지배층의 전제주의적 무단정책과 도교 숭상으로 인한 종교적인 갈등에도 그 원인이 있었다고 하겠다.

(3) 백제의 불교

백제에 불교가 처음으로 전래된 것은 침류왕 원년(384)의 일이다. 인도의 승려 마라난타가 진나라로부터 오자 왕이 궁중으로 맞아 예경했는데, 이로부터 백제에 불교가 뿌리내리기 시작한 것이다. 그 다음 해에 한산에 절을 짓고 10여 명이 승려가 되는 것을 허락했다. 그리고 아신왕은 원년(392)에 불법을 숭신하여 복을 구하라고 하교했다. 이처럼 백제의 불교 공인은 한강 유역에 도읍하고 있던 4세기 후반에 이루어졌다. 그러나 웅진 도읍 시기를 지나 사비로 천도할 무렵에 이르는 시기까지의 불교관계 기록이 거의 없다. 기록의 연멸에 그 이유가 있겠지만, 현재의 기록만으로는 백제에 불교가 두루 행해진 것이 성왕 때부터라고 할 수밖에 없다.

성왕 4년(526)에 겸익이 인도의 유학길에서 돌아왔다. 그는 중인도에서 5년 동안 범문을 배우고 인도승 배달다와 함께 귀국함에 왕은 그를 흥륜사에 있게 하고 명승 28명과 더불어 역경에 종사토록 했다. 율부 72권이 번역되자 담욱과 혜인이 율소 36권을 저술하기도 하였다. 이처럼 백제에 계율학이 발전함에 따라 위덕왕 35년(588)에는 일본의 선신니 등이 백제에 유학하여 3년 동안 계율학을 배우기도 했다. 법왕 원년(599)에는 살생을 금하고 민가에서 기르는 매를 놓아주며 고기잡고 사냥하는 도구를 불사르게 하는 등의 명을 내릴 정도로 백제의 계율 중시 경향은 형식화되기도 했다.

백제에는 천태 및 삼론학에 대한 이해를 갖고 있는 승려도 있었다. 현광과 혜현 등이 곧 그들이다. 현광은 위덕왕대에 진나라에서 남악 혜사로부터 《법화경》의 안락행품 법문을 받고 법화삼매를 증득하여 귀국, 웅천에서 두루 교화하였다. 현광은 중국에 그 이름이 알려졌을 뿐 아니라 귀국 도중에는 용궁에 초청받아 강의했다는 설화가 있을 정도로 유명한 고승이었다. 혜현(573~630)은 무왕대에 수덕사에서 《법화경》과 함께 삼론을 강의하여 이름을 떨치기도 했다. 무왕대에 일본으로 건너간 관륵도 삼론에 조예가 깊었다. 이로써 백제 불교계에 천태 및 삼론학에 대한 이해를 가진 고승이 있었음을 알 수 있다.

백제 사회에는 6세기 이후부터 미륵신앙이 두루 퍼져 있었다. 이는 미륵사 미륵불광사 등의 절이 세워지고 미륵반가사유상의 조상이 성행했던 것으로 미루어 짐작할 수 있다. 특히 미륵불광사는 그 사적의 문맥으로 보아 성왕 때의 중요한 절이었음을 알 수 있다. 무녕왕 22년(552)에는 왕이 일본에 불상과 불경을 보내 주었는데, 이때 전해 준 불상은 석가불과 미륵석불이었다. 또한 미륵선화설화에 의하면 위덕왕 때 신라의 승려 진자가 미륵화신을 친견하고자 웅진의 수원사를 찾아갔다고 한다. 이 설화는 삼국시대의 미륵신앙이 공주 지방에 전래되어 그곳을 중심으로 유행되고 있었을 가능성을 시사해 준다. 634년에 낙성된 미륵사는 왕이 익산에 세운 삼국 제일의 규모를 가진 대가람이었다. 창건연기설화가 말해 주고 있듯이 이 절은 왕과 왕비의 원찰이었고 백제 미륵신앙의 중심 사원이었다. 특히 용화산 아래의 못에서 미륵삼존이 출현하였다고 한 것으로 보아 당시의 미륵신앙은 주로 하생신앙이었음을 알 수 있다.

백제에서 이루어진 불교미술에 대해서도 주목할 만하다. 백제에는 대통사, 왕흥사, 미륵사 등의 큰 절이 있었다. 최근의 발굴로 그 규모가 밝혀진 미륵사는 삼국 중에서도 가장 큰 절이었다. 신라에서는 선덕여왕 때에 황룡사에 9층탑을 건립하고자 해서 백제의 기술자 아비지를 초청해 간 일이 있다. 이는 백제의 건축 기술이 신라에 비해 앞섰다는 사실을 보여주는 사례다. 부여의 정림사지 석탑과 익산의 미륵사지 석탑은 현존하는 대표적인 백제의 건축물이다. 그리고 서산 마애 삼존불상은 백제인의 예술적 표현력의 탁월함을 보여주는 대표적인 작품이다.

많은 백제의 고승, 기술자, 예술가 등이 일본으로 건너가 그곳에서 지도적인 역할을 담당하면서 소위 아스카문화의 형성에 기여했고 일본 고대국가의 정비에 정신적 이념을 제공했다. 성왕 30년(552)에 일본에 불교를 전했고, 위덕왕 4년(557)에는 경론과 율사와 선사 등을 보냈으며, 588년에는 불사리와 사문과 화공 등을 보내기도 하였다. 595년에 도일한 혜총은 성덕태자에게 영향을 끼쳤고, 관륵은 602년에 일본으로 가서 최초의 승정이 되기도 하였다. 이 외에도 혜미, 도장, 의각 등 많은 고승이 일본에 가서 활약했다.

(4) 신라의 불교

5세기 중반경부터 신라에도 불교가 전래되었지만, 그 공인은 고구려나 백제에 비해 훨씬 뒤진 법흥왕 14년(527)에야 가능했다. 그것도 이차돈의 순교가 있고 난 뒤에야 이루어졌는데, 전통신앙의 뿌리가 깊었을 뿐 아니라 족장세력이 강했기 때문이기도 했다. 신라의 불교는 진흥왕(540~576) 때부터 크게 발전했다. 신라 왕실은 왕이 곧 불이라는 사상을 수용했고 전륜성왕 사상의 불교적 정치이념을 구현하고자 했다. 이는 곧 신라 왕실이 찰제리종이라는 설과 신라 삼보의 대두, 청소년 수양 단체인 화랑도의 조직 등으로 나타났다. 불교를 국가의 지도이념으로 받아들인 진흥왕은 정법으로 통치하는 이상적인 왕자 전륜성왕을 스스로 꿈꾸고 있었다. 자신의 두 아들 이름을 금륜과 동륜이라고 했던 것이나 정복한 여러 지역에 순수비를 세운 것 등이 그 예다. 진흥왕 5년(544)에는 흥륜사가 완공되었고 이어서 황룡사, 기원사, 실제사 등의 사찰들이 건립되었다. 특히 진흥왕 27년(566)에 완성된 황룡사는 신라 최대의 사찰로 국가불교의 중심이 되었는데, 장륙존상을 봉안하고 훗날 9층탑을 건립함으로써 더욱 중시되었다.

진흥왕 때에 설치된 화랑제도가 처음부터 불교사상에 토대하여 설립되었다고 보기는 어렵지만, 이 제도에 미륵신앙의 영향이 적지 않았음은 사실이다. 신라사회에 미륵신앙이 넓게 퍼져 있었음은 《삼국유사》에 전하는 기사와 불상 등을 통하여 쉽게 알 수 있다. 신라 최초의 절이었던 흥륜사의 주불은 미륵불이었다. 진평왕 때의 흥륜사 승려 진자는 미륵상 앞에서 '대성이 화랑으로 화신하여 세상에 출현하여 줄 것'을 발원하였다. 그는 미륵선화를 만나기 위하여 웅진 수원사를 찾아가기도 하였다. 다시 경주로 돌아온 그가 미시라는 아름다운 소년을 만나 국선으로 받들었다는 미륵선화설화는 화랑과 미륵신앙과의 깊은 관련성을 시사해 주는 것이다. 아울러 이 설화는 상카라는 전륜성왕이 다스릴 때에 미륵이 출현한다는 미륵신앙의 이상세계를 신라사회에 구체적으로 역사화시키고자 한 욕구를 보여주기도 한다. 또한 진평왕 때 화랑으로 활동하였던 김유신은 그의 낭도들을 용화향도라고 불렀다. 용화란 미륵보살이 장차 성불할 용화수나 혹은 용화회를 의미하는 것으로 미륵하생신앙과 관련이 있었다. 미래 지향적인 청소년 집단과 미륵신앙이 서로 연결되었던 것은 의심할 여지가 없다.

신라의 불교 행사로는 팔관회, 백고좌회, 점찰회 등이 주목된다. 이들 행사는 윤리를 강조하는 성격이 짙었다. 신라에 처음으로 팔관회 및 백고좌회가 행해진 것은 진흥왕 12년(551) 승통 혜량에 의해서였다. 진흥왕 33년(572)에는 전사한 병졸을 위해 7일 동안 팔관회를 행했고, 진평왕 35년(613) 및 선덕왕 5년(636)에는 황룡사에서 백고좌회를 개최했다. 신라에는 점찰회가 개최되기도 했는데, 원광이 가슬사에 점찰보를 설치했던 경우와 진평왕 때의 비구니 지혜가 매년 봄·가을로 점찰회를 열었던 예가 그것이다. 점찰회는 과거에 지은 악업을 참회하는 것을 주로 했는데, 일반 대중의 윤리의식을 높여주는 계기가 되기도 했을 것이다.

진흥왕대로부터 구법승들이 등장하기 시작했는데, 중국에 유학한 승려들이 많았다. 신라 최초의 유학생 각덕은 진흥왕 10년(549)에 귀국했고, 565년에는 명관이 귀국하면서 1,700여 권의 경론을 가지고 왔다. 또 576년에 귀국한 안홍은 《능가경》과 《승만경》 등을 전해 오기도 했다. 구법승들의 중국 유학은 계속되어 600년에는 원광이, 602년에는 지명이, 605년에는 담육이 각각 귀국했다. 이들 유학생의 귀국으로 중국 불교계의 신조류가 소개되고 이로써 신라불교는 더욱 발전할 수 있었다.

원광이 중국 유학을 마치고 귀국한 것은 진평왕 22년(600)이었다. 그는 이미 수나라에서 명성을 떨쳐 그 소식이 신라에 전해질 정도로 유명했다. 신라 조정에서는 그의 귀국을 수나라에 외교적으로 요청했고 그 결과로 돌아올 수 있었다. 귀국 후 국가가 그에게 정치하는 방법과 도법으로 교화하는 일을 물었다고 한 것으로 보면 그에게 많은 정치적 자문을 구했던 것 같다. 원광은 《열반경》, 《섭대승론》, 《성실론》 등에 관심을 가졌고, 《여래장경사기》 및 《여래장경소》를 저술하기도 했다. 따라서 그는 여래장사상에 주목했던 것으로 볼 수 있다.

모든 사람에게 여래의 가능성이 있다고 강조하는 이 사상을 토대로 원광은 신라인의 생활 방식을 대승윤리적으로 교화했다고 하겠다. 원광이 외교문서의 작성에 참여하고 있었음은 "오가는 국서는 모두 그의 심중으로부터 나왔다."고 한 것으로 알 수 있다. 진평왕 30년(608)에 왕이 수나라에 군사 원조를 청하는 걸사표를 원광에게 지어 주도록 요청했던 것은 그 구체적 예이기도 하다. 원광은 귀국 후 가실사에 머문 적이 있는데, 진평왕 23년(601)경 그에게 가르침을 구하는 귀산과 추항에게 준 세속오계는 유명하다. 충성, 효도, 신의, 어짊, 용기 등의 덕목을 담고 있는 세속오계는 세속인의 생활 규범이다. 정복 전쟁이 거듭되고 있던 당시 상황을 감안할 때 이들 덕목은 절실히 요구되고 있던 국가적 지도이념이었고 이를 원광이 제시함으로써 당시 사회에 많은 영향을 주었던 것이다.

자장이 7년만에 당나라 유학을 마치고 돌아온 것은 선덕여왕 12년(643)이다. 그는 분황사 및 황룡사에 머물면서《섭대승론》과《보살계본》을 강의했다. 그리고 대국통에 임명된 자장은 교단의 질서를 확립하기 위해 노력했다. 그의 노력에 힘입어 불교는 크게 발전했는데, 10명 중 8~9명이 불교에 귀의할 정도의 성과였다. 그는 불교의 토착화를 위해서 노력했는데, 신라불국토설을 활용하기도 했다. 신라불국토설이 강조되고 있는 황룡사 장륙상과 가섭불연좌석 설화는 자장과 무관하지 않다. 신라불국토설은 신라 국민의 불교에의 귀의를 유도했고 호국사상을 합리화시키는 구실도 했다. 자장은 정치적·사회적인 분야에도 깊이 관여했다. 그는 신라 왕실이 찰제리종이라는 설을 내세워 왕실의 신성을 강조했다. 이는 실추된 선덕여왕의 권위를 회복하기 위한 의도에 의한 것이었다. 그는 또 황룡사에 9층탑을 건립할 것을 건의했다. 불교 신앙의 심화와 확대를 통해 국가의 안전과 평화를 수호하려 했던 것이다. 특히 그가 당나라로부터 가지고 온 불사리를 이 탑 속에 봉안함으로써 이 탑은 종교적 신성성을 확보했는데, 이는 신앙과 호국을 연결한 것이기도 했다. 9층탑 건립의 현실적이고 정치적인 배경에는 실추된 왕실의 권위를 회복하려는 의도가 있었지만 통일의 의지와 염원까지도 9층탑에 상징적으로 표출했다. 귀족 출신의 자장은 신라의 정치 외교 문제에도 깊이 관여하여 자문하고 있었던 것이다. 자장이 통일 전야의 신라사회에 끼친 영향은 많다. 많은 사람을 불교에 귀의하게 함으로써 국민정신의 일치를 유도했고, 계율을 통하여 국민의 행동 준거인 윤리의식을 진작시켰기 때문이다. 신라의 삼국통일에 앞서 국가의식을 강화하고 통일의지를 키워가는 데 결정적인 역할을 한 승려는 결국 자장이었던 셈이다.

(5) 가야의 불교

서부 경남지역의 낙동강 유역에 위치했던 가야의 여러 나라들은 연맹왕국 단계를 벗어나지는 못했지만, 김해지방의 본가야와 고령지방의 대가야가 신라 법흥왕 19년(532)과 진흥왕 23년(562)에 각각 망하기까지 삼국과 나란히 존속했다. 비록 정치적으로 통합을 이루어 고대국가로 진입하지는 못했지만 가야의 문화가 신라나 백제에 뒤지는 것은 아니었다. 가야에도 불교가 수용되어 있었을 것으로 짐작되지만, 문헌자료의 절대적 부족으로 인하여 그 실체를 파악하기는 대단히 어렵다.

고려 문종(1046~1084) 때에 쓰여진 《가락국기》에 의하면 수로왕은 인도 아유타국의 공주 허황옥을 왕비로 맞았다고 하고 또한 《삼국유사》의 기록에 의하면 허황후가 인도로부터 배에 실어 왔다는 파사석탑이 있고 그 탑은 지금까지도 전하고 있다. 그리고 제8대 질지왕 2년(452)에 허황후의 명복을 빌기 위하여 절을 세우고 왕후사라고 했다고 한다. 대가야국의 태자 월광이 세웠다는 월광사와 거덕사의 두 절터가 해인사 부근에 전해오기도 한다. 가야의 불교가 해로로 전래된 남방계였을 가능성이 없지 않은데, 이에 대해서는 설화 자료가 시사해 주는 바 많다.

3. 백제인의 불교 신앙

"백제에는 승려와 사탑이 매우 많다."《주서(周書)》의 이 기록처럼 백제에는 불교가 성했고 당시 사람들의 생활은 불교신앙에 깊이 뿌리박고 있었다. 풍진 세상 살면서도 때묻지 않는 연꽃의 그 맑은 마음 배우기를 희망했다. 그리고 미륵불이 출현하는 아름다운 불국토를 희구하면서 불전에 향을 사르는 공양을 게을리하지 않았다. 그들이 꿈꾸던 행복은 서산마애불의 따뜻하고 평화로운 웃음 같은 것이기도 했다. 불국은 향기로 가득한 나라다. 계의 향기, 삼매의 향기, 그리고 해탈의 향기가 가득 피어나기를 불전에 기원하던 백제인의 염원은 최근에 출토된 아름다운 향로에도 스며있다. 백제의 향로가 그토록 아름다운 것은, 또 그 하나의 향로에 사람과 동물이 함께 있고 음악이 또 거기에 있음은, 자신을 향기롭게 닦고 세상을 향기롭게 꾸미려던 진실된 마음의 발로이기도 한 것이다.

백제는 한강 유역에 도읍하고 있던 4세기 후반에 이미 불교를 수용한다. 그러나 웅진시대를 지나 사비로 천도할 무렵까지의 기록은 거의 없다. 다만 성왕(聖王) 이후의 기록이 약간 전할 뿐이다. 사비시대라 할지라도 불교에 관한 기록이 적고 유물과 유적 또한 흔치 않다. 그나마 단편적인 자료가 남아 이 시기 백제불교가 국제적 수준의 문화를 소화하고 있었다는 사실을 엿보게 한다. 백제 구법승의 발길은 중국은 물론이고 멀리 인도에까지 미쳤다. 사비성에는 인도의 배달다삼장(倍達多三藏)이 겸익(謙益)을 따라와서 율부(律部) 번역에 참여했다. 선신니(善信尼) 등 일본의 구법 유학승이 와서 백제불교를 배웠다. 사신과 구법승의 중국 내왕을 통해서 부지런히 선진 문화를 수용했고 동시에 신라 및 일본 등지로 그들의 불교문화를 전파했다.

겸익이 인도의 구법유학에서 돌아온 것은 성왕 4년(526)이다. 왕은 그를 흥륜사(興輪寺)에 살게 하고 28명의 고승과 함께 역경에 종사토록 했다. 율부 72권이 번역되자 담욱(曇旭)과 혜인(惠仁)이 율소(律疏) 36권을 저술한다. 겸익의 인도 유학과 율부 번역은 백제불교의 폭과 역량이 국제적인 것이었음을 일러준다. 백제불교는 계율을 중시했다. 율부의 번역과 주석이 그 대표적 사례다.

이 밖에도 법왕은 살생을 금하고 민가에서 기르는 매를 놓아주며 고기잡고 사냥하는 도구를 불사르라는 명을 내릴 정도였다. 법왕이 살생을 금한 것은 불교의 윤리를 국민의 생활 속에 심어주려는 노력의 하나로 풀이될 수 있다. 이 세상에 자기 자신보다 더 사랑하는 것은 없다. 이와 마찬가지로 다른 사람도 자기 자신은 더없이 소중하다. 불살생(不殺生)은 자비를 적극적으로 실천하는 행위이다. 우리의 일상생활을 제멋대로 방치해 둔 채 새로운 인생의 행로나 역사는 열리지 않는다. 계의 정신은 나쁜 행위를 막고 대신 훌륭한 일은 권장하는 데 본래의 뜻이 있다. 백제불교가 계율을 중시했던 것도 이 때문이 아닌가 한다.

미륵사, 미륵불광사 등의 사찰이 세워졌던 백제사회에는 미륵신앙이 유행하고 있었다. 634년에 낙성된 미륵사는 백제 미륵신앙의 중심 사원이다. 전륜성왕(轉輪聖王)의 이념을 구현하고자 했던 백제 왕실의 원찰이기도 했다.

이 절의 창건연기설화에서 용화산 아래의 못에서 미륵삼존(彌勒三尊)이 출현했다고 한 것으로 보면 미륵사는 미륵하생신앙을 토대로 창건되었음을 알 수 있다. 미륵불이 용화수 아래에서 성불할 때 이 세상은 낙토로 변하고 나라는 깨끗이 잘 정돈되어 온갖 재난은 사라진다고 했다. 그리고 사람들은 평화로운 삶을 살 것으로 믿었다. 미륵신앙은 유토피아적 이상세계에 대한 동경과 희구라는 특징을 지닌다.

그러나 미륵불의 세상은 사람들의 노력과 공덕이 뒤따르지 않으면 안된다. 미륵신앙은 희망의 신앙이거니와 끊임없는 정진의 신앙이기도 하다. 아무튼 백제인들은 불국토의 건설을 꿈꾸었고 그것은 미륵사의 창건으로 표출되었다. 경전은 미륵불이 이 세상에 출현할 때 상카라는 전륜성왕이 등장하여 나라를 평화롭게 다스린다고 기록하고 있다. 이같은 내용을 감안하면 백제 왕실의 미륵사 창건은 정치적 의도를 담았다고 하겠다. 그것은 불교적 정치이념인 전륜성왕사상을 실현하려는 것이었다. 전륜성왕은 무력이나 힘에 의한 지배자가 아니라 진리의 수레바퀴를 굴려서 천하를 통일하는 이상적인 지도자였다. 왕실에서는 전륜성왕사상을 빌려서 왕권을 강화하려는 정치적 의도도 없지 않았겠지만, 전륜성왕의 이념을 현실 정치에 구현하려 했던 욕구 또한 강했던 것이다.

백제의 승려들에게는 법사(法師), 율사(律師), 선사(禪師), 주사(呪師) 등의 호칭이 사용되었다. 불교의 여러 분야 중에서 어느 하나를 전문적으로 수행하는 승려가 있었던 것이다. 경전의 거의 대부분이 유통되었겠지만 기록으로 확인되는 것으로 《열반경》, 《법화경》, 《유마경》, 《반야심경》 등이 있다. 그리고 천태학이나 삼론학에 조예가 있는 고승도 있었다. 현광(玄光)은 위덕왕 때 진나라에서 남악 혜사(南岳慧思)로부터 《법화경》을 배우고 법화삼매(法華三昧)를 증득했다. 귀국 후에는 웅천에서 교화했다고 한다. 그는 중국에서도 명성을 떨쳤고 귀국 도중에는 용궁에 초청받아 설법했다는 설화가 전할 만큼 유명했다. 혜현(惠現)은 수덕사(修德寺)에서 《법화경》과 삼론을 강의했고 일본으로 건너간 관륵(觀勒)도 삼론학에 밝았다. 의영(義榮)이 《약사본원경소(藥師本願經疏)》와 《유가론의림(瑜伽論義林)》을 저술했다고 하지만 전하는 것이 없다.

백제에는 대통사(大通寺), 왕흥사(王興寺), 미륵사(彌勒寺) 등의 큰 절이 있었다. 최근의 발굴로 그 규모가 밝혀진 익산의 미륵사는 삼국 중에서도 가장 큰 절이었다. 신라에서는 선덕여왕 때에 황룡사에 9층탑을 건립하고자 하여 백제의 기술자 아비지(阿非知)를 초청해 간 일이 있다.

이는 백제의 건축 기술이 신라에 비해서 앞서 있었던 사실을 보여주는 사례다. 또한 많은 백제의 고승, 기술자 등이 일본으로 건너가 그곳에서 지도적 역할을 담당하면서 아스카문화를 일으키는 데 기여했다.

일본 고대국가의 정비에 정신적 이념을 제공한 것도 물론 백제다. 성왕 30년(552)에는 일본에 본격적으로 불교를 전했다. 위덕왕 24년(577)에는 경론과 율사와 선사 등을 보냈다. 585년에는 불사리와 사문과 화공 등이 건너갔는가 하면 595년에 도일한 혜총(惠聰)은 쇼토쿠 태자에게 큰 영향을 끼치지 않았던가. 602년에 일본으로 간 관륵은 최초의 승정(僧正)이 되기도 했다.

백제가 신라에 무력으로 병합된 이후인 신문왕 때에 국로(國老)가 되었던 경흥(憬興)이 백제의 웅천주 출신이었음은 주목할 만하다. 그는 유식학의 대가로 당시의 대표적 고승이었다. 이처럼 융성했던 백제불교는 통일신라의 새로운 불교 발전에도 공헌했다. 삼국은 오랜 분열과 대립으로 정치·사회·문화 전반에 이질적인 점이 많이 있었지만 불교라는 공통의 문화가 존재했기 때문에 민족 융합이 가능했다. 우리 민족문화 속에 살아 숨쉬는 백제 불교문화의 향기는 최근에 발견된 향로에서 아직도 풍기고 있다.

4. 의상(義相)의 전교와 제자 교육

(1) 의상, 그 전등의 묘업

해동화엄의 초조(初祖), 부처님의 후신(後身) 등으로 추앙되어 왔고, 또한 성인(聖人)으로 존경받기도 했던 의상법사. 그가 이처럼 존경받을 수 있었던 중요한 이유는 이 땅에 화엄대교(華嚴大敎)를 전함으로써 그 밝은 진리의 빛을 신라 사회에 두루 비춰 주었던 은혜 때문이다. 최치원이 '전등(傳燈)의 묘업(妙業)'이라고 했던 것도, 일연이 《삼국유사》에서 '의상전교(義相傳敎)'라는 제목을 설정하고 "화엄을 캐어와 고국에 심었으니 종남산과 태백산이 같은 봄이네."라고 찬양했던 뜻도 여기에 있을 것이다.

신라로 돌아온 법사는 화엄대교를 전할 복된 터전을 찾아 산천을 두루 편력, 문무왕 16년(676)에는 부석사를 창건했다. 이로부터 태백산을 중심으로 전개한 법사의 전교 활동은 신라뿐만 아니라 당나라에까지도 소문이 퍼질 정도로, 그리고 훗날 일본에도 영향을 준 실로 눈부신 것이었다.

법사가 화엄대교를 전파하고 있을 때, 그를 공경한 국왕이 노비와 토지를 주겠다고 제의했던 일과 진정(眞定)이라는 가난한 백성이 법사가 사람을 이롭게 한다는 소문을 듣고 그의 문하로 달려가 머리를 깎았던 일들로 미루어 법사가 태백산에서 밝힌 법등(法燈)이 신라 사회를 두루 비추고 있었음을 알 수 있다.

법사가 신라에서 화엄을 전하기 20여 년이 되던 어느 해에 동문 법장(法藏)으로부터 편지가 왔다.

들자오니 상인(上人)께서는 귀향하신 후 화엄을 천명하고 법계의 무진연기(無盡緣起)를 거듭 선양하여 새롭고 새로운 불국(佛國)에 널리 이익케 하신다 하오니 기쁨은 더욱 큽니다. 이로써 여래(如來) 멸후(滅後)에 불일(佛日)이 휘황하게 빛나고 법륜(法輪)이 다시 굴러 불법이 오래 머물도록 한 이는 오직 법사임을 알았습니다.

이처럼 존경의 마음을 가득 담아 보낸 편지였다. 이 법장의 편지 또한 법사의 전교활동이 어떠했던가를 잘 알게 해준다.

법사는 태백산에 밝힌 화엄교의 등불이 신라에 두루 비칠 것을 염원했고 그 법등이 오래오래 전해지도록 노력했다. 그 노력은 교단의 조직과 확대, 제자 교육 등으로 전개되었다. 그 결과 태백산에서 밝힌 그 하나의 등불이 열로 백으로 불어나고 세월의 바람에도 꺼지지 않고 타는 장명등(長明燈)이 되었다.

(2) 그 등불 다시 열이 되고

스승과 제자 사이의 도는 참으로 큰 인연이다. 진리가 이로 인해 더욱 빛날 수 있기 때문이다. 도를 구하고자 하는 이는 있어도 참다운 선지식을 만나기 어렵고, 훌륭한 스승이 있어도 발심한 사람을 찾기는 어려운 법. 그러나 의상법사는 그 이름만을 훔친 스승이 아니었고 그 제자들 또한 배움만을 취하고 그 은혜를 저버리지 않았기에 화엄대교는 더욱 빛날 수 있었다.

법사는 황복사에서, 부석사에서, 그리고 소백산의 추동에서 수많은 제자들을 모아 화엄을 강의했다. 어떤 때는 그의 저서 《법계도(法界圖)》를, 또 어떤 때는 《화엄경》을 강의했으며 법장의 《탐현기(探玄記)》20권을 풀이하기도 했다. 40일을 기약하기도 하고 장장 90일 동안 강의에 전념하기도 했다. 그의 가르침은 방황하는 나그네가 옛 고향집으로 되돌아가게 하려는 염원을 담고 있었고, 이름에만 집착하는 이들로 하여금 이름마저도 없는 참된 진리의 근원으로 되돌아가게 하려는 깊은 뜻을 간직하고 있었으며 우리들의 몸, 이것이 곧 법신(法身)임을 깨우치려 했던 것이다.

제자들이 도움을 청해 물어 올 때면 법사는 급히 서두르지 않았다. 그들의 마음이 조용히 가라앉을 때를 기다려 살핀 다음 의문스런 점을 술술 풀어 조금도 의문의 여지를 남기지 않게 해주었다고 한다. 그리고 법사는 제자들에게 항상 훈계했다. "긴 말이 필요하지 않다. 마땅히 마음을 잘 쓰도록 하라. 그리고 언제나 깊이 생각하도록 하라." 고. 법사의 제자 교육에 임하는 참으로 진지하고 자상한 모습을 보여

주는 이야기다.

법사는 법장의 《탐현기》 20권을 진정(眞定), 상원(相元), 양원(亮元), 표훈(表訓) 등의 제자에게 각각 5권씩 나누어 강의하게 한 적이 있다. 그는 이에 앞서 10일 동안 문을 닫아 걸고 탐구·검토하는 성의를 다했다. 그리고는 제자들에게 당부했다.

"탁본으로 인하여 탁이 나오는 것이요, 도끼자루를 가져야 도끼자루를 베는 것이니 각자 힘써 자기를 속이지 말라."

'힘써 자기를 속이지 말 것'을 당부하던 법사의 모습에서 진정한 스승의 마음을 읽을 수 있다.

법사가 제자 교육에 쏟은 정성 못지않게 그 제자들 또한 열심이었다. 그들은 스승에게 끊임없이 물었고 배운 바를 부지런히 기록했으며 또한 실천에 옮겼다. 《지통기(智通記)》와 《도신장(道身章)》 등은 제자 지통과 도신이 각각 법사의 강의를 노트한 것이다. 《지통기》는 소백산 추동에서 3천명 제자들이 운집한 중에 90일 동안 계속된 《화엄경》 강의를 기록한 것으로 유명하다. 그렇다고 그들이 스승의 말씀만을 기록하는 정도에 머물러 있었던 것은 물론 아니다. 법사로부터 《법계도》를 배울 때 표훈과 진정은 각각 자기의 견해를 적어 스승으로부터 옳다는 평가를 받은 적이 있다. 지통은 태백산의 미리암굴(彌理岩窟)에서 화엄관(華嚴觀)을 닦아 삼세(三世)가 일제(一際)라는 법문을 깨닫고 스승으로부터 이미 그릇이 완성되었음을 인정받아 법계도인(法界圖印)을 전해 받기도 했다. 이와 같은 전통은 훗날에도 계승되어 법사의 몇대 제자들에 이르기까지 법사의 《법계도》를 연구하여 《법융기(法融記)》, 《진수기(眞秀記)》, 《원통기(圓通記)》 등이 이루어졌고, 마침내 《법계도기총수록(法界圖記叢髓錄)》으로 집대성되기도 했다.

법사가 제자를 대하는 태도가 언제나 부드러운 것만은 아니었다. 단호하고 엄격한 일면을 보여주기도 했으니, 다음의 이야기가 이를 알려준다.

　　문도 중에 한 범죄 비구가 있어 법에 의해 그를 내쫓으니 대중을 떠나 타방에서 유행했다. 그는 스승을 앙모하여 상(像)을 만들어 지고 다녔다. 법사가 그 소식을 듣고 불러 말했다.

　　"네가 만약 진실로 나를 억념하였다면, 나는 일생 동안 서쪽을 등지지 않고 앉았으니 상도 역시 감응할 것이다."

　　이에 상을 서쪽을 등지게 했지만, 앉혀 놓은 상이 스스로 몸을 돌려 서쪽을 향해 앉았다. 법사가 이에 그를 좋게 여겨 죄를 용서하고 다시 거두어들였다.

　　이것은 《석가여래행적송(釋迦如來行蹟頌)》에 전하는 이야기다. 당시 화엄교단의 엄격한 규율과 제자들의 법사에 대한 존경의 마음을 엿볼 수 있게 해주는 이야기다.

(3) 십대제자가 전한 법등

　　법사에게는 수많은 제자가 있었지만, 특히 십대제자가 유명했다. 곧 《삼국유사》에 열거된 오진(悟眞), 지통(智通), 표훈(表訓), 진정(眞定), 진장(眞藏), 도융(道融), 양원(良圓), 상원(相元), 능인(能仁), 의적(義寂) 등이다. 이들 십대제자들은 십성제자(十聖弟子)로 불리기도 했듯이 모두 성인으로까지 존경받았던 뛰어난 인물들이다. 이들 중에서도 진정, 상원, 양원, 표훈 등은 더욱 뛰어났던 이들이다. 이들을 두고 특별히 사영(四英)이라 했던 이유가 여기에 있다. 또한 《송고승전(宋高僧傳)》에서는 지통, 표훈, 도신(道身) 등을 큰 알 속에서 껍질을 깨고 날아간 가루라(迦樓羅) 즉, 새 중에서도 가장 뛰어난 새들이라고 했다. 도신이 《삼국유사》 중의 십대제자에서는 빠져 있지만, 그가 의상의 직제자임은 의상으로부터 수업하고 그 내용을 기록한 《도신장(道身章)》을 남긴 것으로도 알 수 있다.

　　표훈은 스승과 나란히 흥륜사 금당(金堂)에 모셔졌던 십성(十聖)

중의 한 사람으로 추앙받던 인물이다. 그가 황복사에 있을 때 대정각간(大正角干)에게 화엄학을 가르쳤던 것은 주목된다. 대정은 곧 김대성(金大城)과 동일인물이고, 따라서 불국사와 석굴암의 창건에 영향을 주었다고 생각되기 때문이다. 진정은 출가 전에는 가난하여 장가도 들지 못한 채 군대 복역의 여가에 품을 팔아 홀어머니를 봉양할 정도로 효심이 지극했다. 의상법사가 태백산에서 불법을 가르쳐 여러 사람들을 이롭게 한다는 소문을 들은 그는 태백산의 의상 문하에 귀의하여 의상의 많은 제자 중에서도 뛰어났던 인물이다. 지통은 그 출신이 노예다. 7세에 낭지(朗智)에게 출가했다가 훗날 의상의 문하로 옮겼다. 법사로부터 화엄학을 열심히 수업했고 그 결과 스승으로부터 법계도인을 받았던 대표적인 제자 중의 한 사람이다. 그가 남긴 《추동기》에 대해서는 앞에서 말한 바와 같다. 의적은 법사의 십대제자로 되어 있지만, 법상종에서 의상의 문하로 옮겨왔거나 아니면 법상종에 속한 인물로 의상의 제자가 아니었을 것이다. 상원, 오진, 양원 등에 대한 자세한 기록은 거의 없고, 다만 《법계도기총수록》에 이들의 학설이 몇 군데 인용되어 전할 뿐이다. 그리고 진장, 도융, 능인 등은 그 이름만 보일 뿐, 그 활동이 잘 알려지지 않고 있다.

의상법사가 702년에 돌아가신 후, 대개 8세기 전반까지는 법사의 직제자들에 의해 화엄교학이 계승·전파되었다. 그런데 8세기 중엽쯤에는 손제자 신림(神琳)이 부석사의 화엄학풍을 진작시켰다. 그는 곧 부석적손(浮石嫡孫)으로 부석사에 운집한 천 여 명의 대중을 상대로 화엄학을 강의했다. 이로써 8세기 중엽 당시 부석사의 융성이 어떠했던가를 짐작할 수가 있다. 그는 또한 불국사, 월유사(月瑜寺), 세달사(世達寺) 등에 주석하기도 했다. 그가 불국사의 법회를 주관한 적이 있음은 표훈과 더불어 김대성의 불국사 및 석굴암 창건에 영향을 주었을 것임을 알게 해준다. 세달사는 고려 때에 홍교사(興敎寺)로 바뀌었는데, 이 절에 신림의 진영(眞影)이 모셔져 있었다. 신림은 많은 제자를 배출함으로써 신라 화엄교학의 발전에 크게 기여했다. 그의 제자에는 법융(法融), 숭업(崇業), 질응(質應), 순응(順應) 등이 있었다.

법융은 《법계도》에 대한 주석서인 《법융기(法融記)》와 지엄(智儼)의 십구(十句)에 대한 주석서인 《십구장(十句章)》을 저술하여 훗날 화엄교학에 영향을 미쳤다. 또한 법융의 제자에는 범체(梵體)가 있었는데, 9세기 중엽쯤에 부석사에 주석했다. 신림에게 수업한 순응은 766년에 중국으로 건너가 선교(禪敎)를 두루 공부했다. 돌아와서는 가야산에 해인사(海印寺)를 창건했는데, 애장왕 3년(802)이었다. 그후 해인사의 화엄학풍은 현준(現俊), 결언(決言), 희랑(希朗) 등에게 계승되면서 더욱 발전해 갔다.

법사의 십대제자가 각기 나누어 전한 화엄의 법등은 그 숫자가 크게 불어났고 몇 대를 거치면서도 꺼질 줄 모르는 것이었다. 이처럼 교단적인 조직과 제자 교육을 통한 법사의 전교 활동은 원효(元曉)의 경우와 비교해 보아도 더욱 두드러진 특징이다. "의상의 강수(講樹)가 꽃을 피우고 담총(談叢)이 열매를 맺었다."고 한 《송고승전》의 표현은 곧 그의 이같은 전교와 교육이 제자들에 의해 계승되었던 것을 지적한 것이다.

(4) 십산(十山)을 두루 밝히다.

의상법사의 십대제자들은 물론 또 그 제자들의 제자들에 의해 화엄교학과 화엄신앙은 신라 사회에 두루 전파되었다. 그리하여 신라 하대(下代)에는 전국의 여러 곳에 화엄종 사찰이 건립되었는데 화엄십찰(華嚴十刹)이 이를 말해 준다. 최치원(崔致遠)은 신라에 화엄대학(華嚴大學)이 십산(十山)에 있다고 하면서 화엄교학의 폭넓은 유포를 강조했다. 즉, 팔공산의 미리사(美理寺), 지리산의 화엄사, 태백산의 부석사, 가야산의 해인사와 보광사(普光寺), 공주의 보원사(普願寺), 계룡산의 갑사, 금정산의 범어사, 비슬산의 옥천사(玉泉寺), 모악산(母

岳山)의 국신사(國神寺), 부아산(負兒山)의 청담사(靑潭寺) 등의 10여 곳이 화엄대학이 있던 곳이라고 했다. 또한 《삼국유사》에는, "의상은 십찰(十刹)에서 전교케 했는데 태백산 부석사, 원주 비마라사, 가야산 해인사, 비슬산 옥천사, 금정산 범어사, 남악(南岳)의 화엄사 등이 그 것"이라고 했다. 최치원은 화엄대학이 있던 열 개의 산을 중심으로 기록했고 일연은 화엄종 사찰이 있던 열 개의 절을 기준으로 하여 기록했던 것이다. 그래서 최치원의 기록에는 가야산에는 두 개의 사찰이 있어 모두 십산(十山)에 11개의 절을 예시했다. 최치원이 밝힌 11개의 절과 《삼국유사》 중의 비마라사를 합치면 모두 12개의 사찰이 된다. 이와 같은 사실은 '화엄십찰' 혹은 '해동 화엄대학이 십산에 있다.'는 등의 표현이 정확히 열 개의 산이나 절을 의미한다기보다는 화엄교학의 전국적인 전파나 화엄사찰의 전국적인 분포 등을 화엄적으로 표현한 듯하다. 화엄교학에서의 '십'은 흔히 한량없이 많은 것을 뜻할 때가 많기 때문이다. '신라에는 화엄대학이 십산에 있었다.'는 지적이나 '화엄종 사찰이 열 개였다.'는 등의 표현은 의상의 교화가 온 나라에 미치고 화엄교학이 두루 전파되었음을 강조하고 있는 것이다. 그런데 화엄십찰은 신라 하대에 성립되었다. 보다 구체적으로 말하면 해인사가 창건된 802년으로부터 최치원이 《법장화상전(法藏和尚傳)》을 쓰던 904년에 이르는 9세기에 성립된 것이다.

의상법사가 창건한 부석사는 명실공히 신라 화엄종의 중심 도량이었고 8세기 중엽쯤에는 천여 명의 대중이 운집한 대가람으로 발전했다. 8세기 중엽 연기(緣起)조사에 의해 창건된 지리산의 화엄사는 《화엄경》 전체를 돌에 새긴 석경(石經)으로 장엄할 정도로 웅장한 절이었다. 계룡산의 갑사가 어느 정도의 절이었던가는 지금도 남아 있는 거대한 철당간으로 대개 짐작된다. 의상의 4대 제자 격인 순응(順應)에 의해 9세기 초에 창건된 해인사는 신라 하대의 중요한 화엄종 사찰이었다. 신라 화엄십찰 중의 부석사, 화엄사, 해인사, 범어사, 갑사 등은 오늘날까지도 그 전통과 사세(寺勢)를 자랑하는 절들인데 우연한 일만은 아니다.

화엄십찰 이외에도 신라시대의 화엄종 사찰로 생각되는 절은 상당히 많았다. 의상법사가 창건하거나 주석했던 곳으로는 경주의 황복사(皇福寺), 천축산 불영사(佛影寺), 양주의 낙산사 등이 있었다. 그리고 법사의 제자들이 창건했거나 머물렀던 불국사, 세달사, 월유사, 표훈사, 법수사 등도 화엄종과 관련이 있던 사찰이었다. 황복사는 법사가 머리를 깎았던 절일 뿐만 아니라 제자들에게 《법계도》를 강의하던 곳이며 훗날 제자 표훈이 주석하기도 했던 절이다. 불영사와 낙산사는 의상이 창건한 절이다. 세달사는 8세기 중엽의 대표적인 화엄학승 신림이 그의 제자 질응(質應) 등과 더불어 화엄학을 강의하던 곳이다. 월유사 또한 신림이 화엄법회를 주관하던 곳이다. 특히 화엄종장 표훈과 신림으로부터 화엄학을 수업한 김대성이 화엄의 세계 즉, 화엄불국을 표상화하려는 뜻으로 이룩한 불국사와 석굴암은 오늘날까지도 세계적인 자랑거리가 되고 있다.

산에 처음으로 사찰을 창건하는 것을 흔히 개산(開山)이라고 한다. 절이 세워지기 전에도 산이야 그 가슴을 열고 있었지만, 특히 절이 세워진 후에야 산이 열렸다고 하는 것은 어두운 산에 진리의 등불을 밝히기 때문이리라. 오늘날과 같은 학교가 없던 시절의 사원은 수많은 사람들을 교육하는 곳이기도 했다. 전국의 십산(十山)에 화엄대학이 있어 환한 등불을 밝히고 있던 시절의 신라 사회는 어둡지 않았으리라.

중생의 어리석음은 보살이 밝히는 지혜의 등불로 밝혀진다. 그리고 세상의 밤은 전등(傳燈)으로 지켜진다. 스승과 제자가 교법을 전하여 진리가 세상에 머문다. 이 풍진 세상 파도에 휘말린 사람들, 어두운 밤 험한 길에 지친 사람들, 이같은 나그네들을 위해 장명등을 밝힌다. 어둡고 험한 길목을 지키며 밤새도록 꺼지지 않는 등불이다. 장명등이 밤새도록 꺼지지 않는 것은 크나큰 원(願)을 심기삼고 대비(大悲)로 기름을 삼았기 때문이다. 의상법사가 태백산 부석사에 밝힌 화엄의 법등, 그 등불은 십대제자들이 전했고 제자에서 제자로 다시 전해져 신라 전역을 밝혔다. 10세기 전반 신라 화엄종단에는 한 차례 세찬 바람이 몰아치는 위기가 있었다. 화엄종 내의 남악(南岳)과 북악(北岳)과의 대립·갈등이 그것이다. 이 갈등도 고려 초 균여(均如)에 의해 다시 수습되었다. 한국불교사상사 위에서 차지하는 화엄사상의 비중은 너무도 크지만 그 연원은 의상법사의 전교활동에 있는 것이다.

5. 미륵신앙과 그 한국적 전개

(1) 미륵신앙(彌勒信仰)

이 세상 사바세계는 고통도 많고 근심도 많다. 그래서 세상은 고통의 바다. 무명(無明)의 미친 바람이 파도를 일으키고 난파당한 중생들은 물결을 따라 부침(浮沈)하고 신음하며 헤맨다. 부처님은 구세대비자(救世大悲者). 수많은 약손을 드리워 중생을 건진다. 근기에 따라 때와 장소에 따라 수많은 몸을 나투신다. 관음보살, 지장보살의 비원(悲願)과 약사여래, 아미타불, 미륵불의 구제가 모두 부처님의 손길인 것이 이 때문이다. 이 세상은 예토, 욕심으로 물든 더러운 땅. 그래서 욕심이 없고 고통이 없고 근심이 없는 맑고 깨끗한 부처님의 나라 정토(淨土)에 왕생(往生)할 것을 권한다. 난파당한 뱃사람을 위해 열반이라는 피안(彼岸)에 장명등(長明燈)을 밝힌 것이다. 그래도 세계는 끝이 없고 중생은 다함이 없어 수많은 부처님이 출현한다. 석가모니부처님이 못다한 구세의 염원, 그 염원을 위해 미래의 부처님 미륵불에게 바톤을 넘기는 이유가 여기에 있다. 그리하여 미래세에 미륵불이 이 사바세계에 출현하여 중생들을 다시 구제할 것이라는 예언으로 사람들은 안심하고 정진한다. 미륵신앙이 불교의 중요한 구원신앙이 되고 희망의 신앙이 되는 까닭이 또한 여기에 있다. 미륵불의 출현, 미륵불의 교화, 그것의 의미는 무엇인가. 또 이 미륵신앙의 역사적 전개에 따른 용화향도의 희망과 절망은 어떤 것이었던가. 그리고 용화세계의 도래를 대비하는 수행이 어떤 것인지 등에 대해 살펴보기로 한다.

미륵신앙의 소의경전(所依經典)에는 《관미륵상생도솔천경(觀彌勒上生兜率天經)》, 《미륵대성불경(彌勒大成佛經)》, 《미륵하생성불경(彌勒下生成佛經)》, 《미륵래시경(彌勒來時經)》, 《미륵하생경(彌勒下生經)》 등이 있다. 이들 경전 중에서도 《상생경》, 《성불경》, 《하생경》을 미륵삼부경(彌勒三部經)이라고 하는데, 미륵신앙의 중요한 근거를 마련하고 있다.

미륵은 중인도 바라나국의 대바라문 바바리의 집에서 태어나 석가여래의 제자가 되어 교화를 받았다. 그는 석가불로부터 미래세에 성불하리라는 수기(授記)를 받고 도솔천(兜率天)에 상생(上生), 천인(天人)들을 교화하고 있으며 먼 미래세 사바세계에 하생(下生)하여 중생들을 교화할 미래의 부처님이라고 한다. 미륵신앙은 《상생경》에 바탕을 둔 미륵상생신앙(彌勒上生信仰)과 《성불경》 및 《하생경》에 의한 미륵하생신앙으로 구별되고, 때로는 미륵신앙의 공덕사상이 강조되기도 하였다.

《상생경》에 의하면 부처님은 그의 제자 미륵이 도솔천에 왕생할 것이라고 했다. 미륵보살은 56억만년을 이곳 도솔천에서 설법, 교화한 뒤에 다시 사바세계에 하생하여 성불할 것이라고 한다. 계속해서 이 경에서는 도솔천에 왕생하여 미륵보살의 제자가 되기를 염원하는 이가 잘못을 참회하고 불·법·승 삼보에 귀의하여 계를 지키고 보시를 행한다면 반드시 그 염원이 이루어질 것이라고 한다. 결국 미륵상생신앙의 소의경전인 《관미륵상생도솔천경》은 미륵보살이 도솔천에 상생하여 중생들로 하여금 보리심을 일으키도록 권하는 것을 관(觀)하는 내용으로 되어 있다. 이 경의 의취가 사람들로 하여금 생천(生天)하여 영원히 후퇴함이 없게 하려는 데 있다고 한 원효의 말도 이와 같은 의미로 해석된다.

욕계육천(欲界六天) 중의 제4천인 도솔천은 지족(知足)이라고 번역되는 하늘이다. 지나친 욕심의 세계에 익사하지도 않고 번뇌망상으로 방탕함이 없는 지경이기에 지족인 것이다. 그리고 도솔천의 아름답고도 화려한 장엄은 곧 십선(十善) 수행의 과보요, 그 공덕의 나타남이다. 원효는 이 경의 종(宗)은 관행인과(觀行因果)에 있다고 보았다. '관'이란 고요히 생각하고 관찰하는 삼매다. '행'은 도솔천의 뛰어난 장엄과 미륵보살이 수행의 결과로 누리는 과보의 뛰어남을 관하는 것이다. 관은 행이 수반될 때 그 의미가 있다. 미륵보살을 경외(敬畏)하는 마음으로 이미 지은 죄를 참회하는 것과 미륵보살의 덕을 우러러 받들고 믿는 것, 그리고 탑을 닦고 마당을 쓸며 향과 꽃을 공양하는 등의 일이 행이다. 이 관과 행이 합쳐 뿌리가 되었을 때, 그 공덕의 나무는 싹이 돋고 줄기가 솟아 무성한 잎은 서늘한 그늘을 만들며 꽃이 피고 열매를 맺게 된다. 이것은 곧 지은 죄를 소멸하고 악도와 삿된 견해에 떨어지지 않을 뿐만 아니라, 도솔천에 상생하여 무상도(無上道)에 올라 물러남이 없음을 비유한 것이라고 원효는 풀이한 적이 있다. 이것이 미륵상생신앙의 의미다. 역사적으로는 미륵정토와 미타정토에 왕생하는 그 어렵고 쉬움과 도솔천과 극락세계의 좋고 못함에 대해 논의한 적이 있다. 그러나 이러한 논의는 뚜렷한 의미가 없다. 미륵정토나 미타정토는 다 같이 이상적인 불국토이기 때문이다.

석가모니부처님이 입멸한 후 56억 7천만 년이 지나면 미륵불이 이 사바세계에 출현할 것이다. 그때의 이 세계는 이상적인 국토로 변해 있을 것이다. 땅은 유리와 같이 평평하고 깨끗할 것이며 꽃과 향으로

뒤덮여 있다. 인간의 수명은 8만 4천 세나 되며 지혜와 위덕이 갖추어
져 있고 안온하고 기쁨에 차 있다. 이 세계에 케투마티이(Ketumati :
鷄頭末)라는 성(城)이 있고 상카(Sankha)라는 전륜성왕이 정법(正
法)으로 나라를 다스릴 것이다. 이 나라에는 수없는 보배들이 길거리
에 즐비하지만, 사람들은 이 보배를 손에 들고 "옛 사람들은 이것 때
문에 서로 싸웠지. 그러나 오늘날은 이것을 탐하거나 아끼는 사람이
없게 되었다."고 할 것이다. 이같이 아름다운 세상에 미륵이 태어난
다. 수범마와 범마월을 그의 부모로 하여 미륵은 출가하여 용화수(龍
華樹) 밑에서 성불한다. 그리고 미륵불은 3회에 걸쳐 사제(四諦)와 십
이인연(十二因緣) 등의 진리를 설한다. 그리하여 1회에는 96억 인이,
2회에는 94억 인이, 3회에는 96억 인이 각기 아라한과를 얻을 것이다.
이것이 용화삼회(龍華三會)의 설법이다. 중생을 교화하여 그들이 진
리에 눈을 뜨게 하기를 6만 년, 그 후 미륵은 입멸할 것이다.

  이상은 《성불경》 및 《하생경》의 미륵하생에 대한 대체적인 줄거리
다. 그런데 문제는 어떻게 하면 미래에 도래할 이상적인 불국토 용화
세계에 태어날 수 있을까 하는 것이다. 이에 대해 경에서는 경률론의
삼장을 독송하거나, 또 옷과 음식을 남에게 보시하거나, 아니면 지혜
와 계행을 닦아 공덕을 쌓거나, 부처님에게 향화를 공양하거나, 고통
받는 중생을 위해 깊은 자비심을 내거나, 인욕과 계행을 지켜 깨끗하
고 자비로운 마음을 기르거나, 절을 세워 설법하거나, 탑과 사리를 공
양하며 불의 법신(法身)을 생각하거나, 다투는 사람들을 화해시켜 주
거나 하는 등등의 공덕으로 용화회상에 태어날 수 있다고 한다. 결국
미륵하생신앙은 미륵불이 출현하는 국토의 풍요로움과 안락함에 대해
설함으로써 중생으로 하여금 죄악의 종자와 모든 업장과 번뇌의 장애
를 끊고 자비심을 닦아서 미륵불의 국토에 나도록 하는 것이다.

  원효는 《미륵삼부경》을 교판하여 《상생경》에 의한 상생신앙은 중
근기(中根機)의 신앙이고, 《성불경》《하생경》 두 경에 의한 하생신앙

은 하근기(下根機)를 가진 사람들의 신앙이라고 구별한 바 있다. 그러나 원효는 "옷을 기울 때는 짧은 바늘이 필요하지 긴 창은 소용없으며, 비를 피하기 위해서는 우산이 필요하지 온 하늘을 덮는 것은 소용없다. 그러기에 작다고 가볍게 볼 것이 아니고 그 근기에 따라서 크고 작은 것이 다 보배"라고 결론지었음에 주목할 필요가 있다. 상생신앙이건 하생신앙이건 미륵의 공덕을 생각하며 보리심의 뿌리를 키워 꽃 피우게 하려는 데는 같은 의취가 있기 때문이다.

부처님의 교설은 달을 가리키는 손가락일 경우가 많다. 다시 말해서 상징적 의미를 내포하고 있다. 사람에 따라 달을 보지 못한 채 손가락에 눈길을 주고 있거나 그림자에 매달리는 경우가 있다. 필자는 《미륵삼부경》의 교설 또한 다분히 상징적인 표현으로 되어 있다고 생각한다. 이 때문에 글자 뒤에 숨어 있는 의취를 파악할 필요가 있다. 물론 그 상징을 잘못 해독했을 때는 글자대로 읽어가는 것보다 더 심한 오류를 범할 위험이 있음을 감안해야 한다.

미륵불이 출현하는 그 풍요롭고 아름다운 유토피아가 도래하는 시기에 대해서는 경전에 따라 다른 설들이 있지만, 대체로 56억 년 이상이나 기다려야 하는 것이다. 그 긴 시간의 단위가 무엇을 의미하는 것인지 잘 모르겠지만, 미륵불이 미래세계의 교화를 맡은, 또 석가여래의 바톤을 이어받을 미래의 부처님이라고 하는 사실은 확실하다. 여기에 미륵신앙이 미래의 희망으로 나타나게 되는 근거가 마련된다. 그러나 세월이 흐른다고, 아니 그 아름다운 세계가 도래한다고 해서 모든 중생들이 다 그 세계에 나는 것은 아니다. 십선법(十善法) 등의 수많은 공덕을 닦은 결과로 태어날 수 있는 것이다. 사실 아름답고 풍요로운 유토피아는 수많은 공덕이 모여서 이룩되는 장엄의 표현이기도 한 이유가 여기에 있다. 미륵불이 끝없는 공덕을 닦아 도솔천에 상생하듯이 중생 또한 끊임없는 정진과 수행에 의해 미륵불을 만날 수 있는 것이다. 상생과 하생은 도솔천이나 용화세계에 태어난다는 의미로도 해석되지만, 그러한 지경에 살게 된다는 뜻이기도 하다. 도솔천이나 용화세계가 《법화경》에서 말하는 화성유(化城喩)와도 같은 것인지는 몰라도 그것이 매력적이고 이상적인 유토피아의 세계에 대한 묘사임에는 틀림이 없다. 이것이 미륵신앙이 유토피아적 신앙으로 등장하는 이유이기도 하다. 조난당한 사람들에게 저 언덕의 등불은 분명 희망의 등대임에 틀림없다.

(2) 미륵신앙의 한국적 전개

미륵신앙은 불멸 후 100여 년이 지나면서부터 싹트기 시작했고, 약 200년경부터는 상당히 성행했다. 불멸 후 900년경, 무착(無着)에 의해 그 사상 체계가 확립된 이 신앙은 북위시대에 중국으로 전파되었고 그 후 수·당시대 이후로 널리 유포되었는데, 특히 법상종(法相宗)이 성립된 뒤로 더욱 성행했다. 우리나라의 미륵신앙 또한 불교 수용 초기로부터 오늘에 이르기까지 꾸준히 계승되어 오고 있다. 많은 수의 미륵불상이 조성되었던 것도, 미륵·용화·도솔 등의 용어가 지명이나 절 이름에 흔히 쓰였던 것도, 모두 이 때문이었다. 시대적·사회적 변화에 따라 미륵의 모습이 변했고 신앙 형태 또한 때로는 지배층의 정치적 목적과 손잡기도 했고 때로는 민중의 희망으로 신앙되기도 하면서 전개되었다.

① 삼국시대

이 시대 미륵신앙의 유행은 많은 미륵반가사유상이 조성되었던 것으로 알 수 있다. 고구려에서는 죽은 어머니가 미륵삼회에 참석할 수 있기를 발원하면서 미륵불상을 조성했던 적이 있다. 백제 사회에 미륵신앙은 널리 유포되어 있었다. 성왕은 미륵불상을 일본에 전해 주기도 했고 이때에 미륵불광사가 세워지기도 했다. 무왕 때에는 삼국 제일의 대가람 미륵사가 창건되었다. 용화산 밑의 못에서 미륵삼존이 출현했었다는 이 절에 얽힌 설화는 하생신앙을 반영하고 있다. 이 설화를 미륵사가 왕실의 원찰이었다는 사실과 관련지어 보면, 여기에는 다분히 정치적인 의도가 엿보이기도 한다.

신라 최초의 사찰 흥륜사에도 미륵불상이 모셔져 있었다. 진평왕 때의 승려 진자(眞慈)는 이 미륵상 앞에서 미륵불이 화랑으로 현신, 세상에 출현해 줄 것을 발원했다. 그 결과 진자는 미륵의 화신인 미시라는 화랑을 만나 미륵선화로 받들었다고 한다. 화랑과 미륵신앙과의 연관성을 시사해 주는 이 설화는 미륵이 출현하는 이상세계를 신라 사회에 구현하고자 했던 욕구를 보여주는 것이기도 하다. 화랑 김유신이 그의 낭도를 용화향도(龍華香徒)로 불렀다거나 죽지랑의 탄생 설화 등에도 미륵하생신앙의 영향이 보인다. 이처럼 화랑의 미륵신앙은 지배층의 합목적적인 의도와 민중의 구원론적 이상이 합일된 데 그 특징이 있기도 한 것이다.

② 통일신라시대

이 시대에는 전반적인 불교학의 발달에 따라 《미륵삼부경》에 대한 학문적 연구가 깊이있게 진행되어 원효, 원측, 경흥, 의적, 태현 등이 남긴 《미륵경》에 대한 연구가 약 12종 19권에 이르렀다. 이는 미륵신앙의 신라적인 변용에 밑거름이 되었다. 그리하여 수행을 통해 미륵불로 현신성도(現身成道)했다는 설화를 비롯한 월명의 도솔가, 충담의 미륵불상에의 차(茶)공양, 태현이 용장사의 미륵불상을 돌 때면 미륵상이 따라서 얼굴을 돌렸다는 설화, 김지성이 돌아가신 부모를 위해 미륵상을 조성했다는 등의 많은 미륵신앙에 관한 자료가 남아오고 있는 것은 이 신앙의 폭넓은 유포를 말해 준다고 하겠다. 경덕왕 때의 진표는 가장 열렬한 미륵신앙자로 피나는 수행을 통해 미륵으로부터 훗날 도솔천에 태어날 것이라는 수기를 받기도 했고, 그가 창건한 금산사는 현재까지도 미륵신앙의 대표적 도량이 되고 있다. 사회가 혼란하던 후삼국시대에는 미륵불을 자칭하는 인물이 등장했는데 그가 곧 궁예다. 그가 미륵불 행세를 한 배경에는 새로운 시대의 도래를 희구하던 민중들의 인심을 자기 쪽으로 끌어들이려 했던 정치적 계산이 있었겠지만, 그가 결코 미륵불이 아니었음은 물론 정법으로 다스리는 전륜성왕도 못 되었다.

③ 고려시대

개경의 미륵사 공신당(功臣堂)에서 해마다 법회를 열어 명복을 빈 것은 태조 때부터의 일이다. 관촉사, 금장사, 도솔사, 현화사 등의 주불은 미륵불이었다. 이 중에서도 광종 때에 창건된 관촉사의 미륵불상은 이 시대의 대표적 불상이고 현종이 모후의 원찰로 창건한 현화사는 고려 중기의 대표적 교단인 법상종의 중심 도량이었다.

여말 선초, 불안했던 민간에는 이상세계인 용화세계에 대한 희구가 절실했다. 용화삼회에 참석, 미륵불에게 향을 공양할 수 있기를 발원하며 향목(香木)을 해변에 묻는 특이한 신앙 풍속이 행해지고 있었다. 삼일포, 정주, 사천, 해미, 암태도 등지에서 발견된 매향비(埋香碑)는 향목을 묻은 기록이다. 향나무를 매몰하면서까지 용화세계의 도래를 고대하고 있던 민중의 소박한 신앙을 현혹하면서 또 한번 자칭 미륵불이 등장했다. 곧 우왕 때의 이금(伊金)이다. 그가 "나는 곡식이 열리게 할 것이다."고 했을 때 많은 민중들은 그 말을 믿었고 그를 따랐다. 그러나 이금 또한 고통받는 민중을 구제할 미륵불은 아니었고 민중들을 우롱하다 처형당한 한낱 사이비였다.

④ 조선시대

이 시대에 조성된 미륵불상이 상당 수 전해지고 있다. 따라서 이 시대에도 미륵신앙은 여전히 계승되고 민중들이 희망의 종교로 믿었을 것임에 틀림없다. 그러나 그 자세한 것을 알게 해줄 문헌자료는 빈약하다. 다만, 숙종 14년(1688)에 미륵신앙자들이 일으킨 사건, 소위 요승여환지옥(妖僧呂還之獄)은 당시 기층사회에 행해지던 미륵신앙의 성격을 이해하는 데 도움이 된다.

승려 여환은 그의 아내인 환향, 무녀인 계화, 아전이었던 정원태, 그리고 황회를 규합, "석가불이 다하고 미륵불이 세상을 주장하게 될 것"이라고 양주군 청송면을 중심으로 미륵신앙을 폈는데, 그들을 따르는 무리가 황해도, 강원도 등지에까지 퍼졌다. 여환은 "이제부터 용이 아들을 낳아 나라를 다스릴 것"이라고 하면서 아내를 용녀부인이라고 부르고 능히 변화가 불측하다고 퍼뜨렸다. 정씨인 여자무당 계화는 정성인(鄭聖人)이라고 하여 민중들을 유혹하는가 하면, 괴이한 글을 지어 "7월에 큰 비가 와서 도성이 무너질 것"이라고 하면서 미륵신자들에게 장검과 군복을 정비시켰다. 그리고 이들은 큰 폭우로 도성이 무너질 때 입성(入城)할 계획을 세우고 7월 13일에는 무기를 갖춘 많은 신도들을 양주 대전리에 모았다. 무장한 신도들을 양주에 남겨둔 여환 등 10여 명은 15일에 상경, 비가 올 것을 기다려 대궐을 침입하기로 했다. 그러나 이들이 예언했던 날이 되어도 비는 오지 않았다. 이에 하늘을 우러러 아직은 공부가 이루어지지 않아 하늘이 아직 응하지 않았다고 탄식하면서 16일에 양주로 돌아갔다. 보름 정도가 지난 후 이 사건이 조정에 알려져 여환 등 그 주동자 수 명이 처형됨으로써 이들의 허망한 꿈은 부서졌다.

이들의 미륵신앙에는 민간신앙인 용신앙이 관련을 맺었고, 무당들이 이에 적극 참여하고 있었으며 이들을 따랐던 사람들의 대부분이 하층의 민중이었다는 특징을 보인다. 불안하고 어두운 사회, 흉년과 질병으로 고통받던 민중에게 새로운 세계의 도래를 기약하는 미륵신앙은 소박하고 막연한 기대감을 자극할 수 있었던 것 같다. 그리하여 이들은 미륵이 출현하여 이상사회가 구현될 것이라고 믿었고, 초월적인 천재변이가 그 이상세계를 가져다 줄 것으로 기대했던 것이다. 그러나 그 풍요로운 용화세계는 끝내 오지 않았고, 민중은 다시 한번 절망을 경험했다.

⑤ 신흥종교와 미륵신앙

불교계에서 분파된 신흥종교 중에는 미륵신앙을 그 교리 속에 수용한 경우가 많다. 증산교 계통과 용화교가 그 대표적 예다. 증산(1871~1909)은 평소 "나는 곧 미륵이니 나를 보려거든 금산사 미륵을 보라."고 했다. 이에 따라 증산의 제자들은 금산사를 중심으로 후천세계(後天世界)를 주재하려는 노력을 기울이게 되었다. 증산의 제자 김형열은 한때 금산사 내에 미륵불교라는 한 교파를 세우고 이 절의 미륵불을 증산의 영체로 신봉하기도 했다. 그 후에도 미륵계를 조직하고 금산사의 미륵불을 신앙하는 활동을 계속했다. 서백일이 설립한 용화교는 금산사를 본거지로 삼아 한때 교세를 떨치기도 했다. 교주가 피살된 후 교세는 위축되었지만, 금산사 주변의 용화동에는 아직도 용화교를 신봉하는 사람들이 살고 있다. 이처럼 금산사 미륵전을 중심으로 찾아들었던 대부분의 사람들은 증산교 계통의 신흥종교 신도들이었다. 이들의 미륵신앙은 불교 본래의 미륵신앙과는 다른 형태로 전개되었고 이상세계에 대한 막연한 기대감이 깔려 있는 것이다.

⑥ 한국 미륵신앙의 특징

우리나라의 미륵신앙은 하생신앙이 주가 되었다. 그리고 미륵불이 출현한다는 56억 년 운운의 긴 시간은 문제되지 않았다. 미륵신앙의 신라적 변용이 용화세계의 그 이상세계를 신라 사회에 구체적으로 역사화시키고자 했던 것이기 때문이다. 삼국시대 및 통일신라시대에 만들어졌던 미륵반가사유상은 분명 뛰어난 걸작품이다. 한쪽 다리를 무릎 위에 올려 놓고 오른쪽 손의 한 손가락을 볼에 살짝 댄 채 긴긴 세월을 깊은 사색에 잠겨 있는, 흔히 희망찬 소년의 얼굴을 하고 잔잔한 미소를 담은 평화로운 모습에서 그 시대에 살았던 사람들의 미륵신앙으로 도달할 수 있었던 평온과 미래의 이상세계를 향한 꿈을 엿본다. 그 시대의 지배계층이 자기들이 다스리는 사회를 전륜성왕이 다스리는 그 아름다운 계두말성으로 풀이하려 한 흔적이 있다고 해서 반드시 부정적으로 평가될 것만은 아니다. 물론 이것이 민중에 대한 정치적 기만이었다면 문제는 다르지만, 미륵불의 출현을 대비하는 정법에 의한 정치를 향한 꿈까지 무시될 수는 없기 때문이다. 하나 분명한 사실은 신라시대에는 미륵경에 대한 이해를 돕기 위한 노력이 있었다는 점이다. 신라 말 이후의 미륵신앙은 주로 민중이 선호했다. 고려 및 조선시대에 만들어진 미륵불상의 그 세련되지 못한 얼굴에서 투박한 민중의 모습을 떠올릴 수 있는 까닭이 여기에 있다. 민중이 고통과 수탈이 없는 이상세계의 도래에 기대를 건다는 것은 당연한 희망이었다. 그러나 그들의 소박한 꿈과 신앙을 건전하게 이끌어 줄 종교적 지도자는 나타나지 않고 민중을 절망케 하고 우롱하는 자칭 미륵불이 출현한 것은 미륵신앙이 더욱 속신화하고 사교화하는 데 부채질을 한 격이었다. 하지만 민중의 미륵신앙이 소박하고 막연한 것이었다고 해서 새로운 사회에 대한 희구마저 무시될 수는 없는 법이다. 건전한 미륵신앙의 전개를 위해서는 미륵경에 대한 보다 깊이 있는 이해와 연구를 축적하고 용화세계의 도래를 착실히 준비하는 것이다.

(3) 미륵불은 출현할 것인가?

미륵불은 과연 출현할 것인가? 분명 미륵불은 오리라. 중생이 목말라 기다릴 때 구세주 미륵불은 오리라. 핵폭발의 위험이 사라지고 전쟁의 포성이 멎고 이 지구에 굶주리는 자가 없을 때, 기후는 순조롭고 대기오염이 사라질 때, 무서운 질병은 소멸하고 더 이상 사람들이 보배로 인해 다투지 않아도 좋을 때, 그때면 미륵불은 오리라. 우리들의 가슴 속 무명의 먹구름이 걷히고 무거운 욕망의 굴레를 벗어던질 때, 그리고 분노의 불길이 사라질 때, 그때면 미륵불은 우리들 가까이 있으리라. 정의가 살아 있고 윤리가 행해지며 참다운 진리의 음성이 사람들의 가슴을 울릴 때면 미륵불은 오리라. 살생이 사라지고 도적이 자취를 감추며, 불륜이 없고 거짓말이 없고 이간질하지 않으며, 험한 악담이 들리지 않고 번지르르한 말들이 꼬리를 감추며, 탐욕과 분노의 불길이 사라지며, 삿된 견해와 주의주장이 난무하지 않는 아름다운 세월이 오면 미륵불은 오리라. 모두가 평등을 누리고 모두가 자유를 향유하며 모두가 평화를 사랑할 때, 그때면 미륵불은 오리라. 냇물은 맑고 도로는 깨끗하며 하늘은 푸르고 금잔디 고울 때, 그때면 미륵불은 오리라. 초월적인 권능과 영웅적인 모습으로 나타나지는 않으리라. 교만을 코끝에 달고 사는 이의 눈에는 미륵불의 모습이 비치지 않으리라. 철판을 깐 배짱으로 부끄러워할 줄 모르고 참회할 줄 모르는 이의 눈에도 보이지 않으리라. 부지런히 수행하고 정진하는 자만이 용화세상에 태어날 수 있듯이 미륵불을 맞을 준비가 된 사람이라야 만날 수 있으리라. 절망하지 않고 희망으로 고대하는 사람만이 만날 수 있으리라.

6. 개화당(開化黨) 형성의 불교사상적 배경

(1) 개화당의 형성과 불교의 영향

1870~80년대 진보적인 정치가와 사상가들은 한국의 개화 문제를 심각하게 논의했다. 개화를 주장한 사람들 중에는 그 방법상의 문제로 전통적인 체제를 유지하면서 점진적으로 개화를 이룩해야 된다는 온건론과 나라의 모든 체제를 전면적으로 개혁해야 된다는 20·30대 청년 지식층을 중심한 급진론의 둘로 나뉘었다.

이 때문에 1880년대의 개화 문제를 옳게 파악하려면 이 두 파를 함께 살펴야 한다. 개화사 연구에 가장 많은 업적을 남기고 있는 이광린(李光麟)은 《한국개화사연구》에서 온건개화파의 사상과 활동을 밝히고, 《개화당연구》에서 개화당의 형성과 유대치(劉大致), 이동인(李東仁), 갑신정변 등의 성격을 분석하여 유대치, 이동인, 오경석, 김옥균과의 관련과 갑신정변을 근대 민족주의운동으로 파악하고 있다.

김옥균을 중심으로 하여 급진적인 개혁을 주장했던 개화당은 비록 그 존속 기간이 짧았지만, 당시 한국 사회에 끼친 영향은 크고 특히 전통적인 양반정치 체제를 타도하고 근대민족국가를 이룩해 보려 했던 계획은 주목할 만한 것이다. 이광린에 의하면 개화당 형성의 사상적 배경에는 불교사상의 영향이 지대한 것으로 지적되고 있다. 그럼에도 불구하고 구체적으로 불교사상의 어떤 것이 영향을 준 것인지에 대해서는 아직 밝혀지지 않고 있다. 이는 이광린이 밝혔듯이 관계 사료의 부족에 그 일차적 원인이 있는 것 같다. 이에 본 소고에서는 개화당의 형성과 불교의 영향에 대하여 살펴보고자 한다.

개화당은 선각자 박규수(朴珪壽 : 1831∼1877), 오경석(吳慶錫 : 1831∼1879), 유대치(劉大致 : 1831∼?)의 영향을 받은 김옥균(金玉均) 등의 젊은이들이 중심이 되어 신분의 구애없이 사회의 각계 각층이 참가하여 1879년에 조직한, 근대적인 성격을 띤 정치 집단이다. 김옥균, 박영효(朴泳孝), 박영교(朴泳敎), 홍영식(洪英植), 서광범(徐光範) 등이 처음으로 개화사상에 접하게 된 것은 박규수의 영향 때문이었다. 그러나 그들이 박규수의 지도를 받을 수 있었던 기반은 박규수가 우의정에서 물러난 1874년 11월로부터 별세한 1877년 2월까지 2년 남짓밖에 되지 않는다. 박규수가 별세한 뒤 김옥균 등은 오경석과 유대치의 영향을 받았다. 1879년 10월 오경석이 별세한 뒤 이들은 전적으로 유대치의 지도를 받았다. "세상에서 개화당으로 지목하는 이는 대개 대치의 문인을 이름하였다."고 할 정도로 유대치가 개화당 요인에게 끼친 영향은 지대했다.

중인 신분의 유대치는 변변한 벼슬은 못했지만 당시 지식인들 사이에서 백의정승(白衣政丞)의 이름을 얻을 정도로 뛰어난 경세가였고 개화사상가였으며 탁월한 불교사상가이기도 했다.《김옥균전》에는 유대치에 대해서 다음과 같이 기록하고 있다.

대치(大致)선생은 원래 역관(譯官)의 집에서 태어났으나 의(醫)를 업으로 하였고 깊이 불교를 믿어 도는 높고 품성은 청백하였다. 학문으로서는 사학에 조예가 깊어 조선 고금의 역사에 통달하였다. 변설은 유창하였고, 신체는 장대, 홍안백발, 항상 생기에 넘쳐 행동하였다.

유대치는 가까이 교유하고 있던 역관 오경석을 통해 중국에서 간행된 신서를 읽음으로써 폭넓은 개화사상을 터득하고 있었고, 특히 그의 불교에 대한 이해는 깊고 신앙은 돈독했다. 특히 유대치의 불교사상이 개화당 요인에게 끼친 영향은 주목되어 마땅하다. 이 점에 관해 이능화(李能和)는 개화당 요인들이 유대치를 통하여 불교를 배우고 불교로부터 지혜를 얻어 혁신을 결심하게 되고 더욱 불교의 이치를 세상에 응용코자 갑신정변을 일으키게 된 것이라고 했다.

유대치는 김옥균에게 불교의 연구를 권한 바 있다. 즉《김옥균전》에서,

김옥균이 유대치로부터 배운 사상의 감화 외에 특기해야 될 것은 대치의 불교신앙의 일사(一事)이다. 대치는 조선 학사들이 의례에는 능하면서도 도념(道念)에는 관심이 적음을 개탄하여, 김옥균에게 권하여 불교를 연구케 하였다.

라고 한 것이 그것이다. 이로부터 김옥균은 일생 동안 불교에 심취했고, 그 영향은 박영효 등에까지 파급되었다. 박영효의 회고담 중에,

김옥균과 나와 먼저 사귄 것은 불교 토론으로요, 김옥균은 불교를 좋

아해서 불교 이야기를 했는데, 나는 그것이 재미가 나서 친하게 되었소. 그때에 김옥균은 27세, 나는 17세였소.

라고 했는데, 이로써 김옥균이 박영효 등에게 끼친 불교적 영향을 짐작해 볼 수 있다.

유대치로부터 불교사상을 접한 개화당의 요인은 김옥균 외에도 많다. 앞에 인용한 《조선불교통사》에 보이는 서광범(徐光範), 박춘배(朴春培), 박영효(朴泳孝), 이종원(李淙遠), 이정환(李鼎煥), 박제동(朴齊絧), 오경석(吳慶錫), 오경윤(吳慶潤), 오경림(吳慶林), 김영한(金永漢), 김영문(金永汶), 한세진(韓世鎭), 이희목(李熙穆) 등이 모두 유대치를 따라 도를 물었던 사람이다. 박영효, 김옥균, 서광범 등은 개화당의 중심 인물로 갑신정변을 주도한 사람들이고, 그밖의 인물들도 모두 1880년대 및 1890년대의 개화파로 정계에서 크게 활약했고, 이 중의 몇 사람은 저서도 남기어 당시 사회에 영향을 주었다. 특히 농공상부, 농무국장, 공주관찰사를 역임하고 《농담(農談)》이라는 농서를 저술한 이종원은 그의 호를 유대치의 호인 여여(如如)에서 따와 수여(隨如) 즉, 유대치를 따른다고 할 정도로 그의 불교 신앙은 유대치로부터 많은 영향을 받고 있었다.

이 외에도 승려의 몸으로 유대치의 집을 출입하고 그의 지도를 받은 사람이 있으니 범어사 출신의 이동인(李東仁), 백담사 출신의 탁정식(卓挺植), 환속한 차홍식(車弘植)과 김정모(金正模) 등이 그들이다. 탁정식은 김옥균과 단 한번 만나 지기를 서로 합하여 개화당의 멤버가 되었고, 밀항으로 도일하여 서양인으로부터 화약을 구입해 들여 갑신정변을 돕기도 했고, 일본에 머무는 동안은 신호(神戶) 주재 영국공사 W.G.Aston에게 한국어를 가르치면서 외교활동을 벌였던 인물이다. 차홍식은 서울 조계사 출신의 승려로 김옥균을 따라 일본에 갔다온 일이 있고, 갑신정변에 참가했다가 희생당한 인물이다. 당시 30세

전후의 이동인은 유대치의 권유와 김옥균, 박영효 등의 부탁으로 1879년 6월 일본 승려의 안내를 받고 밀항했다. '세계를 돌아보고 조선을 개화시키고자' 하는 열망 때문이었다. 그의 활동을 다음의 몇 가지로 요약해 볼 수 있다.

첫째, 발달된 서양 문물을 국내에 소개한 일이다. 그는 일본에서 유럽의 건물이나 그밖에 흥미있는 사진들을 많이 구해 국내에 가져왔다. 외국 문물의 거대함을 국내인들에게 확신시키기 위함이었다. 김옥균 등이 서재필과 함께 이동인이 묵고 있는 봉원사로 갔을 때, 세계 여러 나라의 도회지 및 군인의 모습 등을 담은 사진을 보여주었고, 그 후 봉원사는 개화파의 온상이 되었다. 1880년 8월 일본 동경에서 만난 수신사 김홍집(金弘集) 일행과 더불어 귀국한 9월에 민영익(閔泳翊)에게 소개되었고 국왕을 알현하여 일본의 국정과 세계 각국의 정세에 대해 상주하고 국왕의 총애까지 받을 수 있었다.

둘째, 외교 활동이다. 1880년 10월 6일 이동인은 탁정식과 함께 국왕으로부터 동경에 있는 하여장(何如章) 공사(公使)를 만나 대미 교섭의 사명을 받고 다시 일본으로 가서 이를 수행했고, 한 달 동안 동경에 머물면서 영국의 외교관 Ernest Satow와 친교를 맺기도 했다. '러시아의 남하를 막고 개화를 위해 영국을 이용하려 했던' 때문이었다.

셋째, 외교 담당기관인 통리기무아문이 설치되자 이동인은 이제마(李濟馬)와 함께 참모관에 임명되었다. 고종 18년(1881) 2월 5일의 일이었다. 그는 곧 신사유람단을 일본에 파견하는 일을 추진하고 유길준(兪吉濬), 윤치호(尹致昊) 등의 유학생을 보내는 일도 계획했다.

넷째, 1881년 3월 9일 이동인은 신사유람단의 향도와 일본으로부터의 무기 및 군함의 수입 가능성을 타진하는 임무를 띠고 곧 일본으로 출발하라는 국왕의 명을 받았는데, 이 무렵 그는 행방불명이 되고 말았다. 김홍집 등에 의해 모살되었을 것으로 추측하고 있다.

이동인의 혁신적 활동 기간은 1880년 7월부터 다음해 3월까지 불과

8개월밖에 되지 않지만, 개화사상의 주입이나 개화당 성립 등 그들의
활동에 많은 영향을 끼쳤다.

이상에서 우리는 유대치를 비롯한 김옥균, 이동인 등 개화파 요인
들의 불교사상적 영향을 살펴보았다.

(2) 불교의 개혁사상

불교사상이 개화당의 형성에 지대한 영향을 끼쳤다면 구체적으로
불교의 어떤 사상이 이들의 개혁적인 사상을 형성하게 했을까 하는
의문이 생긴다. 이 문제에 접근하기 위해서 불교의 평등사상, 선사상,
파사현정(破邪顯正) 등에 대하여 차례로 약술하고자 한다.

개화당은 양반뿐만 아니라 중인, 무반, 승려 등 신분의 구애없이 구
성되어 있었다. 이들에게는 이미 신분의식 같은 것은 없었는지 모른
다. 귀족 중의 한 사람이 이동인의 하인 노릇을 하면서까지 일본으로
수행해 갔던 일이 있다. 비록 형식적이었다고는 하지만, 이동인은 당
시 천민 대접을 받던 승려 신분이었다고 하는 사실을 감안하면 결코
쉬운 일은 아니었을 것이다. 그리고 개화당이 갑신정변을 일으키고 공
포한 정강(政綱) 14조 중 제2조에는 문벌을 폐지하고 인민평등권을
제정할 것이 포함되어 있다. 뿐만 아니라 김옥균이 정변에 실패하여
일본에 망명한 뒤에 상소한 글 중에는 심지어 "양반을 없애버려야 나
라가 잘 된다"고까지 주장하고 있다. 이 점에 대해 이광린은 "김옥균
등이 양반이면서 양반 존재를 부정하는 데 서슴지 않았던 것은 실로
혁명적인 생각으로 보고, 그들의 이와 같은 정신은 불교의 사해평등
(四海平等) 사상에서 연유된 것은 아닐까." 라고 했다. 경청할 만한
지적이라고 생각된다.

카스트제도가 지배하던 당시의 인도사회에서 붇다는 인간은 본질적
으로 평등한 존재임을 선언하여 대담하게 도전했다. 한용운은 《조선
불교유신론(朝鮮佛敎維新論)》에서 불교의 주의를 논하는 중에 평등주

의를 내세웠다. 이처럼 평등사상은 불교사상의 기본적인 터전 중의 하나인 것이다.

이능화는 "개화 인사들이 선도(禪道)를 공부하여 지혜로운 사려를 얻게 되고 불교의 도리를 사회에 직접 응용하여 혁신을 도모코자 갑신정변을 일으켰다."고 보았다. 유대치가 '도념(道念)' 운운했던 경우나 김옥균이 선학에 몰두했다고 한 것으로 보면, 불교의 선사상이 크게 영향 주었다고 하는 것은 타당한 지적이라고 생각된다.

후기 실학사상과 초기 개화사상이 이어지는 시기의 불교계에서는 백파(白坡 : 1767~1852)와 초의(草衣 : 1786~1866)로 비롯된 선지(禪旨)의 논쟁이 설두(雪竇 : 1824~1889), 우담(優曇 : 1822~1881), 축원(竺源 : 1861~1926)에 이어지면서 계속되었다. 그리고 초의와 교유하던 정약용(丁若鏞 : 1762~1836), 신위(申緯 : 1769~1847), 권돈인(權敦仁 : 1783~1859), 홍석주(洪奭周 : 1774~1842), 김정희(金正喜 : 1786~1856) 등 불교에 관심을 표명한 유학자들도 있었다. 이처럼 이 시기에 이르러 선풍(禪風)은 다시 일어나고 있었던 것이다.

선은 정신 수양의 대명사다. 물을 맑게 하기 위하여 근원을 다스리듯 사람의 행사를 정돈하기 위하여 먼저 마음을 닦는 것이다. 선사상의 기본 논지는 부운(浮雲)이 아니고 태양 그 자체를 보는 것이다. 홍색을 볼 때 청색을 보던 인식으로 착각을 일으키지 않는 것이 진정한 시각이듯이. 이러한 선의 입장에 비친 유교의 형식주의, 그것은 뜬구름처럼 보였을 가능성도 없지 않다.

이광린은 개화당 요인들이 "불교의 부(否)의 논리에서 유교 지상주의 국가를 부정하려고 했을지도 모른다."고 하면서, "그 부의 논리는 전통을 파괴함으로써만 이루어질 수 있다고 주장한 한용운의 사상과 일맥상통하는 것"이라고 본 것은 경청해 볼 만한 견해지만, 부의 논리의 배경을 밝히는 노력이 없었던 아쉬움은 있다. 이 때문에 김영호는 이광린이 표현한 부의 논리를 현세부인의 의식으로 이해하고 불교가 개혁의 논리를 제공한다고 보기는 어렵다고 보았다.

　그러나 불교에는 강한 개혁의 논리가 있다. 파사현정이 곧 그것이다. 불교에서는 지혜의 완성이나 정각(正覺)의 증득(證得), 혹은 이상세계의 건설을 위해서 냉엄하고도 예리한 비판을 전개한다. 반야제경(般若諸經)의 부정의 논리를 통한 비판 활동은 대승불교를 선양하는 계기가 되었고, 용수(龍樹), 제바(提波), 라후라(羅睺羅)를 중심으로 한 중관파(中觀派)에서도 반야공관(般若空觀)을 계승하여 주로《중론(中論)》을 중심으로 팔불(八不)의 논법으로 모든 사견(邪見)을 비판하는 작업을 수행했다. 특히 중국에서 크게 번성한 삼론종(三論宗)은 파사현정을 대강령으로 내세워 비판 활동을 전개했다. 삼론종에서는 파사(破邪)가 곧 현정(顯正)이라고 주장했다. “파괴가 곧 유신의 어머니”라고 한 한용운의 부정의 논리는 파사현정과 같은 것이며, 개화당의 부정의 논리도 이와 무관하지 않을 것이다.

Ⅲ. 한국불교의 역사적 성찰

Ⅲ. 한국불교의 역사적 성찰

1. 불교인의 역사의식

　오늘 한국불교를 바라보는 세인들의 눈길에는 기대와 실망의 빛이 엇갈리고 있는 것 같다. 이 나라의 오랜 역사와 더불어 살아온 한국불교가 지금은 약간 침체되어 있다고 하더라도 그 빛을 완전히 잃어버린 것은 아닐 것이라는 은근한 기대와, 이미 한국불교는 그 역량을 잃고 있다는 실망이 그것이다. 이러한 두 가지 견해는 극단적이고도 성급한 결론이다. 과거에 빛을 발했다고 해서 내일도 반드시 그 빛을 발하리라는 기대는 막연한 것이며, 뿌리 깊은 나무가 바람이 분다고 그 뿌리째 쉽게 뽑히는 것은 아니기 때문이다. 뿌리 깊은 나무는 바람에 흔들리지 않는다. 하지만 이미 뿌리가 상한 고목이라면 돌아오는 봄에도 꽃을 피우리라는 기대를 할 수는 없지 않은가? 한국불교가 그 실망과 더불어 좌절할 수는 없다. 그렇다고 은근한 기대 속에 내일을 맞을 수도 없다.

　오늘 한국불교에 필요한 것은 스스로를 정확하게 인식하는 일이다.

오늘날 이 사회가 안고 있는 고민에 대해 불교는 어떠한 해결을 줄 수 있는가? 도대체 불교의 역사의식이란 무엇인가 하고 입을 열어 말해 보라는 독촉에 변명이라도 할 수 있기 위해서는 한국불교 스스로의 모습을 드러내 보여주는 수밖에 없지 않겠는가. 한국불교가 그 스스로의 모습을 비추어 볼 거울은 무엇인가? 그 병세를 진단해 볼 청진기는 무엇인가? 그것은 역사라는 거울과 청진기다. 이 땅에 뿌리를 내리고 자라난 수령 1600여 년의 거대한 고목의 건강 진단은 그 뿌리의 검토로부터 비롯되어야 한다. 그 뿌리는 역사이기 때문이고 역사란 현재가 이렇게 되기에 이른 것인지를 비추어 주는 거울인 까닭이다. 정확한 진단을 위해서 우선 청진기의 고장이 없어야 한다. 역사를 보는 눈, 즉 역사관이 뚜렷이 서 있어야 하고 역사의식이 비뚤어져 있지 않아야 한다.

한국불교계의 역사의식은 어떠한가? 결론부터 말하면 그것은 매우 흐리다고 할 수밖에 없다. 필자는 사찰의 역사를 정리하는 일에 참여하면서 오랜 역사에 비해 우리나라 사찰에 전해지는 역사기록은 적고 단편적으로 남아 있는 것마저 역사적인 기록 방법을 결여한 것이 많으며 또 역사 기록을 소홀히 하거나 그 가치를 정당하게 인식하지 못하고 있는 실정이 상당수 있음을 알게 되었다. 이뿐 아니라 불교가 인도로부터 중국을 거쳐 우리나라에 전해지기까지의 역사는 물론이고 한국불교사에 대한 이해가 충분하지 못한 불교인들의 수 또한 상당히 많다고 생각하고 있다.

많은 사람들이 신라불교의 찬란한 전통을 자랑한다. 원광을 내세우고 원효와 의상을 말한다. 그리고 석굴암과 불국사를 자랑한다. 그러나 신라 승려들의 사상적 핵심이 무엇이며 신라문화에 깃들어 있는 정신이 무엇인지에 대한 이해가 부족하다면, 그리고 이 시대를 살다 간 스님들이 민중교화에 기울였던 노력이 어떠한 것인지에 대해 명확한 인식이 부족하다면, 그것을 어찌 올바른 역사 이해라고 할 수 있겠는가? 고려불교 및 조선시대 불교에 대한 이해는 어떠한가? 그리고 많은 사람들이 한국불교의 전통이 호국불교라고들 자랑하고 있는데, 그것은 교리적으로나 역사적으로 연구·비판을 거친 결론인가? 조선시대의 불교는 과연 서산과 사명의 영광으로 모두 설명되는 것인가? 당시의 사회로부터 소외되고 탈락되어 있던 불교의 낙후상과 천대와 멸시를 받으며 갖가지 잡역에 시달리던 승려들의 가슴 속에 응어리졌던 백세지한은 까맣게 잊어도 좋은 것일까?

역사를 보는 눈은 밝은 면과 아울러 어두웠던 면을 볼 수 있어야 한다. 자랑스러운 역사는 계승 발전시켜야 하고 부끄러운 역사는 반성의 실마리로 삼아야 하기 때문이다.

진제(眞諦)의 세계, 영원한 진리의 세계에서 바라보는 실상(實相)으로서의 역사의식에야 무엇이 걱정이고 무엇이 문제되겠는가? 그러나 속제(俗諦)를 떠나 진제를 말할 수 없듯이 모순과 대립·투쟁이 얽혀 있는 연기로서의 역사를 바라보지 못한다면 어떻게 불교가 사회 속에 살고 있는 대중을 구제할 방법과 힘을 얻을 수 있겠는가.

오늘의 한국불교가 현대사회를 보다 능동적으로 대처하지도 현대인들이 안고 있는 고민을 해결해 주지도 못한다는 지탄을 면치 못하고 있는 중요한 이유 중의 하나는 역사의식의 빈곤이 아닐까? 시세로의 말과 같이 우리가 태어나기 전에 일어난 사실을 모른다면 우리는 영원히 어린이로 머물 것이기 때문이다.

2. 한국불교사 연구의 기초자료

(1) 증거로부터의 추리

역사 연구는 지나간 과거의 사실을 보다 정확하게 이해하려는 노력이다. 그러나 과거는 이미 흘러가 버렸고, 남은 것은 희미하게 흩어져 있는 발자취뿐이다. 그 발자취는 삶의 흔적이고 과거 사실의 증거다. "역사 인식이란 증거로부터의 추리다." 이는 콜링우드의 말이다. 과거의 흔적을 사료라고 한다. 사학에 있어서는 사료(史料)와 사관(史觀)과 방법론 등이 중요하다. 이 중에서도 역사 연구의 재료가 되는 사료의 수집과 분류, 그리고 해석은 빼놓을 수 없는 일차적 과제다. 불교사 연구도 일반 역사 연구방법과 마찬가지로 기초자료에 대한 검토가 필요하다. 한국불교사 연구를 위한 어떤 기초자료들이 있고, 또한 그것은 어떤 성격의 자료인지 살펴보려는 것이 이 글의 목적이다. 최근 한국불교사에 대한 연구는 활발하게 진행되고 있는 편이지만, 아직도 한국불교사서에 대한 사학사적(史學史的) 고찰이나 기초자료에 대한 연구가 미진한 실정임을 감안할 때, 이러한 노력이 무의미한 것만은 아닐 것이다.

(2) 《고승전》과 《삼국유사》

우리나라 승전류(僧傳類)의 사서로는 김대문(金大問)의 《고승전(高僧傳)》이 최초였다. 김대문은 신라 성덕왕 3년(704)에 한산주 도독으로 활동한 바 있는데, 《고승전》에는 대개 8세기 중엽 이전의 고승들의 전기가 수록되어 있었을 것이다. 이 책은 《삼국사기》의 편찬에 참고가 되었지만, 그 이후의 유통 사실은 알 수 없다. 신라 하대의 최치원(崔致遠)은 의상(義相), 보덕(普德), 순응(順應), 이정(利貞) 등 여

러 고승들의 전기를 쓴 바 있다. 이로 인해 최치원의 고승전 저술 가
능성을 추측하는 견해도 있다.

　김대문의 《고승전》으로부터 3백50년 이상이 지난 1215년경에 각훈
(覺訓)의 《해동고승전(海東高僧傳)》이 간행되었다. 이는 왕명에 의한
찬술이었다. 이의 체제는 중국의 《삼고승전(三高僧傳)》을 참고했지만
필요에 따라 전체 10과로 달리 구성되어 있었다. 이는 불교 전래로부
터 각훈의 시대에 이르는 약 8백40년간 우리나라 고승이 수록된 많은
분량의 저서였다. 그러나 지금은 2권 1책의 잔락(殘落)한 사본이 전
해지고 있을 뿐이다. 현존하는 유통편의 체제는 삼국시대의 불교 전래
와 수용,구법승(求法僧)들에 대한 기록으로 되어 있다. 각훈은 참고문
헌을 자세히 밝히지 않았다. 이는 이 사서의 신빙성을 약화시킨다. 주
(註) 또한 충실하지 못하고 가끔 오류도 보인다. 그는 사료에 대한 검
토나 서술에 대한 논증이 명확하지는 못했다. 또한 《해동고승전》의
서술은 문학적인 표현이 많은 편이다. 훗날 일연(一然)에 의해 《해동
고승전》이 심하게 비판받게 된 것도 이러한 이유 때문이었을 것이다.

　《삼국유사(三國遺事)》는 한국고대불교사에 관한 풍부한 자료를 전
해주고 있기에 가장 귀중한 사서이다. 이는 1281년(충렬왕 7년)경에
일연이 편찬했다. 이 책은 왕력(王曆), 기이(紀異), 홍법(興法), 탑상
(塔像), 의해(義解), 신주(神呪), 감통(感通), 피은(避隱), 효선(孝善)
등 9편목(篇目) 5권으로 구성되었다. 이같은 체제에 대해 중국 《삼고
승전》의 체제를 따른 것이라고 보는 견해도 있지만, 의문이 없지 않
다. 《삼국유사》가 어떤 성격의 책인지에 대해서는 서로 다른 견해가
있다. 사학계에서는 이 책이 역사서라는 점에 의문을 제기한 적이 없
다. 그러나 국문학계의 일각에서는 설화집으로 보려는 주장도 있다.
《삼국유사》에는 역사적 사실과 설화가 뒤섞여 있다. 다분히 설화적인
역사라고 할 수 있다. 《삼국유사》가 역사서라고 보는 견해 중에도 일
반사와 불교사를 동시에 서술한 책이라는 주장과 불교사를 서술한 책

이라고 하는 주장이 엇갈려 있다. 또한 이 책을 불교사서로 보는 설에도 신라불교문화, 불교신앙 의례의 기록이라는 등의 견해가 있다. 이 책은 불교관계 기사가 많은 것은 사실이지만 순수불교사만으로 된 것은 아니다. 왕력, 기이 등의 항목에서 서술하고 있는 일반사를 서설적인 것으로 이해하기에는 그 분량만도 전체의 반에 가깝기 때문이다.

다음으로는 이 책이 유사적(遺事的)인 성격의 것인가, 아니면 잘 갖추어진 사서인가 하는 논의가 있다. 즉, 이 책을 불용의(不用意)한 일만록(一漫錄)으로 보는 견해와 불교사로서 주도한 용의(用意)와 완전을 기하려는 작품이라는 평가가 그것이다. 그러나 이 책을 완전한 형태의 사서로 보기에는 부족함이 있다. 이 책은 삼국의 역사 전반에 관한 사서로 편찬된 것이 아닐 뿐만 아니라 삼국의 불교사 전체를 포괄한 것이라고도 하기 어렵다. 《삼국유사》에 수록된 고승만으로는 삼국시대의 충실한 고승전이 될 수 없다. 일연이 접할 수 있었던 고승 관계 기록 모두를 서술하지는 않았다. 또한 독립 항목이 충분한 개인의 전기 기록도 못된다. 구체적인 예로서 원효불기조(元曉不羈條)를 보자. 《삼국유사》의 이 기록만으로는 원효의 완전한 전기 기록이 되지 못한다. 그리고 일연은 처음부터 원효의 전기를 체계적으로 쓰려고 하지 않았다. 다만 향전(鄕傳)에 전하는 한두 가지 이사(異事)를 적어 《송고승전》 중의 원효전과 그의 행장을 보충하려 했기 때문이다. 이와 유사한 경우는 여러 항목에서 찾아볼 수 있다. 따라서 이 책은 서명(書名)이 의미하듯 유사적인 성격으로 보아야 할 것이다. 유사란 사가(史家)의 기록에 빠졌거나 자세히 드러나지 않은 것을 드러내 표현한 것이다. 이와 같은 유사의 의미에 유의할 때, 《삼국유사》 찬술의 일차적 동기는 《삼국사기》나 《해동고승전》 등의 기존 사서에 대한 보족(補足)의 의도에서 비롯되었을 것이다. 그럼에도 불구하고, 이 책을 야사나 만록으로 평가하는 데에 동의하지 못하는 까닭은 보족의 부분을 완전히 하려는 각고의 노력이 스며있기 때문이다.

일연은 우리나라의 역사 전통을 불교 신앙을 중심으로 파악했고, 따라서 그는 불교사를 강조하는 입장에 있었다. 《삼국유사》에 나타나는 그의 불교사 인식은 불국토 및 호국불교사상의 강조, 당시 불교계와 사회의 모순에 대한 비판의식, 대중불교 및 민중에 대한 의식이 강조되었다.

신이적인 설화와 불교의 영험설화를 많이 수록하고 있는 것이 《삼국유사》의 두드러진 특징이다. 그렇다고 해서 일연이 처음부터 신이(神異)만을 기록하려 의도했다는 주장을 받아들이기는 어렵다. 설화를 통해 정신사적 의미를 발견하고, 불교 영험담의 강조를 통해 신앙심을 고무시키고자 했던 것이 일연의 의도였을 것이다.

고려 원종 9년(1268)경에 천인(天因)은 《해동법화전홍록(海東法華傳弘錄)》 4권을 편찬했다. 이 책이 삼국시대로부터 고려 원종 때까지의 법화신앙에 관한 영험담을 수록했던 것임은 서명과 현존하는 일부의 내용으로 짐작된다. 상당히 많은 분량이었겠지만, 현재는 이 책에 수록되었던 11항목만이 《법화영험전》에 인용되어 전해지고 있다. 엄격한 의미에서의 불교사서나 고승전은 아니었다고 해도 참고할 만한 것이었다고 생각된다.

이장용(李藏用)은 《선가종파도(禪家宗派圖)》를 지은 바 있다. 그리고 일연(一然)도 《조파도(祖派圖)》 2권을 지었다. 이 두 저서는 모두 선종의 계보를 정리한 것이었다. 《조파도》를 보면 중국에 들어가서 법을 이어받은 사람이 대대로 끊어지지 않았음을 알 수 있다고 목은(牧隱)이 말했었다. 지금은 둘 다 전하지 않는다.

(3) 조선시대 불교사서

조선시대에는 《해동불조원류(海東佛祖源流)》 등이 간행되었다. 18세기 중반경 채 영(采永)은 《해동불조원류》를 저술했다. 이는 우리나라 고승의 계보에 관한 기록이다. 고승들의 간략한 행적을 서술한 경우도 있지만, 대부분은 계보만으로 되어 있다. 수록된 고승은 삼국시대로부터 조선 후기의 전반기까지에 걸치고 있다. 가장 많은 승려의 이름이 수록되어 있는 이 책은 중요한 불교사 자료집이다. 그러나《해동불조원류》는 몇 가지 문제를 내포하고 있다. 태고 보우(太古普愚)의 법손을 중심으로 계보를 서술하고 그 밖의 인맥은 거의 무시되었다. 조선 중기의 경우에도 저자 채 영이 속한 계보만이 상세한 반면 다른 인맥은 소홀하게 취급되었다. 삼국 및 고려시대의 고승을 산성(散聖)으로 이름만 나열했다. 산성의 내용은 오류가 많아서 자료로 활용하기 위해서는 세밀한 검토가 선행되어야 한다.

한치윤(韓致奫 : 1765~1814)의《해동역사(海東繹史)》권 32는 석지(釋志)로 구성, 명승(名僧)이란 항목을 서술, 많은 고승을 수록했다. 석지의 명승은 참고문헌을 일일이 밝혀 두었는데, 중국 및 일본의 사서가 그 대부분이다. 정약용(丁若鏞 : 1762~1836)의《대동선교고(大東禪敎攷)》에도 많은 고승이 수록되어 있다. 국내의 자료를 적절히 활용해 편년체로 엮은 이 책의 서술은 신라 말 고려 초에서 중단했다. 여기에도 참고한 문헌명이 밝혀져 있다.

대둔사(大屯寺)의 범해 각안(梵海覺岸 : 1820~1896)이 편찬한《동사열전(東師列傳)》6권은 우리나라의 역대 고승전이다. 여기에 수록되고 있는 고승은 약 2백명이다. 삼국 및 고려시대의 고승에 비해 조선시대의 고승이 그 대부분을 차지하고 있다. 참고문헌을 밝히지 않은 것이 흠이다.

《해동불조원류》,《해동선교고》,《동사열전》 등은 모두 최근에 간행된《한국불교전서》제10책에 수록되었다.《동사열전》은 최근 김윤수에 의해 번역되었다.

저자가 밝혀지지 않은《동국승니록(東國僧尼錄)》은 조선 후기에 쓰여졌다. 현재는 속장경에 수록되어 전한다. 68명의 고승을 기록했는데, 조선시대의 고승은 서산과 사명 2인뿐이다. 명승(名僧), 니고(尼

姑), 시승(詩僧), 역승(逆僧), 간승(奸僧) 등으로 분류했다. 명승에는 47명을, 시승에는 19명을 그리고 니역(尼逆)에는 비구니가 된 김유신의 부인을, 역승에는 고려의 신돈을, 간승으로는 조선시대의 보우(普雨)를 지적한 것이 특징이다. 각 인물의 행적을 서술한 끝 부분에는 참고문헌을 밝혔다. 이 중에 《지봉유설(芝峯類說)》 등이 있는 것으로 보아 이 책이 조선 후기에 쓰여진 것임을 알 수 있다.

이능화(李能和 : 1869~1943)의 《조선불교통사(朝鮮佛敎通史)》는 최근세에 이루어진 가장 방대한 불교사서다. 이 책은 상중하 3편으로 구성되었는데, 상편은 편년으로 불화(佛化)의 시처(時處)를, 중편은 종파에 관한 서술로 삼보(三寶)의 원류를, 하편은 잡항(雜項)으로 2백의 품제(品題)를 각각 서술했다. 비고 및 참고라는 항목을 통해 많은 자료를 나열했는데, 참고문헌을 일일이 밝혀 두었다. 서술의 시기적 범위는 삼국시대로부터 저자가 활동하던 시대까지로 했다. 이 책에는 저자 자신의 역사적 평가나 안목이 곳곳에 나타나지만, 역시 자료집으로서의 성격이 강하다는 평가를 면키는 어렵다. 이 책은 한국불교사관계 자료의 집대성적인 성격으로 해서 크게 주목되고, 또 이후에 간행된 일본 학자의 저술 《이조불교(李朝佛敎)》, 《조선선교사(朝鮮禪敎史)》 등에 많은 영향을 주기도 했다. 이 책에 대한 사학사적인 연구가 아직 없음은 유감이 아닐 수 없다.

삼보학회에서 《한국불교최근백년사》 편찬을 위한 자료를 모으고 이를 프린트본으로 간행한 바 있다. 1865년부터 1930년 사이의 불교사관계 자료를 집대성해서 정리한 일종의 자료집이다. 최근 민족사에서 이를 영인 간행하여 《한국근세불교백년사》로 개칭했다.

(4) 사지(寺誌)에 대하여

사지는 어떤 사찰의 역사와 문화에 관련된 고문서, 건축, 유물, 유적, 재산 등에 대하여 체계적으로 정리한 것이다. 사지에는 사원 생활이나 사회와 관련된 사료가 많기 때문에 폭넓은 사료로 이용될 수 있다. 즉 불교사를 비롯하여 구비문학, 미술사, 사원경제사 등의 종합적 사료라고 할 수 있다.

우리나라에 있어서 사원은 교육, 문화, 예술 등의 중심지로서의 역할을 담당했다. 이 때문에 사찰의 역사를 기록한 사적비의 건립 및 사지의 편찬 등은 이미 고대로부터 비롯되었다. 신라의 현본(玄本)은 〈삼랑사비(三郎寺碑)〉를 지은 바 있고 최치원(崔致遠)은 〈숭복사비(崇福寺碑)〉를 지었다. 이들은 신라시대에 세워졌던 사적비의 예다. 신라시대의 향언(鄕言)으로 되어 있던 《오대산월정사사적(五臺山月精寺事蹟)》을 고려 충렬왕 33년(충렬왕 1307)에 민지(閔漬)가 한문 문장으로 고쳐 쓴 적이 있는데, 이 사적은 지금까지도 전해지고 있다. 개별 사원에 대한 사적기는 신라 이래 고려·조선시대를 거쳐 꾸준히 편찬되었다. 여러 사지를 종합하여 전국 사찰에 대한 일종의 사찰사전적인 것을 만들려는 노력도 있었다. 이와 관련하여 먼저 주목되는 것은 《신증동국여지승람》이다. 1530년에 간행된 이 책에는 불우조(佛宇條)를 설정하고 각 지방의 사찰을 빠짐없이 수록했다. 가끔 사원의 창건이나 중창에 관한 기문 및 비문 등을 수록하기도 했고, 고승이나 문인들의 그 절과 관련된 시를 수록하기도 했다. 또한 그 절에 있는 비나 기문 등의 제목을 수록하기도 했다.

그런데 《범우고(梵宇攷)》와 《가람고(伽藍考)》는 우리나라 최초의 사찰사전(寺刹事典)이라는 점에서 주목할 만하다. 《범우고》는 정조(正祖)의 명에 의해 1779년에 편찬했다. 《삼국사기》,《고려사》,《동국여지승람》,《읍지》기타 여러 문집 등을 조사하여 전국 신구사원의 존폐와 소재, 연혁 등을 기록한 책이다. 《홍제전서(弘齊全書)》권 56에 수록되어 있다. 《가람고》1책은 신경준(1712~1781)이 각 지방에 있는 사찰을 조사, 도별로 나누어 서술했다. 중요한 사찰은 간략한 유래를 실었다. 또한 사찰에 있는 비, 현판 등을 밝혀 놓아 참고가 된다.

《여암전서(旅菴全書)》(경인문화사, 1976)에 수록되어 전한다.

동국대학교 중앙도서관 소장 《사탑고적고(寺塔古蹟攷)》도 참고할 만하다. 이것은 일제시대 각 지방별로 사지와 그곳에 있는 석탑 및 불상 등을 조사한 것으로 필사본이다. 조선총독부에서는 1911년에 《조선사찰사료(朝鮮寺刹史料)》를 간행했다. 이 책은 각 사찰에 현존하는 비문, 편액, 고문서류를 모아 각 도별로 편찬한 것이다. 그러나 각 도군에 의뢰하여 자료를 모은 것이기 때문에 임사시의 오류가 적지 않은 것이 흠이다.

우리나라 사찰에 관한 종합 자료집으로서 가장 주목되는 저서는 권상로(權相老)의 《한국사찰전서(韓國寺刹全書)》이다. 이 책은 각종 문헌 자료에서 한국사찰 관계 기사를 채록하여 정리한 것이다. 《동국여지승람》의 기록을 주로 하고 《범우고》, 《가람고》 등을 첨기했으며, 본산에 의뢰하여 조사한 기록을 참고했고, 기타 각종 문헌 자료에서도 발췌했다. 이 책에 수록된 것은 모두 6,320여 사암이나 된다. 각 사찰에 대해서는 소재지, 존폐 여부, 창건, 연혁, 중요 기사 등을 차례로 기술하고 끝에 전거를 밝혀 놓았다. 이 책은 저자의 유고 5천여 매를 영인 간행한 것이다.

한국문헌연구소와 아세아문화사가 함께 협력하여 1970년대 중반부터 10여 년간 《한국사지총서》를 간행해 오고 있다. 자료의 원형을 그대로 살리기 위해 고문서·비문·현판 등을 수록해 전해줌으로써 불교사 연구의 기초자료가 된다. 일제시대에 편찬된 《유점사사적》 등을 영인해서 간행하기도 하고, 《통도사지》 등과 같이 현존하는 여러 현판의 탁본을 수록한 등의 형태도 있다.

동국대학교 불교문화연구원에서는 〈불교학보〉 제2집에 충청남도 사찰사료집을, 그리고 3·4합집에 전라북도 사찰사료집을, 6집에 화엄사사적을 각각 자료로 수록한 바 있다. 또한 충청북도에서는 도내의 사찰과 사지를 조사하여 각 사찰의 연혁, 유물 등에 관해 자세히 정리하여 1982년에 《사지(寺誌)》를 간행했다. 한국 사찰에 관한 기록은 아직도 많이 흩어져 있고 이를 종합·정리할 필요가 있다. 조선시대의 수많은 문집에 보이는 사찰에 관한 기록이나 기행문 등이 그 예에 속한다. 정시한(丁時翰)이 1686년부터 1688년까지 명산고찰을 탐방하고 쓴 《산중일기(山中日記)》 상하 2책은 17세기 각 사찰의 상황을 알 수 있는 자료다.

(5) 금석문 및 고문서

우리나라 금석문 중에서 불교 관계 자료의 비중은 대단히 많다. 아직 불교 관계 금석문만을 별도로 종합정리한 책은 없다. 《해동금석원》《조선금석총람》《한국금석문추보》《한국금석유문》 등이 대표적인 금석문 관계 단행본이다. 최근에 허흥식(許興植)은 《한국금석전문(韓國金石全文)》을 간행했는데, 종래의 여러 금석문을 종합한 것이어서 자료로서의 활용성이 높다.

고문서(古文書) 중에는 불교사 연구에 귀중한 자료가 되는 것이 있다. 예컨대, 신라 〈화엄사경조성기(華嚴寫經造成記)〉, 의상의 〈일승발원문(一乘發願文)〉 등이다. 불교의 고문서는 사경의 발문이나 불복장 자료 등에 많이 전한다. 사찰의 기문(記文)은 지금도 현지에 상당수 전하고 있을 뿐 아니라 많은 문집류(文集類)에 수록되어 전하기도 한다. 이 기록들을 수집·정리하여 간행할 필요가 있다. 《동문선(東文選)》에는 많은 불교 자료가 수록되어 전한다. 사찰의 기문을 비롯하여 서, 교서, 관고, 진찬, 소, 발원문 등 그 종류도 다양하다. 특히 승려들의 작품이 수록되어 있어 귀한 자료가 되기도 한다.

(6) 자료집 간행의 필요

각종 문헌에 흩어져 있는 불교 관계 자료를 수집하고 정리하여 자료집으로 간행하는 일은 절실히 요구되고 있다. 일찍이 권상로(權相

老)는 《고려사불교초존》 및 《이조실록불교초존》을 간행했다. 〈동국사상〉에는 1집으로부터 현재까지 《이조실록불교초존》을 계속 연재해오고 있다. 김영태는 중국 및 일본의 여러 문헌에 흩어져 있는 우리나라 불교 관계 자료를 정리하여 〈불교학보〉 13집으로부터 16집에 수록했다. 그리고 이를 한 책에 묶어 《한국불교사료》를 간행했다(1981).

한국사에서 불교사가 차지하는 비중은 대단히 크다. 한국의 역사에 끼친 불교의 역할을 강조해도 그것은 지나친 일이 아니다. 지금까지 거칠게 살펴본 바와 같이 한국불교사 연구를 위한 자료는 대단히 많은 편이다. 고승전류, 사지류, 고문서류, 금석문류 등 그 종류도 많고 그 분량도 많다. 구슬이 많다고 좋은 것이 아니라 그것을 꿰어야 보배이듯 불교사 자료는 많지만 이를 수집하고 정리하여 종합적으로 간행하는 노력이 있어야 할 것이다. 조선시대 불교사에 관한 연구는 그 전시대인 신라나 고려시대에 비해 대단히 부진한 편이다. 혹자는 그 원인을 조선시대 불교의 쇠퇴로 설명하려 한다. 그러나 필자의 생각으로는 이 시대 불교사 관계 자료의 수집이나 정리가 제대로 이루어지지 못한 데에 그 가장 중요한 이유가 있다고 생각한다.

최근 동국대학교에서는 한국인에 의해 찬술된 불교 관계 저서를 집대성한 《한국불교전서(韓國佛敎全書)》 11책을 간행한 바 있다. 신라로부터 조선시대에 이르는 173명의 저자와 288종의 현존 저술을 수록함으로써 한국불교학 및 불교사 연구에 기초자료를 마련했다. 이제 고승의 전기, 사찰의 역사, 고문서 등 한국불교사 관계 기초자료를 집대성하여 간행할 과제가 남았다.

이 일은 개인적인 노력에 의해 이루어지기는 쉽지 않다. 공동의 노력이나 연구기관에서나 할 수 있는 일이다. 기준이 되는 자료집이 간행되고 또한 색인까지 덧붙여진다면 한국불교사 연구의 새로운 지평이 열릴 것이다.

3. 호국불교의 허와 실

한국불교의 전통적 특징을 말할 때, 흔히 호국불교적 성격을 내세우곤 한다. 어떤 사람은 이것을 한국불교의 특징이자 자랑이라고 하는가 하면, 또 다른 한쪽에서는 매우 비판적으로 평가한다. 오늘 우리들의 입장에서 볼 때, 호국불교의 어떤 점이 비판되어야 하는가? 아니면, 긍정적으로 받아들여도 좋은 점이 있다면, 그것이 무엇인가를 살펴볼 필요가 있다. 이를 위해서는 호국불교사상에 대한 본질적 이해가 앞서야 하고, 그것의 역사적 전개 과정에 대한 검토가 수반되어야 한다.

한국불교사에 호국적인 성격이 있었음은 확실하다. 그것은 다양한 모습으로 나타났고, 또한 각 시대에 따라 그 성격을 달리하기도 하였다. 소위 호국삼부경(護國三部經)으로 알려진 《인왕경(仁王經)》, 《금광명경(金光明經)》, 《법화경(法華經)》 등의 경전에 대한 신앙을 비롯하여 사원의 건립, 불상의 조상 등 각종 불사, 그리고 국가적인 재난을 극복하기 위해 개최되곤 했던 수많은 종류의 법회(法會), 침략자를 물리치기 위한 의승병(義僧兵)의 활약 등이 모두 호국불교와 관련이 있었다.

삼국시대 신라의 호국불교사상은 삼국통일의 중요한 사상적 토대가 되기도 했다. 황룡사 9층탑 및 사천왕사의 건립, 원광·자장·의상·명랑 등 스님들의 국가적 기여, 《인왕경》에 배경이 있는 백고좌대회(百高座大會)의 개최 등이 그것이다. 고려시대에는 거란과 몽고를 물리치기 위해 두 번에 걸쳐 대장경이 조판되었는가 하면, 항마군(降魔軍) 등 승병(僧兵)의 활약이 있었고, 특히 수십 종에 이르는 각종 법회의식이 궁중과 사원에서 하루가 멀다고 개최되곤 했다. 조선시대에는 수륙제 등의 의식도 있었지만, 특히 임진왜란을 당하여 서산·사명·영규(靈圭)·처영(處英) 등의 의승장(義僧將)들이 보여준 활약은 대단한 것이었다. 이 밖에도 크고 작은 불사의 발원 중에는 거의 예외 없이 국가의 평안을 빌었고, 또한 왕실의 복을 축원하곤 했다.

그렇다고 해서, 이와 같은 호국불교가 한국불교사에서만 두드러지게 나타났던 특징은 아니다. 이러한 현상은 중국 및 일본에서도 나타났기 때문이다. 호국삼부경에 대한 신앙을 예로 들면, 일본이 우리나라보다도 더 강한 호국신앙을 가지고 있었음이 확인된다. 이같은 사실을 염두에 둘 때, 호국불교는 한국불교의 특징만은 아니라는 사실을 알게 된다.

호국불교를 비판적인 시각으로 보는 사람들 중에는 국가권력과 불교와의 결탁을 못마땅해 하는 것 같다. 신라 및 고려시대의 불교 교단은 왕실세력과 매우 밀착된 관계였다. 지배계층에 능동적인 영향을 주기도 했지만, 왕실의 비호 아래 불교가 성장하기도 했던 것이다. 종교는 민중에 뿌리박아야 마땅하다. 그럼에도 불구하고 지배계층과 더 가깝고 민중과는 멀어질 때, 그 뿌리는 흔들리게 되었던 것이다. 그런데 호국(護國)의 국(國)은 단순히 어떤 한 국가나 국토만을 의미하는 것은 아니었다. 내 몸은 나의 나라이고 내 가정과 내 직장과 내 사회, 내 국가 등이 모두 나라이고 국토이다. 때문에 호국이란 어떤 왕실이나 국가를 수호하는 것으로 이해하면 그것은 피상적인 것이 된다. 중생들이 의지해서 살고 있는 터전, 그 울타리를 수호하고 지키는 것이다. 천태대사는 호국이란 사제(四諦)의 경계를 지키는 것이라고 해석했는데, 이것은 곧 호국이 진리를 지키는 울타리라는 의미일 것이다. 물론 이것은 원칙적인 이해일 뿐이다. 역사적으로나 현실에서는 가끔 호국의 본래적 의미보다는 왕실의 호위나 권력의 시녀가 곧 호국인 양 착각한 경우도 있었기 때문이다. 이 점은 비판받아 마땅하다.

호국불교를 비판적인 눈으로 바라보는 사람에게 있어서 또 하나의 문제가 될 수 있는 것은 강경(講經), 법회(法會), 기도 등으로 갖가지 재앙과 날뛰는 외적 등을 어떻게 막을 수 있을까 하는 의문일 것이다. 이것은 오늘날의 합리주의적 사고에 입각한 종교적인 영험에 대해 일으키고 있는 의구심이라고 보아도 좋을 것이고, 또한 재난과 국가적인 위기를 극복하고자 하는 현실적이고 구체적인 조치나 노력은 하지 않으면서 의례적인 행사 등에 매달려 있는 호국불교의 비뚤어진 모습에 대한 비판이라고 해도 좋을 것이다.

호국불교의 사상적 배경이 되고 있는 《인왕반야경》이나 《금광명경》에 의하면 온갖 재난과 고통은 우리들이 지은 바 업장(業障)의 탓으로 초래된다고 했다. 《금광명경》에서는 다음과 같은 네 가지 업장이 지적되고 있다. 보살이 지켜야 하는 율의(律儀)를 범하고 악을 행하는 일, 대승의 진리를 믿지 않고 비방하는 일, 자신에게 갖추어진 선근(善根)을 자라게 하지 않는 일, 욕망의 세계·물질의 세계·관념의 세계 등에 빠져 헤어날 줄 모르는 일 등이다. 이와 같은 업장은 모든 고통과 수난의 원인이 된다는 것이다. 또한 이 경에서는 참회와 권청과 수희와 회향 등을 통해 쌓인 업장을 소멸해야 한다고 설하고 있다. 이것은 앞에서 지적한 업장을 소멸시키는 구체적인 실천 덕목들이다. 참회를 통해 지은 바 죄악을 고쳐야 한다. 진리를 구하는 마음이 자라면 진리를 비방하던 마음은 사라진다. 남들이 좋은 일을 할 때, 이를 따라 기뻐할 줄 안다면 질투하는 마음은 사라진다. 보리심을 근본으로 하여 궁극적인 깨달음을 향해 가노라면 욕망과 물질과 관념의 늪에서 헤어나게 된다. 자기는 물론 타인에게도 이익을 주겠다고 발원한다. 그러면 게으르고 나태하기 쉬운 우리의 마음은 정진을 향해 치달을 것이다.

《인왕반야경》에 의하면, 어진 왕은 도(道)로써 나라를 다스리기 때문에 국토가 지켜진다고 했다. 결국 어진 왕은 반야를 간직하고, 반야로 국토를 수호한다는 것이 이 경에서 강조하는 호국의 참 의미다.

결국 호국사상의 본질이란 우리 스스로의 수행과 참회 등을 통해 평화와 안녕이 수호될 수 있다는 것이다. 반야바라밀의 실천, 올바른 진리의 수호 등에는 게으른 채 의식이나 행사 등에 매달리던 고려시대의 호국불교 형태는 마땅히 비판의 대상이 되어야 할 것이다.

호국 신앙에서 강조되는 국토는 결국 정토인 불국토다. 진리의 세계가 지켜져야 하고, 진리가 지켜지는 국토란 곧 불국토이기 때문이다. 우리나라의 호국신앙이 불국토 사상과 표리관계를 이루면서 전개되었던 것도 이 때문이다. 가섭불이 머물던 땅, 미륵불이 출현할 땅, 관음·문수·법기 등의 보살이 머물고 있는 불국토, 그곳이 우리나라였다. 이처럼 불연 깊은 땅이기에 이곳은 부처님의 가피력에 힘입어 지켜져야 하고 보호되어야 마땅했다.

진리의 수호, 그것이 곧 호국이라는 점은 이미 앞에서 말한 바와 같다. 자장이 황룡사에 9층탑을 세워 신라를 지키려 하면서 황룡사에는 호법룡(護法龍)이 살고 있다고 했던 것이나, 문무왕이 불법을 숭상하고 나라를 지키는 용이 되기를 염원했던 것 등이 곧 호법이 호국임을 인식하고 있었던 실례다. 또한 의상이 문무왕에게 정법으로 나라를 다스린다면 굳건한 성을 쌓지 않아도 나라가 지켜질 것이라고 진언했던 뜻도 여기에 있다.

수많은 죄악을 저지르고도 부끄러워하거나 참회할 줄 모르는 국토, 진리와 정의가 통하지 않는 사회에 살고 있는 사람들은 불안하다. 그 국토는 언제 무너지고 무슨 재앙의 바람이 불어올 줄 모르기 때문이다. 이 사회와 이 국토를 지켜 편안하게 살기 위해서는 우리들 각자의 옷자락 속에 감추어진 선근의 씨알을 키워야 한다. 그리고 끝없는 욕망의 수렁에서 벗어나야 한다.

오늘 우리들의 입장에서 바라보는 호국불교, 그것은 권력의 주변에서 목탁이나 두들기며 그들의 안일을 빌어주는 그런 것은 아니다. 이 나라와 이 세계가 공해로부터 벗어나고 전쟁의 위험으로부터 벗어나 평안하게 살게 하는 그런 것이다. 그러나 호국은 관조나 관념으로 되는 것은 아니고 실천과 체험으로 이루어지는 것임을 확실히 할 필요가 있다. 8세기의 충담 스님은 〈안민가(安民歌)〉에서 '임금과 신하와 백성 모두가 답게 하면 나라는 평안하다.'고 했다. 모두가 흩어지고 뒤집힌 상태로부터 제자리에 똑바로 돌아와 서는 일이 급선무다.

4. 한국불교 자주화운동의 역사적 성찰

(1) 개인에게는 자유가, 그리고 한 국가에는 자주독립이 필요하듯 개인에겐 신교(信敎)의 자유가 있어야 하고, 그가 믿는 종교 단체는 자주성이 확보되어 있어야 한다. 최근 한국의 불교계에는 교단의 자주성 회복이 절실히 요청되고 있다. 1천6백년의 역사를 가진 민족종교로서는 새삼스럽고 부끄러운 일이기도 하지만, 해결하고 넘어가야 할 과제임에는 틀림없다. 때늦은 과제가 왜 우리에게 짐으로 남아 있는지, 또 어떻게 이 짐을 벗을 수 있는지를 생각해 보아야 할 일이다. 대개의 문제들이 다 그러하듯이, 한국불교의 자주화라는 문제의 성격을 보다 깊이 이해하기 위해서는 역사적인 성찰이 필요하다. 오늘의 이 현실은 어제라는 역사의 산물이기 때문이다.

(2) 불교의 자주성에 대한 문제는 불교와 국가와의 상호 관계를 살핌으로써 알 수 있다. 불교와 국가와의 관계는 독립적 상호 협력 관계에 있었던가 아니면 어느 한쪽이 우위에 있었던가 하는 유형으로 설명할 수 있을 것이다. 한국 역사의 각 왕조에 따라 그 관계는 약간씩 달랐다. 이 점에 관심을 두고 살펴보기로 한다.

《삼국유사》에서는 불교를 공인했던 법흥왕대로부터 진덕여왕까지의 약 140년 동안을 중고기(中古期)로 시대구분했다. 이때는 성골(聖骨)의 왕들이 즉위했고, 불교적인 정치이념인 전륜성왕(轉輪聖王)사상에 의해 정치를 하려 했다. 진흥왕의 경우 특히 전륜성왕사상을 표방했는데, 그는 대왕흥륜사(大王興輪寺)를 창건했고, 두 왕자의 이름을 금륜(金輪), 동륜(銅輪)이라고 지었다. 훗날 그는 머리를 깎고 법의를 입기까지 했다. 진덕여왕의 본래 이름은 승만(勝曼)이었다.《승만경》의 주인공 승만부인으로부터 유래한 이름이었다. 이 시기의 승가와 왕실은 별다른 마찰이 없었다. 상호 호혜적이었다고 할 수 있다. 왕실이 불교의 영향을 강하게 받아 불교적 정치이념을 표방했지만, 승가가 왕실의 권위 위에 있었다고 할 수는 없다. 진평왕 27년(605), 왕은 당시의 고승 원광(圓光)에게 걸사표(乞師表)를 짓도록 부탁했다. 원광은 "자기가 살기 위해 남을 멸하는 것은 승려로서 할 짓이 아니지만, 빈도(貧道)가 대왕의 나라에 있어 대왕의 물과 풀을 먹고 살면서 어떻게 명령을 따르지 않겠습니까."라고 하면서 글을 지어 바쳤다. 또한 원광이 당시의 젊은 청소년 귀산과 추항에게 주었던 교훈 세속오계 중의 살생유택(殺生有擇)도 불교의 윤리를 현실적으로 변형한 것이었다. 선덕여왕 때의 자장(慈藏)은 대국통(大國統)이 되어 전국 불교 교단의 기강을 바로잡는 데 노력했다. 이것은 당시의 불교가 국가의 예속과 통제를 받고 있었음을 의미한다. 자장은 당시의 신라왕실이 찰제리종(刹帝利種)이라는 설을 유포시켰다. 신라의 왕은 인도의 왕족이기에 보통의 혈통과는 다르다는 것을 강조함으로써 신라 왕실의 권위를 더욱 북돋아 주려는 의도였다. 또한 그의 건의에 의해 건립된 황룡사의 9층탑도 실추된 왕실의 권위를 회복하려는 정치적 의도에서 비롯된 것이었다.

　원광이나 자장과는 다른 입장에 있던 승려도 있었다. 진평왕이 사자를 보내 혜숙(惠宿)을 궁중으로 맞아오도록 했을 때, 혜숙은 여자의 침상에 누워 자는 모습을 보임으로 해서 왕의 초청을 거절했다. 또한 왕이 대안(大安)을 궁중으로 불러서 흩어진 《금강삼매경》의 차례를 맞추어 줄 것을 명한 적이 있었다. 그러나 대안은 "나는 궁궐에 들어가는 것을 원치 않습니다. 경을 나에게 보내 주십시오."라고 하면서 거절했다. 혜숙과 대안의 행동을 출가한 사문은 왕에게 경배하지 않는다고 하면서 왕권에 도전했던 중국의 혜원(慧遠)과 같은 경우로까지 해석하기는 어렵다고 하더라도 원광이나 자장의 태도와는 달랐던 것임에 틀림없다.

원효는 요석공주와 결혼함으로써 신라 왕실세력과도 인연을 맺었지만, 그는 역시 대중교화에 더욱 많은 노력을 했다. 천촌만락을 두루 다니며 노래와 춤으로 교화, 무식한 대중들까지도 부처님의 명호(名號)를 부를 수 있게 했던 것이다. 역사학자들 중에는 의상으로부터 비롯된 신라 화엄종이 중대(中代) 전제왕권을 크게 옹호하기라도 했던 것으로 보는 견해도 있지만, 그것은 그렇지 않다. 삼국통일을 이룩한 문무왕은 왕경(王京)을 새롭게 꾸미고자 많은 공사를 일으켜 백성을 괴롭혔다. 이때 태백산의 의상이 왕에게 편지를 보냈다. "왕이 정치를 잘 한다면 땅에 금을 그어 놓고 성(城)이라고 해도 백성이 감히 넘지 않지만, 정치가 잘못되면 비록 장성(長城)이 있더라도 지키기가 어렵다."라고. 이에 왕은 공사를 중지했다.

(3) 신라 하대, 왕실은 왕위 쟁탈전으로 혼란하고 지방에는 호족들이 성장하고 있던 때에 선종(禪宗)이 수용된다. 불립문자(不立文字) 등을 내세우는 선종은 기존의 교종 세력에 대해 비판적이었다. 그리고 선종이 성장하는 데 후원한 세력은 주로 지방의 호족 세력들이었다. 중앙의 왕실에서는 새롭게 등장하고 있던 선종 세력에 대해서도 계속적이고 적극적인 관심을 표하면서 선사들을 궁중으로 초청했다. 무렴(無染)은 문성왕의 초청에 응하지 않았다. 도헌(道憲)도 경문왕의 초청에 불응하면서 사자인 김입언(金立言)에게 다음과 같이 말했다. "몸을 닦고 교화함에 있어 고요한 곳을 버리고 어디로 가겠는가? 어찌 명을 따라야만 하

겠는가? 나를 위해 잘 사양해 주시오. 다행히 진흙 속에 편안히 사는 것을 허락한다면 나로 하여금 나라 밖으로 나가게 하지는 않을 것입니다." 강릉지방에서 사굴산파를 개창한 범일(梵日)은 경문왕, 헌강왕, 진성왕 등이 국사로 모시고자 했지만, 모두 응하지 않았다. 그렇다고 모든 선승들이 국왕의 초청에 불응했던 것은 아니다. 실상산(實相山)의 홍척(洪陟)은 홍덕왕의 부름에 응하여 선지(禪旨)를 설했고 동리산의 혜철(惠徹)은 당시의 정치 문제를 논했으며 심희(審希)는 경명왕에게 나라를 다스리고 백성을 편안히 하는 방도를 설했다. 설사 선사들이 왕의 초청에 응했다고 하더라도 그것은 왕실에서 적극적으로 선사들에게 접근한 결과였다. 종교적 후광을 업고자 했던 당시 왕실의 요구에 선사들이 응했더라도 주로 현실적이고 정치적인 폐단을 구하려는 직언을 서슴지 않았다. 문성왕의 부름에는 응하지 않았던 무렴이 871년 경문왕의 초청에 응하면서 제자들에게 다음과 같이 말했다. "문득 왕명이 있으니 깊이 중국의 혜원(慧遠)공에 부끄럽다. 그러나 도를 행하려 하매 그 시기를 놓칠 수는 없다. 부촉(付囑)을 위해 갔다 오겠다." 혜원은 사문불경왕자론(沙門不敬王者論)을 주장했던 이다. 무렴은 이 사실을 염두에 두면서도 또 한편으로는 왕의 힘을 빌어 불법을 널리 펴려 했던 의도도 버리지 못했다. 부촉을 위해 간다고 한 것이 그것이다. 무렴의 이 말은 당시의 선승들이 왕을 만나던 기본적인 입장을 알게 해준다.

대체적으로 말한다면, 신라 하대의 선승들은 중앙의 진골 귀족 중심의 정치세력에 크게 의지하지 않았다. 오히려 지방의 호족 세력과 협력하면서 독립적이고 자주적인 산문을 형성해 갔다.

(4) 고려의 불교는 일반적으로 호국적이고 귀족적이었으며 기복적이었다. 특히 국가를 비보(神補)하고 국운을 번영하게 하는 호국적인 종교로 인식되었던 이 시대의 불교는 국가의 보호를 받으며 더욱 융성했다. 왕자 및 귀족의 자제들이 출가했고 국가 권력과 밀착한 불교는 귀족적인 성격이 강했다.

무신난 이후의 고려 불교계에는 변화가 있었다. 귀족불교 혹은 불교의 타락적인 현상에 대한 반성에서 출발한 결사(結社)운동은 불교의 새로운 개혁운동이었다. 선종의 수선사(修禪社)와 천태종의 백련사(白蓮社) 등이 대표적인 예다. 궁중에서 베푸는 반승(飯僧)에 몇만 명의 승려들이 우글거리고 있을 때, 지눌(知訥)과 요세(了世) 등은 왕경을 떠나 남녘에서 새로운 바람을 일으켰던 것이다. 지눌의 사상은 혜심 등의 제자들에 의하여 계승 발전했고 백련사의 경우도 마찬가지였다. 그러나 이같은 결사운동도 정치권력과 결탁했을 때는 그 성격이 변질되고 말았다.

원나라의 간섭시기에는 국왕이나 부원 세력을 중심으로 한 귀족들에 의해 많은 원찰(願刹)이 설립되었다. 충렬왕 때 세워진 묘련사(妙蓮寺), 기황후(奇皇后)의 원찰인 장안사(長安寺), 최 이가 세운 선원사(禪源寺), 조인규가 세운 청계사(淸溪寺) 등이 그 대표적인 예다. 고려 및 원나라 왕실의 원찰이었던 묘련사에는 백련사 계통의 천태종 승려가 주지를 했지만, 본래 백련결사의 뜻과는 먼 거리가 있었다. 그 대표적인 인물이 의선(義璇 : 1284~1348년경)이다. 의선은 실권자 조인규의 넷째 아들이었는데 출가해서 천태종 승려로 활약했다. 그는 원나라에까지 넘나들면서 막강한 권력을 휘둘렀고 호화롭고도 사치스러운 생활에 빠져 있었다. 그는 비단 도포에 분홍색 모자 차림이었고 먹물옷은 입지도 않았다. 머리를 깎았지만 의관(衣冠)의 관습이 있었고, 술을 좋아하는 이가 찾아오면 크게 취했다. 세상의 부귀를 누리는 자라도 그만한 이가 없었다. 이같은 의선의 안중에 범부나 서민의 고통이나 아픔이 있을 리 없었다. 이 때문에 그는 사은(四恩) 중 국왕, 스승, 부모 등의 은혜만을 언급하고 시주(施主)의 은혜는 생각지도 않았다.

이 무렵인 충숙왕 15년(1328)에 천태종의 무기(無奇)는 《석가여래행적송(釋迦如來行蹟頌)》, 《경책(警策)》 등을 짓고서 당시 불교계의 제모순에 대해 예리한 비판을 가했다. 무기는 네 가지 은혜 중에서도 출가 수행자에게는 시주의 은혜가 막중하다고 강조했다. 그런데 당시의 불교계는 시주의 은혜에 보답하기 위해 부지런히 수행하는 사람은 적고 권문세가의 문을 출입하면서 금란가사로 몸을 휘감고자 하는 승려가 많다고 한숨지었다. 재산을 축적하고 권력에 의지하며 스스로 부강함에 의해 빈약자를 능멸하는 비구가 있는가 하면, 음을 탐하고 술을 즐기며 속인과 더불어 패를 지어 갖가지 잡된 짓을 자해하는 무리들이 많음을 땅이 꺼지게 탄식하고 있었다. "급하고 급하다. 위태롭고 위태롭다."고 무기는 중국에서의 법난(法難)을 예로 들면서, 14세기 전반 당시 고려의 불교 형편이 위태롭고 위태롭다고 하면서 자기의 미친 듯한 발언에 대해 어진이들은 귀 기울여 줄 것을 호소하고 있었다. 그러나 권력과 부와 사치와 호사에 귀 먼 당시의 불교계에는 이 발언이 들릴 리 없었다.

(5) 주자학으로 정신무장한 사대부 계층에 의해 조선왕조가 건설되었다. 고려 말부터 거세게 일고 있던 배불의 기세는 왕조가 바뀌면서 억불정책으로 표면화 되었다. 태조는 전국에 242개의 사찰만을 남겨두고 나머지는 모두 없애 버렸다. 태종은 종래의 11개 종파를 국유화했으며 도첩제를 엄하게 시행했다. 세종은 7종을 선·교(禪敎) 양종으로 통합하고 두 종파에 각 18개 사찰만을 공인했다. 성(城) 밖 승려들의 도성 출입을 금했고, 서울 주위에는 36개의 사찰만을 남기고 나머지는 모두 헐어 버렸다. 도첩제로 승려의 수는 제한되었고, 도첩을 얻기 위해서 승려들은 일종의 국가 상비 노동자로 전락해 갔다. 어쩌다가 왕실에 의해 불교가 비호된 적도 있지만 조선왕조 전 시대를 통하여 억불책은 크게 변한 적이 없었다. 특히 15세기 후반부터 16세기 전반에 걸쳐 불교는 다시 한번 암흑시대를 맞게 되었다. 연산군의 불교탄압은 원각사를 기방으로 만들 정도로 광폭한 것이었다. 경주에는 탑과 절이 무너지니 석불(石佛)로 다리를 놓은 사람도 많이 있었다고 김시습은 쓰고 있을 정도다. 15세기 중반경의 풍경이다. 조선시대에

계속된 법난은 참혹했다. 그러나 승려들의 저항이나 반항은 매우 미미한 것이었다. 물론 전연 없지는 않았다. 태종 5년(1405)에 성민(省敏) 등 수백 명의 승려들이 신문고를 울려 조정에 불교 탄압의 억울함을 호소하기도 했다. 세종 1년(1419)에는 20여 명의 승려들이, 또 3년에는 9명의 승려가 국경을 넘어 명나라에 가서 조선에서 자행되고 있는 불교 박해의 실정을 호소하기도 했다. 그러나 이 정도의 활동은 불교 탄압에 대한 보다 근원적이고 능동적인 항거가 못 되었다. 끈질기게 계속되지도 조직적으로 전개되지도 못했기 때문이다. 정도전의 벽불론에 맞선 함허의 《현정론(顯正論)》이 발표되기도 했다. 여기에는 불교와 유교, 도교의 교리까지도 다 인정하고 포섭하며 회통하여 받아들이려는 논리가 보인다.

조선 초기 승려들의 행동이나 이론에는 모진 탄압에 맞서는 적극적인 항거가 별로 없었던 것 같다. 뒤집어진 둥지에서 부화를 기대하기 어려운 법. 불일(佛日)은 먹구름 속에 갇히고 진리의 수레바퀴는 구르기 어려웠다.

조선 후기에 이르면 불교는 당시의 사회로부터 소외되고 탈락되어 크게 낙후되었다. 몇몇의 고승을 제외한 일반 승려들은 심한 멸시와 천대를 받으며 갖가지 잡역에 시달리고 있었다. 귀족으로 거들먹거리던 고려 때 승려의 모습과 천민으로 전락한 조선 후기의 그 모습은 너무나 대조적이다. 정치권력 가까이에 있던 시절과 멀리에 있을 때의 모습이 이처럼 다를 수가 있을까? 자주성의 문제를 이 두 모습을 통해 생각해 볼 수 있다.

(6) 조선 후기 승려들의 곤욕과 한은 이루 말로 다하기 어려웠다. 높은 관원의 반나절 풍류놀이를 위해 절의 스님들은 3일의 고통을 감수해야 했다. 각 사원에서는 특산물을 바쳐야 했는데, 통도사는 종이를, 법주사는 빨랫돌을, 대흥사는 동백기름을, 송광사는 송화(松花)가루를 각각 바쳐야 했었다. 지금도 통도사에는 잡역을 혁파한 덕암(德

嵒)스님의 송덕비가 서 있고, 범어사에는 낭백(朗伯)스님의 잡역 혁파에 얽힌 설화가 전해지고 있다. 이것은 모두 당시의 어려웠던 사정을 말해 주는 것이다.

이 무렵인 고종 32년(1895)에 불교 탄압의 상징이기도 했던 승려의 입성(入城) 금지령이 해제되었다. 그러나 이것은 당시 한국불교의 자주적인 노력에 의한 것이 아니라 한국의 침투를 노리고 있던 일제당국과 일인 승려들에 의해서 이루어진 조치였다. 이 조치는 한국의 승려들이 일본 불교에 대해 감사한 마음을 갖게 했다. 따라서 일본 승려들의 한국 승려에 대한 포섭 공작은 기대 이상의 성과를 올렸다. 일제는 합방 이전부터 한국의 불교인들을 모아 일본시찰단을 파견하는 등의 호의를 베풀기도 했다. 그 결과 일본불교의 종파에 예속을 자청하는 한국의 사찰이 나타났고, 1910년에는 이회광(李晦光)이 주동한 한국 사원 전체를 일제불교와 연합시키려는 사건이 발생했다. 이 음모도 박한영, 한용운 등의 반대운동으로 무산되었다.

1911년에 일제 총독부에 의해 사찰령(寺刹令)이 제정, 반포되었다. 모든 사원과 승려에 관한 행정을 일제의 식민통치하에 두려는 정치적 목적에 의하여 제정된 악법이었다. 이 법에 따르면 거의 모든 종교적 행위는 조선총독부의 인가를 받도록 규정하고 있었다. 각 사찰의 주지가 취임할 때도, 사찰에 속한 일체의 재산을 처분하는 것도, 종교행위나 사찰의 발전을 위한 사업도, 사원의 내규인 승규·법식·사법(寺法) 등도 모두 총독의 인가를 받아야 했다. 바꾸어 말하면, 총독은 모든 것을 자기 의향에 따라 조절할 수 있게 되었던 것이다. 더욱 한심한 것은 시행규칙에 '천황폐하성수만세(天皇陛下聖壽萬歲)'의 존패를 본존불 앞에 봉안하여 예불 때마다 축원하도록 규정하기도 했다. 한국불교 교단을 어용화하여 식민통치 목적에 부응하도록 하려는 이 법령을 환영한 승려 또한 적지 않았음을 기억해야 한다. 특히 30본사의 주지들 대부분은 친일적이고 어용적이었으며 사원 내에서는 독재자였다.

1920년대부터 한용운 등 청년 승려들이 주축이 된 사찰령폐지운동과 교단의 체질개혁운동이 일어났다. 한용운의 정교(政敎) 분리론은 특히 유명하다. 그는 다음과 같이 정교분리를 외치면서 사찰령의 철폐를 요구했다.

"종교는 자체에 있어서 신성할 뿐 아니라 그 목적은 전 인류의 행복과 평화를 달성함에 있는 것이다. 그러한 종교가 인류평화의 적이 되는 침략정책의 실현에 보조적 전위대가 된다면 실로 종교로서의 치욕이 이에서 더할 것이 없는 것이다. 종교는 마땅히 자체의 신성을 스스로 존경하여 이러한 치욕에 빠지지 말지며, 정치는 삼가 종교의 신성한 자유를 철저히 옹호하기 위하여 일체의 간섭을 하지 말지어다. 조선불교가 조선사찰령으로 말미암아 특수한 간섭을 받게 되는 것도 불교가 특수 감정을 가진 조선 민중에게 선포하여 대중불교를 건설하기에는 너무도 발전성이 적은 것이다."

이처럼 한용운이 사찰령의 폐지를 목 터지게 외치고 있을 때, 상식이 부족한 승려, 그 중에서도 특히 주지층은 침묵만을 지키고 있었다. 일제 말까지 사찰령폐지운동은 끈질기게 계속되었지만 성과를 얻지는 못했다.

(7) 불교의 자율성을 침해할 수 있는 법령은 현재도 있다. 불교재산관리법, 공원법, 문화재보호법 등이 그것이다. 불교재산관리법은 1962년 비상계엄하의 국가재건최고회의에 의해 제정·공포되었다. 불교의 자주성을 근본적으로 침해하고 있고 일제시대의 사찰령에 그 뿌리를 박고 있다는 주장도 있다. 불교재산관리법은 타종교와 형평의 원리에서도 어긋난다. 한용운은 사찰령에 대해 "기독교는 구미인의 관계된 바라 하여 관용한 방침을 취하고, 불교는 약자의 집합이라 하여 그 자유를 속박하는 것은 도리어 위정당국자의 치욕이며 신교(信敎) 자유의 방해다."라고 논한 적이 있다. 지금의 불교재산관리법이 기독교 등 타종교에는 적용되지 않는 특수한 법일진대, 일제시대의 사찰령에 그

뿌리가 있다는 주장은 주목되어야 마땅하다.

이와 같은 불교관계법령의 개폐운동이 70년, 80년, 81년, 86년 등에 걸쳐 있었다. 지금 이들 법령의 개정이 진행되고 있다고 하니 주목해 볼 일이다.

한용운은 말했다.

"재래의 불교는 권력자와 합하여 망하였으며 부호와 합하여 망하였도다… 이제 불교가 실로 진흥하고자 할진대 권력 계급과의 관계를 단절하고 민중의 신앙에 세워야 할지며, 진실로 그 본래의 생명을 회복하고자 할진대 재산을 탐하지 말고 이 재산으로써 민중을 위하여 법을 넓히고 도를 전하는 실수단으로 삼아야 할 것이다."

한국불교, 이제는 당당히 서야 한다. 당당하게 걸어가야 한다. 용맹 정진의 기상으로 자기 충실을 기해야 할 때다.

5. 불교계의 독립선언

3·1운동을 전후한 시기에 국내외에서 발표된 독립선언서는 수십 종에 달하고 그 모두는 각기 독특한 역사적 의의를 가지고 있다. 그 중에서도 당시 불교계의 독립운동과 관련된 것으로 〈대한승려연합회 선언문〉이 있어 주목할 만하다.

"한토(韓土)의 수천 승려는 이천만 동포와 세계에 대하여 절대로 한토에 있는 일본의 통치를 배척하고 대한민국의 독립을 주장함을 이에 선언하노라 …(중략)… 7천의 대한승려는 결속하고 기(起)하였노니…대원을 성취하기까지 오직 전진하고 혈전할 뿐인저."

이 선언문은 1919년 11월 15일 중국의 상해에서 발표된 것이다.

이 선언문에는 대한승려연합회의 대표자로 오만광(吳卍光), 이법인(李法印), 김취산(金鷲山), 강풍담(姜楓潭), 최경파(崔鯨波), 박법림(朴法林), 안호산(安湖山), 오동일(吳東一), 지경산(池擎山), 정운봉(鄭雲峯), 배상우(裵相祐), 김동호(金東昊) 등 12명이 열거되고 있다. 그리고 이 선언문은 한글뿐만 아니라 영어 및 중국어로까지 쓰여져 두루 공포되었다. 이 선언서가 상해에서 발표된 그 역사적 배경과 아울러 그 내용을 검토하여 불교사적 의의를 간단히 살펴보기로 한다.

먼저 승려연합회의 대표자 12명이 어떤 스님들이었던가를 알아볼 필요가 있다. 그런데 김구하(金九河) 스님에 의하면, 이들 12명은 모두가 상해임시정부에 군자금을 헌납한 스님들인데, 일제의 눈을 피하여 가명을 사용한 것이라는 증언이 있다. 이 때문에 대표자로 되어 있는 12명 스님이 어떤 분이었고, 또 구체적으로 어떤 활동을 했던 것인지에 대해서 알기란 대단히 어렵게 되었다. 다만 이들 중에서 오만광은 오성월(吳惺月) 스님이며, 김취산은 김구하 자신이었고, 그 뒤로 구하 스님은 호를 취산으로 했는데, 이는 그가 주석하고 있던 통도사의 산 이름 영취산에서 따온 것이었다는 증언이 크게 참고된다. 오성월은 이 무렵 범어사의 주지였고, 김구하는 통도사의 주지였으며, 이들은 상해 임시정부에 상당한 금액을 헌납했던 일이 있다. 이와 같은 사실을 보다 정확하게 이해하기 위해서는 기미년 3월 이후 승려연합회의 선언문이 발표되던 11월 사이, 상해 임시정부와 당시 불교계의 인사가 어떻게 연결되어 있었던가를 살펴볼 필요가 있다.

4월 하순경 중앙학림의 재학생 신상완, 백성욱, 김법린, 김대용 등이 상해로 밀행하여 임시정부의 요인들과 만났다. 김법린과 김대용은 5월 중순경에 귀국했고, 신상완과 백성욱은 미곡상을 가장한 동광상점을 경영하며 상해에 머물러 있었다. 그 후 상해의 신상완·백성욱, 만주의 김법린·김대용, 서울의 박치오·김봉신, 지방의 김상호·김상헌 등으로 조직된 이들은 비밀 신문 등의 제작을 통해 중국과 국내를 연결했다. 8월 하순경에는 국내 불교계의 대표로 임시정부에 김포광이 밀파되었고 김상헌이 동행했으며 국내의 사찰에서는 많은 정성을 담아 보냈다. 상해에 있는 신상완과 백성욱의 요청을 국내의 김상헌과 김상호 등이 주선한 결과였다. 10월경 범어사에서는 상당한 액수의 돈을 사찰 재정에서 출연하여 상해의 임시정부에 헌납했다. 김상호가 상해를 다녀왔고, 임시정부에서는 범어사의 이담해, 오성월, 김경산 스님 등에게 임정고문으로 추대하는 추대장을 전하기도 했다. 이처럼 범어사의 승려들이 상의하여 임정을 도왔던 것과는 달리 통도사의 김구하 스님은 아무도 모르게 임시정부에 상당한 액수의 자금을 헌납하고 곤욕을 치르기도 했다.

국내 불교계의 상해 임시정부와 관계하여 독립운동을 전개하고 있던 이들 청년 승려들 거의 모두가 당시 중앙학림의 학생들이었고, 한용운을 도와 독립선언서를 해인사·통도사·범어사·동화사 등지로 유포하고, 만세시위운동을 주도했던 경험을 가진 이들이었다. 이 외에도 송세호, 이종욱 등의 승려가 상해를 다녀오기도 했다.

이상에서 대략 살펴본 바와 같이 국내 불교계와 상해임정과의 긴밀한 유대가 바탕이 되어 〈대한승려연합회 선언문〉이 발표될 수 있었을 것이다. 대표자 12인 중에는 상해에 거주하던 이가 적었던 것 같다. 정확한 이름을 밝히지 않고, 또한 임시정부가 있던 상해에서 이 선언서가 발표되었음은 비밀을 유지하기 위함이었다.

이 선언서에서는 승려들이 궐기하게 된 이유를 분명히 해두었다. "대한국가의 자유와 독립을 완성하기 위함"이며, 동시에 "대한불교를 일본화와 멸절(滅絕)로부터 구하기 위한 것"이라는 구절이 그것이다. "3월 1일 이후 수만의 무고한 남녀를 학살하는 등 일본의 죄악이 극에 달해 더이상 침묵하고 방관할 수 없고, 더욱 가중되는 일본의 압박에 2천만 생령(生靈)의 고뇌가 더 깊게 되니 더이상 참고 볼 수가 없어서

분연히 혈전을 선언하고 일어섰다.”는 것이다.

이같은 궐기는 한국불교의 호국적인 전통에 그 연원이 있음을 말하고 있다. “불의가 의를 억압하고 창생이 도탄에 고통할 때 칼을 잡고 일어남은 역대의 옛 조사와 제덕(諸德)의 유풍이다.”라고 한 것이나, “임진왜란 기타 위급한 때에는 여러 조사와 불도가 몸을 희생하여 국가를 옹호함은 역사에 소상한 바다. 이와 같은 사실은 국가와 불교와의 깊고 오랜 인연에 연유한 것”이라고 했던 것은 모두 한국불교의 호국적 전통을 강조한 것으로 이해된다.

이 선언서에서 무엇보다도 주목되는 것은 대한불교를 일본화로부터 지키려는 강한 의지다. 대한불교는 2천년의 영광스러운 역사를 가졌다. 저 일본인을 불타의 자비 중에 인도한 자도 우리 대한불교라는 등 유구한 역사에 대한 자긍을 일깨운다. 그러나 “불교도 강제적인 일본화 및 가혹한 법령하에 2천년 이래의 자유를 잃고, 역대 조종의 유풍이 연멸하고, 영광의 대한불교는 절멸의 참경에 빠지려 한다.”고 급박한 당시의 상황을 정확히 인식하고 있다.

이와 같은 현실 인식을 바탕으로 이 선언서가 나타나게 되었던 것이다. 이 선언서에서는 당시 불교계의 독립운동에 대해서 언급하고 있다. 즉 “일찍 전민족 대표 33인이 독립선언을 발표할새 우리 불도 중에서도 한용운 백용성 양 승려가 참가하였고, 그 후에도 불도 중에서 몸과 재산을 바쳐 독립운동에 분주한 자가 많다.”고 한 것이 그것이다. 이 선언문 또한 이와 같은 맥락과 통하는 것이다.

6. 불교계의 자성(自省)과 자정(自淨)을 기대하며

조계종(曹溪宗) 총무원은 조계사(曹溪寺) 안에 있다. 그래서 조계사는 요즘 늘 시끄러워 보인다. 실제 조계사를 가보면 시끄러운 것도 사실이다. 폭력으로 얼룩진 살풍경한 모습을 떠올리면 한숨이 나온다. 그리고 보기가 싫은 똑같은 광고물을 날마다 대하는 듯한 조계종단 관계 신문기사가 짜증스러워진다. 이번 조계종 사태는 불교계의 심각한 여러 문제를 전국민에게 적나라하게 노출시켰다. 폭력배가 동원된 난투극이며 시줏돈에 대한 의혹 등이 얽혀 복잡한 양상을 띠고 있다. 종회와 전국승려대회가 맞물리고, 범종추 측과 총무원 측의 대립 등은 진수렁에 빠진 마차를 보는 꼴이다. 도무지 굴러갈 것 같지가 않다.

오늘의 이 사태를 불러온 불교계는 절실한 자기 반성과 참회가 마땅히 있어야 한다. 지난날의 잘못에 대한 자기 성찰 없이는 새로운 활로가 열리지 않을 것이다. 서암(西庵) 종정의 읍소가 있었다는 소식도 들린다. 그럼에도 절실한 참회의 목소리는 아무 데서도 들리지 않는다. 오늘 한국의 승려들에게는 시은(施恩)에 대한 절실한 자각이 필요하게 되었다. 예부터 불교에서 강조해 온 네 가지 은혜가 있었다. 이 가운데 하나가 베풀어 준 보시에 대해 그 은혜를 잊지 않는 시은이다. 출가한 수행자는 밭갈고 씨뿌리는 수고를 하지 않고도 존경을 받아왔다. 80억원이라는 시줏돈에서 보듯 시주자들로부터 많은 공양을 받지 않았는가. 시주자가 베푸는 공양에 응하는 일은 쉽지 않다. 수행자는 불퇴전의 정진으로만 그 은혜에 보답할 수 있다. 농부가 거친 땅을 일구어 씨뿌리고 김매며 세월 기다려 열매를 거두듯, 수행자도 황폐한 사람들의 마음밭을 지혜의 보습으로 갈아야 한다. 믿음이라는 씨를 뿌릴 때 감로의 열매를 수확할 수 있는 것이다.

14세기 전반, 당시 고려 불교계의 여러 모순에 관해 예리한 비판을 가했던 무기(無寄)가 떠오른다. 그는 출가 수행자에게는 시주의 은혜가 막중하다고 강조했다. 그러나 당시의 불교계에서 부지런히 수행하는 이는 적었다. 반면 권문세가의 문을 출입하면서 금란가사로 몸을 휘감고자 하는 승려가 많다고 그는 한숨지었다. 재산을 축적하고 권력에 의지하여 온갖 잡된 짓을 자행하는 무리들이 많아 땅이 꺼지도록 탄식했다. "급하고 급하다. 위태롭고 위태롭다"고. 그러나 권력과 부와 사치와 호사에 귀가 먼 당시의 불교계에 무기의 이 발언이 들릴 리 없었다. 그래서 머지않아 심한 억불책에 시달려야 했다. 무기의 이 탄식이 오늘의 불교 현실과 무관하다고 하겠는가.

한국불교는 권력과 결별하고 당당히 자주성을 확보해야만 한다. 권력이 일부 승려를 이용해서도 안된다. 불교계가 정치권력에 빌붙어서는 더욱 안될 일이다. 일찍이 한용운(韓龍雲)은 말했다.

"재래의 불교는 권력자와 합하여 망하였으며 부호와 합하여 망하였도다. 이제 불교가 실로 진흥하고자 할진대, 권력과의 관계를 단절하고 민중의 신앙 위에 세워야 할지며, 진실로 그 본래의 사명을 회복하고자 할진대 재산을 탐하지 말고 이 재산으로써 민중을 위하여 법을 넓히고 도를 전하는 실수단으로 삼아야 할 것이다."

정불(政佛)유착이라는 묘한 용어가 쓰여지고 있는 오늘의 불교계가 되새겨 보아야 할 교훈이 아닌가 한다. 한국불교는 이제 당당히 홀로 서야 한다. 하루빨리 교단의 권위를 회복하고 자주성을 확보하는 일이 무엇보다 시급한 것이다.

조계종단의 경우 총무원장에게 너무 많은 권력이 집중되어 있다고 한다. 이와 더불어 개별 사찰주지의 전횡 또한 너무 크다고 할 수 있다. 역사적으로 볼 때 각 본사 주지의 전횡이 나타나기 시작한 것은 일제시대부터다. 본사 주지의 온갖 전횡을 막을 수 있는 제도적 장치도 이 기회에 마련되어야 하겠지만 낡은 껍질을 깨고 다시 태어나는 자기 성찰도 필요하게 되었다.

범종추든 총무원이든 전복위화(轉福爲禍)의 우를 범해서는 안된다. 다시 말하면, 하나의 좋은 일을 위해서 셋의 화를 불러오는 일이 있어서는 안된다는 이야기다. 서로 불교를 위한답시고 장기전을 펼친다면 한국불교는 영영 회생하지 못할 것이다. 그러기에 조계종단은 하루빨리 자정(自淨)을 향한 구체적이고 현실적인 방법을 모색해야 한다. 설사 그 방법이 자기 살을 도려내는 고통을 수반할지라도 기꺼이 감수하지 않으면 안된다. 오늘의 이 난국을 헤쳐나가는 슬기를 한데 모을 때 비가 온 뒤에 땅이 더 굳어지듯 종단의 새 기틀을 굳건히 잡아나갈 수 있으리라고 믿는다.

제 3 편 한국문화의 원류를 찾아서

Ⅰ. 역사도시 경주의 문화유산론

Ⅱ. 단군신화, 그리고 풍류정신

I. 역사도시 경주의 문화유산론

I. 역사도시 경주의 문화유산론

1. 신라 왕경(王京)의 형성과 발전

(1) 사로국(斯盧國)의 발전과 왕경의 형성

신라의 모체가 된 것은 진한(辰韓) 12개국 중의 하나인 사로(斯盧)였다. 사로국은 추장사회시대의 6촌(村)을 바탕으로 하여 형성되었고, 이웃하고 있던 진한 소국들을 차차 정복하여 삼국 중의 한 나라로 성장했던 것이다. 신라의 건국설화는 《삼국사기》와 《삼국유사》에 전하는데, 사로국 형성 이전에 존재했던 6촌에 대한 《삼국유사》의 기록에 의하면, 6촌에는 촌장들이 있었고 그 촌장들은 모두 하늘로부터 내려왔다고 한다. 월성을 중심으로 하여 북쪽에 있는 표암을 포함한 경주평야의 중심에 해당하는 지역에는 알천 양산촌이, 현재의 오릉·알영정·나정 등을 포함하여 그 남쪽에 펼쳐진 평야에는 돌산 고허촌이 있었다. 또한 양산촌을 기점으로 하여 그 서쪽에 무산 대수촌이 있었고, 동남쪽에는 취산 진지촌이 있었으며 동쪽에는 금산 가리촌이, 북쪽에는 명활산 고야촌이 각각 위치해 있었다고 한다. 각 촌장 세력은 각 촌에서 독립된 세력을 형성하고 있었으며 그 씨족 집단을 지배하는 씨족장인 셈이었다.

사로국 형성에 관한 설화는 《삼국사기》와 《삼국유사》에 전하는데, 《사기》의 그것을 인용해 보면 다음과 같다.

전한 효선제 오봉 원년 갑자 4월 병진에 즉위하여 왕호를 거서간(居西干)이라 하고, 그때 나이가 13세, 국호는 서나벌(徐那伐)이라 하였다. …… 고허촌장인 소벌공이 양산 및 나정 밑에 있는 숲 사이를 바라본즉 말이 무릎을 끓고 있었다. 가보니 말은 간 곳이 없고 다만 있는 것은 큰 알뿐이었다. 알을 깨보니 어린아이가 나왔다. 곧 데려다 길렀더니 나이 10세가 되매 유달리 뛰어났다. 6촌 사람들은 그 아이의 출생이 이상하였던 까닭에 높이 받들더니 이때에 이르러 그를 세워 임금으로 삼았다. 진한 사람들은 호를 박이라고 했는데, 처음의 큰 알이 박과 같아 박으로써 성을 삼았다.

《삼국유사》에 전하는 혁거세 설화가 더 자세하지만 그 번거로움을 피하기 위해 여기에는 인용하지 않는다. 앞에 인용한 《삼국사기》의 설화와 《삼국유사》의 그것을 참고한다면, 혁거세는 나정 숲 곁에 내려온 큰 알에서 출현한 인물로, 고허촌장인 소벌공이 발견하여 길렀다. 13세 때에 6촌장들이 그를 왕으로 추대하고 나라 이름을 서나벌(혹은 사로)이라고 불렀다. 그는 즉위와 동시에 알영을 왕비로 맞았다. 알영은 사량리의 알영정 가에 출현한 계룡이 그 왼쪽 갈비에서 탄생시킨 용녀 출신이었다는 것이다.

이들 기록에 의하면 혁거세가 사로국의 왕이 된 것은 기원전 57년이었다. 그러나 기원전 2세기 말경에는 이미 사로국이 형성되어 있었을 것이라는 견해가 우세하다. 또한 사로국은 현재의 경주시와 월성군을 합친 지역이었을 것이라는 추측도 참고된다.

혁거세 이후에 석탈해(昔脫解)가 등장했다.《삼국유사》에는 탈해가 꾀를 써서 몰래 호공(瓠公)의 집을 빼앗았다는 전설이 전한다. 야철기술을 가진 탈해족의 등장으로 신라는 급속도로 성장·발전하게 되었다. 그리하여 주위의 소국들을 정복·병탄시키면서 대부족 연맹체로 발전해 갔다. 초기 사로국의 사회구성은 매우 복합적이고 다원적이었다. 원래 족적인 기반이 미약하였던 석씨족은 곧 종래의 사로국 지배층에 의해 교체되었다. 내물왕 이전에는 미추왕을 제외하고는 박씨와 석씨가 교립(交立)하여 왕위에 오른 것으로 되어 있다. 그러나 내물왕(奈勿王) 이후로는 김씨에 의해 독점적인 세습왕권이 확립되었다.

3대 유리왕 9년에 종래의 6촌을 개편하여 6부(六部)로 만들었다는 기록이 보인다. 이와 같은 조치는 왕의 지위가 6촌장의 지위보다 한 단계 높아진 것임을 알 수 있고, 이주민 세력인 박·석·김의 3씨족 집단이 6촌장 위에 새로운 신분을 확립했음을 알려주는 것이다. 6촌은 양산촌이 양부(梁部), 고허촌이 사량부(沙梁部), 대수촌은 모량부(牟梁部), 진지촌은 본피부(本彼部), 가리촌은 한기부(漢岐部), 고야촌은 습비부(習比部)의 6부로 각각 개편되었다. 각 부에는 촌장세력들의 후손인 부주와 그 밑의 지배세력으로 이찬이 있고, 또 그 아래에는 위가 낮은 관리들이 있었다는 연구가 있다.

종래의 사로국이 위치하였던 경주지역은 하나의 특수 지방행정구역으로 발전해 갔다. 그것은 종래의 사로국 지역의 소국단계를 넘어선 신라의 수도로 변하게 된 것이라 하겠다. 원래 사로국의 지방행정 구획이었던 6부는 이제 왕경의 지방행정 구획으로 발전하게 되었다. 따라서 사로국에 살던 주민들은 다른 피정복 소국의 국민들에 비하면 한 단계 높은 신분적 지위를 차지할 수 있게 되었다. 또한 사로국이 소국단계에 있던 시대의 이주민들의 거주지는 점차 그 규모가 확대되었다. 이에 박씨 세력의 거주지였던 금성(金城)과 김씨 세력의 중심지였던 계림, 그리고 석씨 세력의 본거지였던 월성(月城)을 포함한 지역은 하나로 합쳐져 읍락의 단계에 이르게 되었다. 그리고 후에는 점차 그 규모가 커져 도시로서의 모습을 지니게 되었다. 이는 후일 왕도의 모체가 되고 있다. 이 지역은 왕경의 6부뿐 아니라 신라가 정복한 소국들을 지배하는 거점이 되었다. 왕경 안의 정치 중심지는 이제 하나의 도시적 모습을 갖추어 가게 되었다. 그 안에는 궁실과 같은 왕족의 거처를 비롯한 많은 주택과 정사당(政事堂), 또는 남당(南堂) 등의 관청, 신분적인 차이를 보여주는 고분군 등이 생겨났다. 이러한 정치 중심지로서의 읍락은 대체로 양부·사량부 지역에 주로 걸쳐 있었고 그 일부가 본피부에도 걸쳐 있었다.

(2) 삼국시대의 왕경

4세기 후반으로 접어들자 신라는 비약적인 발전을 거듭했다. 특히 주목되는 시기는 내물마립간(356~402) 때다. 《삼국유사》 왕력에 의하면, 내물왕 때부터 마립간(麻立干)이라는 칭호를 사용했다고 한다. 연장자를 뜻하는 이사금(尼師今) 대신에 마루, 고처(高處)의 지배자를 뜻하는 마립간이라는 왕호를 사용하기 시작했다는 것은 사로국이 왕국으로 비약하고 있었던 것을 말해 주고 있다. 특히 382년에 사신으로 간 위두(衛頭)와 전진왕 부견(苻堅)과의 문답을 통해 신라의 새로운 모습을 발견할 수 있다. "해동의 일이 옛날과 같지 않다는 경의 말이 무엇을 뜻하는 것인가?"를 묻는 부견의 질문에 위두는 "중국에서 시대가 달라지고 명호가 바뀌는 것과 같으니 지금 어찌 같을 수 있으리요."라고 답하고 있기 때문이다.

더구나 신라는 법흥왕(514~540) 때에 이르러 중앙집권적인 귀족국가로서의 통치체제를 갖추게 되었다. 7년(520)에 법령이 반포되고 이 시기경에 병부(兵部)가 설치되었으며, 18년에는 상대등(上大等)제도가 채택되고, 23년에는 독자적인 연호 건원(建元)을 사용했다. 또한 불교를 공인함으로써 국가의 통일을 위한 사상적인 뒷받침을 얻게 되었다. 진흥왕(540~576) 때에는 이웃 가야를 완전히 병합하였으며, 한 걸음 나아가 함남 일부지역과 한강의 하류지역까지를 그 영토로 편입하여 비약적인 발전을 이룩했다. 4세기 중반 이후 신라는 고구려, 백제 등과 더불어 삼국 중의 한 나라로 그 지위를 확고히 했다.

삼국시대에 있어서 신라의 수도 왕경은 크게 발전했다. 왕경을 나눈 지방행정 구획으로서 6부가 있었다. 6부는 사로 6촌을 모체로 하여 일찍이 유리왕 때에 편성되었음을 앞에서 말했다. 자비왕 12년(469)에 왕경의 방리명(坊里名)을 정했다는 기록이 보인다. 아마도 종래의 족제적인 성격이 강한 6부를 개편하여 중앙집권체제를 이룩하려는 작업이었을 것으로 생각된다. 또한 지소마립간 9년(487)에는 사방에 우역(郵驛)을 설치했고, 또 3년 뒤인 490년에는 왕경에 시장을 열어 사방의 물자를 유통하게 한 조치도 있었다. 이른바 동시(東市)는 지방에서 왕궁에 세금으로 납부한 물자 중 그 나머지를 처리할 목적으로 설치된 것인 듯한데, 뒤에 궁중이나 정부기관, 사찰에 부속된 공장에서 만든 물품을 판매하기도 하였다. 훗날 효소왕 4년(695)에는 기존의 동시에 더하여 시가지의 서쪽과 남쪽에 서시와 남시를 개설하기도 하였다.

6부로 이루어진 신라 수도 왕경은 왕도(王都)와 왕기(王畿) 지역으로 나누어 볼 수 있다는 연구가 있다. 왕도는 사로국 형성시의 정치·신분적인 중심구역과 관련이 있다. 왕도는 길이가 3,018보라고 한다. 이 왕도 안에는 금성, 월성, 만월성, 계림이 포함되어 있었다. 6부가 왕경의 지방행정 구획이라면, 왕도는 왕경 안에 있던 신라의 수도로서 국가통치를 위한 중앙정부조직과 왕을 포함한 중앙의 지배세력 등이 거주하던 중심지였다. 왕기는 왕도가 위치한 지역 밖의 왕경지역을 말한다. 왕도가 위치한 양부, 사량부, 본피부의 일부 지역을 제외한 나머지 6부 지역이 왕기였다. 왕기에 살던 주민들은 6촌에 살고 있던 주민들의 후예들과 왕실세력으로서 격이 떨어져 왕도에서 옮겨 살게 된 사람들, 그리고 피정복 소국의 지배자들로 왕경에 사민된 사람들로 이루어져 있었다. 이들 6부민은 지방민에 대해서 경위를 받았으며 특권을 소유했다.

왕경의 행정을 담당하던 기구로 전읍서(典邑署) 및 6부소감전(六部少監典)이 있었다. 전자는 왕도의 행정을 위한 행정기구였다. 전읍서에 대해서는 《삼국사기》에 다음과 같은 기록이 보인다.

전읍서는 경덕왕이 전경부로 고쳤는데, 혜공왕이 다시 전과 같이 하였다. 경(卿)은 2인인데, 내마에서 사찬까지로 하였다. 감(監)은 4명인데 내마에서 대내마까지로 했다. 대사읍(大司邑)은 6명, 사지에서 내마까지로 하고 중사읍(中司邑)은 6명, 사지에서 대사까지로 했다. 그리고 소사읍(小司邑)은 9명, 사(史)는 16명, 목척(木尺)은 70명이었다.

특히 70명의 목척이란 토목기술자가 있어, 왕경의 측량이나 건설을 담당했던 것이다. 6부소감전은 전읍서와는 별도로 각 씨족집단의 행정사무를 전담하는 기관으로 설치된 것이다. 이 기구에도 전읍서와 마찬가지로 각 씨족집단의 차등이 반영되어 그 소속 관원의 명칭이나 직원 숫자는 같지 않았다. 즉 급량부와 사량부 소속의 관리들은 격이 높고 직원 숫자도 많았으나 본피부는 그보다 직원 숫자가 적었으며, 다시 나머지 3부는 본피부보다 격이 떨어질 뿐 아니라 직원 숫자도 적었다.

(3) 통일신라시대의 왕경

태종 무열왕(654~661)의 즉위로부터 신라는 중대로 접어들었다. 또한 무열왕의 등장으로부터 삼국통일을 향한 과업이 진행되었고 드디어 660년에는 백제를, 668년에는 고구려를 각각 병합하고, 계속해서 한반도에 주둔하면서 신라를 넘보고 있던 당군까지도 축출하는 데 성공함으로써 신라에 의해 삼국은 통일되었다. 통일 이후 신라에서는 율령제도를 정비·강화하였으며, 또한 전제왕권을 크게 강화시켰다. 그 결과 신라 중대는 정치·경제·사회·문화 등 각 방면의 안정과 발전을 가져오게 되었는데, 이 중에서도 신라 왕경의 발전과 번성은 대단한 것이었다.

당의 세력까지도 한반도에서 물리친 이후 문무왕은 왕경을 일신하려는 노력을 기울였다. 문무왕은 14년(674) 2월에 궁내에 못을 파고 산을 모으고, 화초를 심고 진귀한 짐승을 길렀다는 기록이 있다. 《동경잡기》에 의하면 이 못이 안압지라고 한다. 왕은 또 그 19년(679)에 궁궐을 중수하여 지극히 장엄하고 화려하게 했으며, 또한 동궁을 창건하고 처음으로 내외 제문의 액호를 정하기도 했다. 이 외에도 문무왕은 남산에 장창(長倉)을 설치하고 부산성(富山城)을 쌓았으며, 또한 사천왕사를 세웠다. 이처럼 문무왕은 많은 공사를 일으켜 왕경을 새롭게 가꾸려 했던 것이다. 이같은 사실은 다음의 기록으로도 충분히 짐작되는 것이다.

왕은 경성을 일신하려 하여 의상 스님에게 자문을 구하니, 그는 대답했다.

"비록 초야모옥에 있더라도 정치를 정도로 행하면 곧 복업이 영원할 것이니, 구태여 그렇게 할 것이 아닙니다. 더구나 백성들을 괴롭게 하여 성을 쌓는 것은 또한 이익될 바가 없습니다."

이에 왕은 곧 그 행사를 중지하였다.

이처럼 통일 이후 크게 번성하기 시작했던 신라 왕경은 중대를 지나면서 더욱 발전해 갔다. 《삼국유사》에 의하면 신라 전성시기의 왕경에는 17만 8천9백36호, 1천3백60방 55리, 35금입택, 그리고 사절유택 등이 있었다고 한다. 《삼국유사》의 이 기록에는 막연하게 전성시기라고만 했다. 흔히 신라의 전성시대라면 통일 이후로부터 약 100여 년 동안인 중대를 지칭하는 것이 보통이고, 또 이 기록 중의 전성시기를 중대로 보려는 견해도 있다. 그러나 이 기록 중의 전성시기란, 경주가 왕경으로 가장 발달했다고 생각되는 하대 말기 헌강왕대(875~886)로 보는 견해가 더욱 타당할 것이다. 이와 같이 생각할 수 있는 근거는 이 기록 뒤에 연이어 나타나는 헌강왕 때의 기록이 주목되기 때문이다.

신라 전성시기에 왕경에 17만 여 호가 살았다고 하는 것은 《삼국유사》에 두 번 나타난다. 곧 권1의 진한조 및 권5의 염불사조의 기록이 그것이다. 그러나 신라 전성시기의 인구가 17만 여 호나 되었다는 이 기록에 대해서는 의문을 제기하는 경우가 많다. 가령 1호에 5명씩 살았다고 하더라도 당시 왕경의 인구는 90만에 가까운 것인데, 정말 이처럼 많은 인구가 살았을 것인가 하는 의문이다. 당시 농업 생산에 관한 문제, 교통에 관한 문제 등을 연결해서 이 의문은 풀려야 할 것이다. 당시 세계 제일의 도시인 당의 장안(長安)에 살던 인구가 약 백만 명이었고, 일본의 나라 평성경(平城京)의 인구는 약 20만명 정도로 추산되고 있음을 참고해 볼 필요가 있다. 흔히 17만호를 17만명으로 보려는 견해가 많다. 그러나 17만호라는 《삼국유사》의 기록에 과장이나 착오가 있다고 하더라도 당시 인구가 17만명보다는 더 많았을지 모른다.

신라 왕경 경주의 인구가 급격히 증가한 시기는 아마도 신라가 삼국통일을 달성한 670년대 이후였을 것이다. 삼국통일 이후 백제와 고구려의 지배층 일부와 말갈 사람들까지도 왕경으로 옮겨 살게 되었기 때문이다. 지방의 유력자를 서울에 와서 일정기간 지내도록 했던 상수리제도 또한 왕경 인구 증가의 원인이 되기도 했고, 당시 정치·사회·문화의 중심지 경주를 선망하여 가족을 거느리고 이주해 온 지방 유력인사들도 있었을 것이다.

다음으로 신라 왕경의 행정구역제도인 방리제도(坊里制度)에 대해서 살펴보기로 한다. 방리의 명칭은 이미 5세기 중반경에 정해져 있었다. 곧 자비왕 12년(469)에 서울의 방리의 명칭을 정했다는 기록이 보이기 때문이다. 아마도 리와 방의 수는 그 후 인구의 증가와 왕경의 발전에 따라 계속 늘어나게 되었고, 전성기에는 54리 1,360방이 설치되었던 것으로 생각된다. 물론 1,360방이라는 기록에는 문제가 있다. 《삼국유사》 염불사조에는 360방으로 되어 있다. 이 때문에 1,360방은 360방의 착오였을 것으로 보는 견해도 있다. 특히 '一千三百六十坊'은 '一云三百六十坊'의 잘못이었을 것으로 보는 견해는 흥미로운 것이다. 후대의 예로 보아 방은 이보다 큰 구역이다. 그리고 신라의 왕도제가 중국의 북조제(北朝制)에 연원하는 것이라는 견해가 있다. 그런데 북위 낙양(洛陽)의 경우 320리로 구획되어 있었다. 이와 같은 사실을 염두에 둔다면, 《삼국유사》에 보이는 신라 왕경의 방리의 숫자가 도치된 것은 아닐까 하는 견해는 주목된다. 이러한 견해를 따른다면, 당시 경주의 행정구획은 6부 54방 360리가 되는 것이다.

통일신라기 진골귀족들의 막대한 부력과 사치스러운 생활을 알게 해주는 구체적인 예는 35금입택(金入宅)이라고 할 수 있다. 《삼국유사》에 열거되어 있는 금입택은 39개이다. 건물에 금박을 한 이들 호화주택은 대부분이 진골 귀족의 것이었고, 이 중 몇 채는 왕실의 이궁이었다. 설사 금입택이 아니라고 하더라도 일반 귀족의 주택은 대단히 호화로운 것이었다.

귀족들의 사치스러운 생활은 결코 주택에 한하는 것이 아니었다. 옷차림이나 생활의 용구 등 일상생활 전반에 걸쳐서 사치스러운 것이었다. 《신당서(新唐書)》 신라전에는 당시 귀족들의 경제적 기반이 어떠한 것인지 알게 해주는 기록이 있다.

재상가에는 녹이 끊어지지 않았고, 노동이 3천명이요, 갑병과 소, 말, 돼지가 그와 비슷했다.

《신당서》의 이 기록은 대개 8세기 말경의 상황을 전하는 것으로 보고 있다. 그리고 재상가란 일반적으로 진골 이상 중앙의 대귀족을 지칭하는 것으로 이해하고, 따라서 이 기록은 당시 중앙 귀족 세력이 많은 수의 노비와 재산을 소유하고 있었던 것을 알게 해준다.

《삼국사기》에는 헌강왕 6년(880), 즉 9세기 후반경의 왕경의 번성에 대한 다음과 같은 기록이 보인다.

9월 9일에 왕이 좌우 근신과 더불어 월상루(月上樓)에 올라 사방을 돌아보았다. 서울의 민가는 즐비하게 들어섰고 노랫소리가 연이어 들렸다. 왕이 시중 민공(敏恭)을 돌아보면서, "내 들으니 지금 민간에서는 집을 기와로 덮고 짚으로 잇지 아니하며, 밥을 짓되 숯을 쓰고 나무로써 하지 않는다고 하니 사실이냐?" 하고 물었다. 민공이 대답하되, "신도 또한 그와 같이 들었습니다."고 했다.

《삼국유사》에도 이와 비슷한 기록이 보인다. 즉, "제49대 헌강왕 때에는 성중에 초가집은 하나도 없고 집들은 연이어 있었으며 노래와 피리소리가 길거리에 가득하여 밤낮으로 끊어지지 않았다."고 한 것이 그것이다. 사기나 유사의 이 기록은 신라 하대 왕경의 번영과 사치가 어느 정도였던가를 짐작하기에 충분하다.

통일신라시대의 경주는 국제도시로서의 성격을 갖추고 있었다. 육로와 해로를 통해 중국인·일본인·이슬람교도·발해인 등 많은 외국인의 내왕이 있었고, 이들 이방인을 통하여 많은 외국상품이 경주에 들어오고 귀족들은 이를 즐겼다. 이슬람 상인에 의하여 당에 공급되었던 서아시아 및 동남아시아의 고급 사치품이 9세기경부터 신라 귀족층에 사용되었던 것은 《삼국사기》 잡지에 보이는 기사에서도 충분히 엿볼 수 있다고 한다. 아프리카·동남아시아·인도 등에서 서식하는 공작의 꼬리 부분을 비롯하여 비취모, 답등, 구유, 슬슬, 대모, 침향,

자단 등이 보인다. 그리고 이 시대의 유물에는 유리잔, 그리고 아라비아의 특산물인 유향 등이 보인다. 대모는 그 주산지가 필리핀군도와 보르네오, 자바이며 자단과 침향은 자바, 수마트라 인도 남부에서 생산되는 특수 재목이라고 한다. 이처럼 이방인의 내왕과 그들이 공급한 사치성 물품이 귀족층에 침투되어 있었던 것은 당시 경주가 국제도시로서의 면모를 갖추고 있었음을 짐작케 해주는 것이다.

왕경에는 왕족이나 진골귀족들만이 살았던 것은 물론 아니다. 평민 또는 백성이라고 불리던 일반 보통 사람들도 함께 살았다. 대개 왕경의 평민은 삼두품, 이두품, 일두품에 속하는 신분이었다. 이것은 4두품 다음의 3두품 이하가 평민, 혹은 백성이라고 한 기록으로 알 수 있기 때문이다. 이들 평민들은 관직은 가지지 못했지만, 왕경인이었기에 신라의 지배집단에 속했던 것이다. 왕경의 귀족들이 사치스럽게 살고 있었던 반면, 왕경에 거주하고 있던 평민들의 생활은 대단히 어려웠다. 생계를 꾸려가기가 어려워 품을 팔거나 용작을 한 경우가 있는가 하면 심한 경우는 노비가 되는 수도 있었다.

모량리의 가난한 여인 경조(慶祖)는 가난으로 대성(大城)이란 아들을 키우기조차 어려워 부자 복안(福安)의 집에서 품팔이로 수 묘의 땅을 얻어서 생활하였다. 또한 진정(眞定)이라는 젊은이는 군대에 소속되어 있었지만, 가난하여 결혼도 하지 못하고 부역의 여가에 품팔이를 하여 얻은 곡식으로 홀어머니를 봉양했는데, 집안 살림으로는 겨우 다리 부러진 솥 하나가 있을 정도였다. 그리고 진정이 출가한 뒤 그 어머니는 남의 집 문간에서 걸식으로 연명했다. 이같은 현상은 흔한 것이었다. 정강왕 때의 효녀 지은(知恩)에 얽힌 이야기에서도 당시 평민들의 어려웠던 생활상을 읽을 수가 있다. 한기부의 지은은 나이 32세가 되도록 시집도 못 가고 홀어머니를 봉양했다. 혹은 품팔이로, 혹은 구걸로 밥을 얻어 봉양하기 오랜 세월, 이것도 힘에 겨워 부잣집에 몸을 팔아 얻은 쌀로 봉양했던 것이다.

흥덕왕대(826~836)의 모량리 사람 손순(孫順)은 홀어머니와 처자를 거느리기가 어려워 아내와 더불어 품팔이로 어머니를 봉양하였다. 그런데 매양 어린아이가 할머니의 음식을 빼앗아 먹으매 아내와 더불어 의논 끝에 그 아이를 산에 묻으려고 파던 땅에서 석종(石鍾)이 나왔기에 그대로 돌아왔다는 이야기도 있다. 애장왕 때 한 거지여인이 눈이 많이 내린 겨울 밤 길거리에서 아이를 낳고 얼어 죽어가는 것을 정수(正秀)라는 스님이 발견하고서 구해 주었다는 설화도 있다. 이들 여러 설화들은 당시 왕경에 살고 있던 평민들의 생활이 얼마나 비참한 것이었던가를 잘 알게 해주는 기록이다. 물론 당시의 신라에도 구휼제도가 없지 않았지만, 노랫소리 넘쳐나는 귀족들의 높은 담장에 가린 그늘 속에는 평민들의 고통이 묻혀 있었던 것이다.

신라 하대의 왕경은 진골귀족들의 정치적 분쟁으로 인하여 어수선한 곳이 되고 말았다. 특히 지방의 호족세력들이 대두하고, 후삼국으로 분열한 이후의 신라 왕경은 많은 경제적 압박을 받았다. 진성여왕 3년(889)에 전국의 농민들에게 납세를 독촉했던 사실은 곧 왕경의 귀족들이 경제적 어려움에 처해 있었음을 알려주는 것이기도 하다. 927년 후백제의 견훤은 신라 왕경에까지 공격, 포석정에서 연회를 베풀고 있던 경애왕을 죽이고 많은 보물을 약탈해 갔다. 당시 사치와 환락에 빠져 있던 왕경인들은 이리를 만난 격이었다. 935년 경순왕은 마침내 고려에 항복했고 신라의 몰락과 더불어 천년의 왕도 경주 또한 그 영화를 잃었던 것이다.

2. 경주의 문화유산

(1) 문화유산론

문화유산의 영구 보존은 전 인류의 공통된 희망이자 과제다. 특히 문화의 대전환기를 맞아 세계적으로 도시의 발전이 급격하게 이루어지고 있는 오늘날, 문화유산의 보존은 더욱 중요한 과제로 부각되었다. 문화유산의 보존은 전통문화에 대한 확실한 이해와 신뢰를 갖게 하는 지름길이고 새로운 문화창조 의욕의 기반을 튼튼히 하는 것이며 휴식하는 잠재능력을 일깨우는 것이 되기 때문이다. 문화유산이 관광의 자원이 되거나, 교육의 자료로 활용되거나, 아니면 조사 연구의 대상이 되거나 하는 등의 어떤 경우에도, 그 보존의 의의는 새로운 문화창조에 이바지할 수 있는 데 있다.

어떤 문화도 외부와 격리된 채 홀로 존재하는 경우는 없다. 하나의 문화란 언제나 다른 여러 문화와 제휴한 상태로 존재한다. 또한 문화는 공간과 시간, 그리고 인종의 차이 등을 뛰어넘어 서로 교류하고 영향을 미친다. 따라서 모든 문화유산은 한 나라 한 민족만의 소유물이 아니다. 문화란 원래 인류 공동의 유산이고 개방된 보고다. 어떤 국가 어떤 지역의 문화도 예외없이 세계 공동의 유산으로 귀속되는 이유가 여기에 있다.

문화는 보편성과 더불어 동시에 특수성을 갖고 있다. 문화의 기본 성격 중에는 특수성을 유지하고 강화하려는 측면과 유사(類似)와 동일화(同一化)의 방향으로 나아가려는 또 다른 일면이 있다. 이와 같은 시각에서 문화를 이해할 때, 여러 지역문화(地域文化)의 다양성이 보존되어야 한다는 사실을 지나쳐 버릴 수 없게 된다. '지리상의 발견'을 계기로 한 유럽세계의 확대, 이를 따라 전파된 서구문화는 그 우수성이 강조되면서 획일화를 요구하고, 또 각 지역의 전통문화를 위협했다. 이같은 요구와 위협이 강하면 강할수록 여러 지역문화의 다양성이 보전되어야 할 필요성은 더욱 높아진다. 세계의 문화란 제각기 자기 독자성을 가지고 있는 여러 문화들의 세계적 차원에서의 협력 이상의 것일 수 없는 까닭이다.

신라 천년의 수도였던 경주는 우리나라 고대문화의 보고(寶庫)다. 따라서 한국인들은 경주를 민족문화의 발상지로 생각하면서, 이 지역 문화유산의 보존과 그 진정한 이해를 위해 각별한 노력을 기울여 오고 있다. 물론 이와 같은 노력이 국수주의나 배타주의에 입각해 있지 않다는 사실은 말할 필요조차 없다. 신라문화가 동아시아문화라는 당시의 세계문화와 호흡을 같이 하면서 발전했듯이, 경주지역 문화의 보존과 개발은 곧 세계문화유산 보존과 개발의 일익을 담당하게 되는 것이기 때문이다.

(2) 신라 천년의 수도 경주

경주는 한국 최초의 통일왕조 신라의 수도였다. 우리의 역사에는 여러 왕조들이 홍망을 거듭해 왔고, 각 왕조의 수도도 더불어 성하거나 쇠했다. 아사달(阿斯達)에서 일어난 고조선(古朝鮮)은 뒤에 왕검성(王儉城)으로 수도를 옮겼다. 고대에는 고구려·백제·신라의 삼국시대가 있었고, 뒤에 신라가 통일을 이룩했다. B.C. 37년 졸본(率本)에서 건국한 고구려는 668년에 망하기까지, 국내성(國內城 : 通溝, A.D. 3), 환도성(丸都城 : 輯安, 209), 평양성(平壤城) 등지로 세 차례 수도를 옮겼고, 백제(B.C. 18~A.D. 660) 또한 위례성(慰禮城)으로부터 한산(漢山)으로(B.C. 5), 다시 웅진(熊津 : 公州, 475), 사비(泗沘 : 扶餘, 538) 등지로 천도하였다. 통일신라의 뒤를 이었던 고려의 수도는 개경(開京 : 開城, 919~1392)이었고, 다음 왕조인 조선에서는 한양(漢陽, 1394~1910)에 도읍했다. 이처럼 역대 왕조들의 수도가 길어야 500년을 지탱했음에 비해, 경주만은 천년 동안(B.C. 57~A.D. 935)이나 신라의 수도였던 것이다. 경주가 한국 제일의 역사도시임은 물론 세계의 여러 역사도시 중에서도 주목되는 그 일차적 이유가 바로 여기에 있다.

신라의 모체는 진한(辰韓) 12국 중의 하나인 사로(斯盧)였다. 사로국은 B.C. 2세기 말경 현재의 경주시(慶州市) 및 월성군(月城郡) 지역에 위치했던 6촌(村)을 중심으로 형성되었고, 이웃한 소국들을 정복하면서 신라로 성장했다. A.D. 32년에 종래의 6촌은 6부(部)로 개편되었고, 6부는 차차 신라의 수도로 발전하면서 이 지역에는 궁실(宮室), 관청(官廳), 고분군(古墳群) 등이 생겨났다. 신라가 그 지위를 확고히 한 것은 4세기 중반 이후다. 그리고 5세기 후반쯤의 신라 왕경인 경주에는 방리명(坊里名)이 정해졌고 사방에 우역(郵驛)이 설치되었으며 또한 시장(市場)이 개설되기도 했다. 당시의 왕경을 왕도(王都)와 왕기(王畿)로 구분하는 경우도 있다. 이에 의하면 왕도는 길이가 3,075보(步), 폭이 3,018보의 규모였고 금성(金城), 월성(月城), 만월성(滿月城), 계림(鷄林)이 포함되어 있었으며, 왕기는 왕도가 위치한 지역 밖의 왕경 지역을 이른다고 한다. 왕경의 행정기구로는 전읍서(典邑署) 및 6부소감전(六部少監典)이 있었는데, 특히 전읍서에 70명의 목척(木尺), 즉 토목기술자가 소속되어 있었음은 왕경의 건설과 관련지어 주목된다.

삼국통일을 이룩한 7세기 중반 이후의 신라는 정치·경제·사회 등 각 방면의 안정과 발전을 이룩했는데, 귀족들이 살았던 왕경의 발전과 번영은 더욱 더했다. 통일을 이룩한 문무왕은 왕경을 일신시켰다. 647년에 안압지(雁鴨池)를 만들었고, 679년에는 궁궐을 장엄하게 중수하고 동궁(東宮)을 창건했으며, 또 내외제문(內外諸門)의 액호(額號)를 정하고, 남산에는 장창(長創)을 설치하고, 또한 부산성(富山城)을 쌓았던 것 등이 그것이다. 그후 왕경 경주는 더욱 발전하여 전성시기에는 17만 8천 여 호(戶)가 살고 55방(坊) 360리(里)의 행정구역과 35금입택(金入宅), 그리고 사절유택(四節遊宅) 등의 화려한 저택들이 있었다고 한다. 그 전성기를 신라 최전성기인 8세기 경으로 보는 견해도 있지만, 경주가 왕경으로 가장 발달했던 9세기 후반으로 보는 견해가 더욱 타당할 것이다. 전성시기 경주의 인구가 17만8천 여 호(약 90만명)였다는 기록에 대해서는 의문을 제기하면서 홋수를 인구의 숫자로 보려는 견해도 있다. 그러나 17만8천 여 호라는 기록에 과장이나 착오가 있었다고 하더라도 당시의 인구가 17만명은 넘어서고 있었을 것임은 인정해도 좋을 것이다.

이미 5세기 후반에 편제되었던 왕경의 방리제(坊里制)는 왕경의 발전과 이에 의한 인구의 증가에 의해 6부(部) 55방(坊) 360리(里)의 행정구역으로 구획되었다. 금입택이란 귀족들의 호화주택이었고 대표적인 금입택으로 경주에 35호가 있었던 것이며, 사절유택은 일종의 별장이었다. 9세기 후반경에 이르면 왕경은, "민가는 이웃과 연이어 즐비하고 모든 집은 기와로 덮었고 숯으로 밥을 지으며 노랫소리가 끊일 날이 없었다."는 기록이 보일 정도로 그 번성을 구가했다. 이 무렵 경주는 국제도시로서의 성격까지도 띠고 있었다. 중국인, 일본인, 서역인 등의 내왕이 있었고, 아라비아 상인의 손을 거쳐 공급된 서아시아·동남아시아산의 보석, 공예품 등 사치품이 대표적인 부호와 귀족층에 사용되고 있었다. 경주 남쪽 40km쯤 떨어진 항구 울산은 신라 해외무역의 문호였다. 물론 당시 경주의 도시 분위기는 다분히 소비적이고 향락적이었다고 할 수 있다. 경주의 번영을 자랑하던 헌강왕이 죽은 뒤 5년도 못되는 890년에 이르면 중앙정부의 재정이 고갈되는 상태에 빠졌고, 경주는 낙엽이 지는 격이었다. 신라가 망하면서 경주의 번영도 끝났고, 개경(開京)을 중심으로 새로운 시대가 열렸다.

고려 태조는 935년에 신라의 왕도를 경주(慶州)로 고쳤는데, 이때부터 경주라는 명칭이 사용되었다. 그 후의 경주는 동경(東京)으로(987년), 계림부(鷄林府)로(1308) 개칭되었다. 조선 태종 13년(1413)

에 다시 경주부(慶州府)로 개칭되었고, 1896년 전국을 13도로 개편할
때 경상북도 경주군(慶州郡)이 되었다. 1913년에 경주읍(慶州邑)으
로, 그리고 1955년에 경주시(慶州市)로 승격되었다. 종래의 경주군이
경주시와 월성군(月城郡)으로 개편되었던 것이다. 현재의 경주시는
면적 218.79km, 인구 13만 여 명의 도시다.

(3) 신라문화의 성격과 경주

경주지역에서의 문화의 축적은 청동기시대부터이고, 한국의 청동기
시대는 10세기경부터 약 1천년간 계속된 것으로 알려지고 있다. 경주
지역의 18개소에서 청동기 전기의 지석묘들이 발견된다. 특히 이·지
역은 청동기시대 후기의 유물인 청동기가 집중적으로 발견되는데, 입
실리(入室里), 구정리(九政里), 평리(坪里), 조양동(朝陽洞) 등지의
유적이 그것이다.

삼국시대 신라문화는 고구려, 백제에 비해 뒤지고 있었다. 신라에서
의 불교 공인이 고구려에 비해 155년 뒤에 이루어졌고, 유교적 교육기
관인 국학(國學)의 설립 또한 고구려보다 310년이나 뒤졌다. 원효(元
曉)는 고구려의 망명승(亡命僧) 보덕(普德)에게 배운 바 있고, 황룡사
9층석탑 건립도 백제 기술자의 힘을 빌려 가능했다. 이들 사례는 신라
문화의 후진성을 알려주는 것이다. 신라가 반도의 동남쪽에 치우쳐 있
었음은 선진문화 수용에 불리했던 것이지만, 부족국가시대 이래의 전
통적 문화 체질을 더욱 튼튼히 할 수 있었음은 주목되고 있다. 신라가
불교를 공인함에 있어서 귀족들의 강한 반대에 부딪쳤고, 이차돈(異
次頓)의 순교가 있고 난 뒤에야 가능했던 점에 유의할 때, 신라에서의
전통문화의 기반이 두터웠던 사실을 알게 된다. 전통문화를 토대로 하
여 화백제(和白制), 골품제(骨品制) 등의 특수한 제도 및 청소년의 수
행단체인 풍류도(風流道), 즉 화랑도(花郎徒)가 나타날 수 있었고, 이
것은 신라 문화의 특징이기도 했다. 전통문화의 기반이 튼튼했음은 신

라로 하여금 자기 충실을 가능케 했고, 이를 토대로 선진 외래문화를 수용했을 때 소화와 선택을 가능케 했던 것이다.

통일을 이룩한 신라는 고구려 및 백제의 문화를 흡수·통합하면서 한국 고대문화의 윤곽을 마련하고 그 전통을 수립했다. 통일신라 문화의 발전에 있어서 당의 세계적인 문화에서 영향받은 바 많다. 그러나 그 영향이란 것도 단순한 모방은 아니었고, 신라문화의 기준을 토대로 여과과정을 거친 것이었음에 유의할 필요가 있다. 신라가 통일을 이룩하는 과정에서 한반도 내에서의 당 세력의 축출이라는 역사 경험이 문화의 자주성을 높이는 계기가 되기도 했다. 무열왕을 태종(太宗)이라고 칭했던 점에서, 원효가 수립한 독특한 사상체계에서, 당나라에 유학했던 원측(圓測)의 유식학(唯識學)과 의상(義相)의 화엄학(華嚴學)이 당의 경우와는 다른 측면에서 전개되었던 등의 예를 통해서 신라문화를 당의 그것과 구별할 수 있게 된다.

통일신라시대의 경주가 국제도시로 발전하고 있었음에 대해서는 전술한 바와 같다. 신라문화는 특수성과 더불어 세계문화로서의 보편성을 갖고 있었다. 물론 세계문화란 당을 중심으로 하는 동아시아의 문화를 말하는 것이지만, 넓게는 서아시아의 영향까지도 포함하는 것이다. 신라문화의 토대는 불교문화였고, 불교는 이미 세계적인 보편성을 갖고 있었다. 이것은 곧 신라문화의 보편성과 직접적인 연관이 있다. 신라문화의 보편성이 당의 세계적인 문화의 영향과 무관하지 않음은 말할 필요도 없지만, 이웃한 일본 고대문화의 형성과 그 발전에 신라문화가 많은 영향을 주었던 사실 또한 간과되어서는 안된다. 이와 같은 신라문화의 보편성에 유의할 때, 신라문화의 이해가 세계문화의 문맥 위에서 이루어져야 한다는 당연한 논리가 강조될 수 있다.

경주지역에서 꽃핀 문화는 신라문화, 나아가서 한국 고대문화의 정수다. 경주는 신라 천년의 수도였고, 한국 고대문화의 특성이 귀족중심의 문화였기 때문이다. 경주에는 한국 고대의 수많은 문화유산이 보존되어 있다. 궁성(宮城)이었던 월성(月城), 원지(苑池)였던 안압지(雁鴨池), 귀족들의 연회가 베풀어졌던 포석정(鮑石亭)이 남아있다. 사원이 하늘의 별처럼 즐비했다는 기록에 과장이 있다고 하더라도 수많은 사찰이 있었음도 확인된다. 80m에 가까운 9층목탑이 있던 황룡사지(皇龍寺址)를 비롯, 사천왕사지(四天王寺址), 감은사지(感恩寺址) 등 확인된 사지만도 50개가 넘고, 불국사(佛國寺), 분황사(芬皇寺), 백율사(栢栗寺), 기림사(祇林寺) 등은 신라 이래 오늘날까지도 법등(法燈)이 꺼지지 않고 있다. 불국사의 다보탑(多寶塔) 및 석가탑(釋迦塔)을 비롯한 수많은 석탑(石塔), 석굴암(石窟庵)의 본존불(本尊佛)로 대표되는 무수한 불상들, 이 외에도 석등(石燈), 석조(石槽), 석정(石井), 당간지주(幢竿支柱), 십이지신상(十二支神像), 비석(碑石), 귀부(龜趺), 초석(礎石) 등은 그 수를 헤아리기 어렵다. 또한 사리구(舍利具), 토기(土器), 와당(瓦堂), 전(塼), 금관(金冠) 등의 출토 공예품이 있다. 성덕대왕신종(聖德大王神鐘)은 동 12만근을 들여 만든 큰 종이고, 높이 9m 쯤의 첨성대(瞻星臺)는 7세기 전반에 건축된 세계 최초의 천문대(天文臺)이고, 문무왕릉(文武王陵)인 대왕암(大王岩)은 세계 어디에도 유례가 없는 해중릉(海中陵)이다. 발굴조사가 진행되고 있는 월정교지(月精橋址)는 아취형의 석교(石橋)였음이 확인되고 있다. 경주의 남쪽에는 남산(南山)에만도 60여 개의 사지, 70기가 넘는 석불과 마애불, 약 40개의 석탑 등 많은 유물·유적이 있다. 또한 신라 56명의 왕들 중 38기의 왕릉의 이름이 전해지고, 경주시 일대에 있는 대형 봉토(封土)를 갖춘 고분(古墳)을 비롯, 형적(形蹟)을 알 수 있는 고분만도 200기가 넘고, 이밖에도 수백의 대소 고분이 있었던 것으로 조사되고 있다. 아직도 경주지역의 지하에는 수많은 문화유산이 묻혀있는 것이다. 이 지역의 문화유산 중에서 국보, 보물 등 국가지정 문화재로 보호되고 있는 것은 170종이다.

3. 경주지역 문화의 연구 성과

경주지역 문화에 대한 연구는 비교적 활발하게 이루어져 온 편이
고, 그 성과 또한 적지 않다. 전통적으로는 지리지류가 여러 차례 간
행된 바 있고 1910년대 이후에 간행된 경주에 관한 단행본만도 40종
에 가깝다. 또한 이 지방의 역사, 미술, 민속 등에 관한 전문적인 논문
도 그 숫자가 대단히 많고 발굴조사 등의 보고서류도 적지 않다. 이와
같은 연구 성과의 축적은 경주가 신라 천년의 왕도였고, 따라서 신라
문화가 집중되어 있는 데도 그 일차적 동기가 있을 것이다. 이제 참고
로 경주지역과 관련하여 간행된 단행본을 간행년도 순으로 정리해 보
면 다음과 같다.

1. 諸鹿央雄,《신라사적고》, 1916.
2. 奧田悌,《신라 구도 경주지》, 옥촌서점, 1920.
3. 中村亮平,《조선 경주의 미술》, 예초당, 1929.
4. 大阪六村,《취미의 경주》, 경상북도, 1931.
5. 濱田靑陵,《경주의 금관총》, 강서원, 1932.
6. 박관수,《경주의 사적과 전설》, 박신당서점, 1937.
7. 森慶三,《신라 천년의 고도 경주 사진첩》, 1937.
8. 大阪六村,《경주의 전설》, 田中東洋軒, 1937.
9. 中村亮平,《증보 조선경주의 미술》, 개조사, 1940.
10. 동도유도회 편집부,《동도유적지》, 1967.
11. 경주고적보존회,《신라 구도 경주고적 도휘》, 1922.
12. 이중화,《경주 기행》, 제일상회, 1922.
13. 박관수,《신라 고도 경주 부근의 전설》, 청진서관, 1933.

14. 경주고적보존회, 《신라 구도 경주 고적 안내》, 1934.

15. 최상수, 《경주 고적 전설》, 대양출판사, 1948.

16. 손대호, 《신라사화》, 선일사, 1952.

17. 최상수, 《경주의 고적과 전설》, 대재각, 1954.

18. 김영기, 《신라문화와 경주고적》, 이문사, 1954.

19. 이기옥, 《신라 고분능묘고》, 1956.

20. 손대호, 《신라고적해설》, 선일사, 1957.

21. 황호근, 《불국사와 석굴암》, 한국출판사, 1957.

22. 황병연, 《신라 고도 경주, 고적 안내》, 신생문화사, 1959.

23. 황호근, 《경주의 고적, 신라 고도 안내》, 계몽출판사, 1959.

24. 정비석, 《경주관광안내》, 동양정판인쇄주식회사출판부, 1967.

25. 손대호,손정호, 《황성옛터에서 신라전설》, 학우사, 1968.

26. 서상은, 《경주의 고적》, 한진문화사, 1971.

27. 한국문화재보호협회 경주시지부, 《불국사와 석굴암》, 1972.

28. 진홍섭, 《경주 문화재 산보》, 학생사, 1973.

29. 한국불교연구원, 《신라의 폐사 I》, 일지사, 1974.

30. 진홍섭, 《경주의 고적》, 열화당, 1975.

31. 손대호, 《신라전설》, 신현실사, 1976.

32. 한국불교연구원, 《신라의 폐사 II》, 일지사, 1977.

33. 윤경렬, 《경주남산고적순례》, 경주시, 1979.

34. 권오찬, 《신라의 빛》, 경주시, 1980.

35. 경주시, 《천년 고도 경주》, 1980.

36. 신 왕, 《새 신라기》, 동문출판사, 1980.

37. 윤경렬, 《신라의 전설집》, 경주시, 1980.

38. 경주시, 《고도 경주》, 1982.

39. 김병모 외, 《역사도시 경주》, 열화당, 1984.

40. 윤경렬, 《신라의 아름다움》, 동국출판사, 1985.

경주 지역은 신라의 유적이 집중되어 있는 곳이다. 따라서 이 지역의 신라 유적은 많은 발굴조사가 있었다. 이를 정리해 보면 대략 다음과 같다.

① 일제강점기

경주 제100호분(검총), 보문리 고분, 입실리의 청동기 유적, 금관총, 마총, 식리총, 금령총, 서봉총, 제82호분, 제83호분, 충효리 제1호~10호분, 제16호분, 노서동 고분, 제54호분, 제14호 및 제109호분, 황오리 무명분, 충효리 무명분.

② 1940년대 및 1950년대

호우총, 은령총, 황오리 폐고분, 금척리 고분군, 황오리 제17호분, 제137호분(쌍상총), 노서리 제138호분, 제133호분(마총), 황오리 제32~1호분, 감은사지, 황오리 제4호분, 제5호분, 황남리 파괴분, 상신삼리 지석묘, 서악리 고분.

③ 1960년대

구정리 방형분(경주교육청, 1964), 월성 망성리 토기요지(신라오악학술조사단, 1965), 황오리 제33호분(이화여자대학교 박물관, 1965), 황오리 제1호분(문화재관리국, 1965), 분황사석불군(국립박물관, 1965), 황남동 제151호분(경주박물관, 1966), 황오리 제30호 및 제60호분(문화재관리국, 1966), 황오리 제18호분(이화여대박물관, 1967), 황오리 제37호분(경북대박물관, 1967), 용강동 고분, 인왕동 건물지, 구황동 폐사지, 보문동 고분, 방내리 고분군(이상은 문화재관리국, 1968), 불국사 건물지(문화재관리국, 1969), 이견대지(문화재관리국, 1969), 망덕사지(문화재관리국, 1969), 황룡사지(이화여대박물관과 문화재관리국 합동, 1969), 인왕동 제19호분·제20호분(경희대박물관, 1969), 충효동 민묘(국립박물관, 1969), 송화방추정지(신라삼산학술조사단, 1969)

④ 1970년대

망당사지·안계리 고분군·불국사 구품연지(문화재관리국, 1970), 홍륜사지 주변발굴(문화재관리국, 1972), 곤원사지(문화재관리국, 1973), 계림로 고분군(경주박물관, 1973), 황남동 제110호분 및 미추왕릉지구 중의 A, B, C, D지구 고분군(영남대박물관, 1973), 인왕동 제156-1호분 및 제156-2호분(단국대박물관, 1973), 인왕동 제149호분(이화여대박물관, 1973), 교동 폐고분(서울대박물관, 1973), 황남동 A호 파괴분(고려대박물관, 1973), 미추왕릉지구 제1, 2, 3 지역 고분군(경북대박물관, 1973), 미추왕릉지구 제5지역 고분군 및 미추왕릉 제7지구 고분군(부산대박물관, 1973), 미추왕릉내 황남동 폐고분(경북대박물관 문화재관리국 합동, 1974), 경주박물관 부지내 건물지(경주박물관, 1974), 김유신 장군 묘역(경주사적관리사무소, 1974), 인왕동 고분(경주사적관리사무소와 경주박물관 합동, 1975), 고선사지(문화재관리국, 1975), 황오동 제37호분(경북대박물관, 1975), 능지탑지 및 분황사(동국대박물관, 1975), 조양동 주거지(경주박물관, 1977), 내남면 고분 및 홍륜사지(문화재연구소, 1977), 인왕동 고분군(영남대박물관, 1977), 동방동 요지(경주사적관리사무소와 경주박물관 합동, 1977), 홍덕왕릉 주변(경주사적관리사무소, 1977), 금척리 신라기와 요지 및 홍륜사지 탑지(경주고적발굴조사단, 1978), 조양동 고분군(경주박물관, 1979), 분황사문지 및 월성동문지(경주고적발굴조사단, 1979)

⑤ **1980년대**

미탐사지 및 조양동 고분(경주박물관, 1980), 월성 천룡사 기와요지 및 영흥사지(경주사적관리사무소, 1980), 감은사지(경주고적발굴조사단, 1980), 금척리 고분(경주사적관리사무소와 경주박물관 합동, 1981), 굴불사지 및 조양동 고분(경주박물관, 1981), 홍륜사지 주변(경주고적발굴조사단, 1981), 구정동 토광묘 및 조양동 고분(경주박물관, 1982), 동천동 폐사지(경주고적발굴조사단, 1982), 월성 나정리 고분군(경북대박물관, 1983), 월성로 고분군 및 황성동 고분군(경주박물관, 1985), 월성해자지

(경주고적발굴조사단, 1985), 원원사지 외곽 및 굴불사지(경주고적발굴조사단, 1985), 월성해자지 2차발굴(경주고적발굴조사단, 1985), 용강동 고분(경주고적발굴조사단, 1986), 석장사지(동국대박물관, 1986)

이상에서 정리해 본 바와 같이, 경주지역의 신라 유적에 대한 많은 발굴 조사가 진행되었다. 이 지역의 유적에 대한 발굴조사, 지표조사, 복원공사 등과 관련하여 간행된 보고서를 살펴 보면 다음과 같다.

1. 조선총독부, 《경주 금관총과 그 유적》, 조선총독부, 1924.
2. 조선총독부, 《경주 금령총·식이총 발굴조사보고》, 조선총독부, 1932.
3. 조선총독부, 《생활상태조사 7》, 경주군, 1934.
4. 조선총독부, 《경주 황남리 제82호분》, 제82호분 조사보고, 1935.
5. 조선총독부, 《경주 충효리 석실고분 조사보고》, 1937.
6. 조선총독부, 《경주 황남리 제109호분·황오리 제14호분 조사보고》, 1937.
7. 김재원, 《호우총과 은령총》, 을유문화사, 1948.
8. 김재원·김원룡, 《경주 노서리 쌍상총·마총·138호분 조사보고》, 을유문화사, 1955.
9. 홍사준·김정기·박일훈, 《황오리 4·5호분 : 황남리 파양고분 발굴조사보고》, 을유문화사, 1964.
10. 김원룡, 《분황사 석불군》, 문화재관리국, 1967.
11. 문화재관리국, 《석굴암 수리공사보고서》, 1967.
12. 김원룡·진홍섭·박일훈, 《경주 황오리 제1·33호·황남리 제151호고분 발굴조사보고》, 문화재관리국, 1969.
13. 김정기·김원룡, 《경주 황남동 155호 발굴약보고》, 문화재관리국, 1973.

14. 경희대학교박물관, 《경주 인왕동(19·20호) 고적 발굴조사보고》, 1974.

15. 문화공보부 문화재관리국, 《천마총》, 1974.

16. 경주시, 《경주 황남동 98호고분 발굴약보고》, 1975.

17. 김택규·이은창, 《황남동고분 발굴조사보고》, 영남대박물관, 1975.

18. 문화재관리국 경주사적관리사무소, 《경주지구 고분 발굴조사보고서 제1집》, 1975.

19. 문화재관리국 경주사적관리사무소, 《경주 황남동 제98호고분(남분) 발굴약보고》, 1976.

20. 문화공보부 문화재관리국, 《불국사 복원공사보고서》, 1976.

21. 문화재관리국 경주사적관리사무소, 《고선사지 발굴조사보고서》, 1977.

22. 한국문화재보급협회, 《경주지구 고분 발굴조사보고서》 제1집, 문화재관리국, 1976.

23. 문화공보부 문화재관리국, 《안압지》, 1978.

24. 경상북도, 《석조유적 조사보고서》, 1978.

25. 문화재관리국 경주사적관리사무소, 《경주지구 고적 발굴조사보고서》 제2집, 1980.

26. 문화재관리국 문화재연구소, 《황룡사 유적 발굴조사보고서 1》, 1984.

27. 윤용진, 《월성군 나정리 고분 발굴조사보고》, 경북대학교 고고인류학회, 1985.

28. 문화재관리국 경주고적 발굴조사단, 《월성해자시굴 조사보고서》, 1985.

29. 동국대 경주캠퍼스 박물관, 《신라 남산 유적조사》, 1985.

4. 경주지역 문화의 연구 방향

(1) 신라 천년의 도읍지였던 경주의 역사적 중요성은 새삼 강조할 필요가 없다. '민족 문화의 뿌리로서의 경주', '역사와 고대문화의 상징과도 같은 존재로서의 경주'라는 사실은 두루 인정되고 있다. 이 지방 문화에 대한 연구는 활발하게 이루어져 왔고 그 성과 또한 적지 않다. 전통적으로는 경주에 관한 지리지류(地理誌類)가 여러 차례 간행된 바 있고, 1910년대 이후에 쓰여진 경주에 관한 단행본만도 30여 종이 넘는다. 또한 이 지방의 역사, 문학, 미술, 민속 등에 관한 개별적인 논문은 그 수가 많고, 지표조사, 발굴조사, 복원공사 등에 관한 보고서류만도 20여 종이 넘게 간행되었다. 필자는 이들 연구 성과를 면밀히 검토할 수 있는 충분한 능력과 시간을 갖지 못했다. 아직은 역사도시 경주에 대한 관심을 갖고 자료를 수집·정리해 보고 있을 뿐이다. 본 소고는 지금까지의 연구를 일별하면서 느낀 경주 연구의 범위와 방법론, 그리고 방향 등에 대하여 간략히 서술하고자 하는 것이다.

(2) 경주지방의 문화를 연구하려 할 때, 일차적으로 부딪히는 문제는 그 범위의 한정이다. 공간적인 범위는 물론 신라문화와 경주문화와의 관계 등이 문제된다. 행정구역상의 경주를 연구대상으로 한다면 별 어려움은 없을 것이다. 그러나 경주문화권을 논의의 대상으로 삼는 것이 바람직하다고 볼 때, 어디까지를 이 문화권에 포함시킬 것인가 하는 의문이 제기된다. 신라 왕경으로서의 경주와, 고려 및 조선시대의 경주 등 그 역사적인 변천 과정을 살펴봄으로써 이 문제에 접근할 수 있을 것이다. 대체적으로 경주시를 포함한 월성군 지역 즉, 감포, 건천, 입실, 안강 등으로 이어지는 지역 이내를 경주문화권으로 설정하고 있고, 이것은 역사적인 배경과도 크게 어긋나지 않는다.

경주의 연구는 신라문화 전체에 대한 이해를 증진시키는 데 크게 기여할 수 있고, 또 그 방향으로 진행되는 것이 좋을 것이다. 그러면서도 경주 연구와 신라 연구는 구별할 필요가 있다. 신라라는 전체 속에 경주라는 부분을 흡수시켜 버릴 수는 없기 때문이다. 경주시 신라문화선양회가 7집까지 간행한 《신라문화 제학술발표회논문집》은 타지방에서는 볼 수 없는 성과이고, 신라문화 연구에 크게 기여한 것이 사실이다. 그러나 이 논문집을 통해 발표된 70여 편의 논문은 거의 모두가 신라문화 전반에 관한 것일 뿐, 경주지방에 대한 것은 겨우 두세 편에 불과하다는 사실은 한번쯤 생각해 볼 필요가 있다. 최근에 간행된 《역사도시 경주》의 경우도 그 내용의 삼분의 일 이상이 신라문화 전반에 관한 것이다. 신라 연구와 경주 연구를 구분할 필요가 있다는 것은 이 지방 문화에 대한 보다 심층적인 연구가 필요하다는 이유 때문이지, 연구의 폭을 축소시켜야 한다는 것은 아니다.

경주가 신라 천년의 고도였다는 점을 감안할 때, 이 지방의 신라문화가 연구의 대부분을 차지하는 현상은 이해된다. 그러나 고려 및 조선시대의 유물·유적에 대한 연구와 보호 또한 새롭게 인식되어야 할 것이다.

(3) 경주지방의 많은 유물과 유적은 고고학 및 미술사 연구의 직접적인 대상이 되지만, 이와 관련된 문헌 자료 또한 이 방면 연구에 큰 도움이 된다. 고고미술 동인회가 간행한 《경주고적시문록(慶州古蹟詩文錄)》(1962)과 이동종(李東種)의 《동도시선(東都詩選)》(1967) 등은 이 지방 고적과 관련된 기초 자료에 관한 정리였다는 점에서 그 의의가 크다. 전자는 원래 대판금태랑(大坂金太郎)이 48종의 문집에서 발췌했던 것을 다시 경주고적과 직접적인 관련이 있는 시문만을 34종의 문집에서 가려 뽑아 간행한 것이다. 필자는 최근 20여 종의 문집에서 경주고적에 대한 기설류(記說類) 40여 종을 발췌했다. 앞으로 더 많은 문집을 조사할 필요가 있다. 그리고 모아진 자료를 정리 번역하여 간행한다면 이

지방 고적 연구의 한 기초 자료가 될 수 있을 것이다.

필자는 년전(年前)에 대정각간(大正角干 즉, 金大城)이 황복사(皇福寺)의 표훈(表訓)에게 화엄교(華嚴敎)를 배웠고 신림(神琳)이 불국사에서 화엄법회(華嚴法會)를 주관했던 사실 등을 균여(均如)의 저서에서 확인한 바 있다. 이 자료는 석굴암 및 불국사 연구에 도움을 준다. 황룡사(皇龍寺)의 9층탑이 사람들이 올라갈 수 있게 설계되어 있었음은 혜심(慧諶)이 남긴 〈등황룡탑(登皇龍塔)〉이라는 간단한 시를 통해 알 수 있다. 《경주선생안(慶州先生案)》에는 1597년의 정유재란(丁酉再亂)에 분황사(芬皇寺) 30만근의 금불(金佛)이 불타고 9층고탑(九層古塔)이 파괴되었던 사실을 기록해 두었다. 아마도 이때 소실된 불상은 명장(名匠) 강고(強古)가 755년에 주성했다는 36만 여 근의 약사상(藥師像)이었을 것이다. 특히 분황사의 탑이 9층이었다는 것은 미술사학계의 오랜 의문을 풀어주는 중요한 기록이다.

경주지방에서는 타 지방에 비해 많은 지리지류가 간행된 바 있다. 《동경잡기(東京雜記)》(1670), 《경주부지(慶州府誌)》(1832), 《동경읍지(東京邑誌)》(1932), 《동경통지(東京通誌)》(1933), 《금오승람(金鰲勝覽)》(1936), 《동경속지(東京續誌)》(1961), 《경주시지(慶州市誌)》(1971) 등이 그것이다. 이 외에도 《경상도지리지》(1425), 《고려사지리지》(1451), 《세종실록지리지》(1454), 《경상도속찬지리지》(1469), 《동국여지승람》(1481), 《여지도서》(1861), 《대동지지》(1862), 《영지요선》(1876), 《교남지》(1940) 등에도 경주에 대한 서술이 포함되어 있다. 이들 지리지의 기록을 충실히 비교 검토할 필요가 있다. 물론 이들 지리지류에 대한 사학사적인 검토가 마땅히 병행되어야 한다.

1910년대 이후 경주지방의 옛 사진 자료를 수집·정리할 필요가 있다. 사진은 유물·유적의 발굴이나 복원, 또는 파괴나 이전 등의 변화가 있기 이전의 원상태를 그대로 보여주는 자료이기 때문이다. 김택규(金宅圭)는 목량귀구(目良龜久)가 1908년에 찍은 경주지역 사진 25매를 《신라문화 제학술발표회논문집》에 소개한 바 있다. 이 무렵의 사진 자료는 더 많이 수집될 수 있을 것이다. 조선총독부의 《생활상태조사》(경주군)에도 경주지방의 사진 190여 매가 수록되어 있어 1930년대의 경주의 모습을 아는 데 참고가 된다. 수집된 사진 자료는 분류·정리하여 도록으로 간행한다면 더 좋을 것이다.

(4) 개별적이고 산발적으로 이루어진 연구 성과를 종합적이고 계획적인 입장에서 검토·정리할 필요가 있다. 이 지방 문화를 소개하는 수많은 저서가 간행되었음은 이미 앞에서 지적했다. 이 저서들을 일별할 때, 각 방면에서 이루어진 연구 성과를 수용한 경우가 적다는 느낌이 있다. 지표조사나 발굴조사를 통해 이룩한 성과, 미술사학·역사학·문학 등 각 방면에서 발표된 개별적인 연구 성과를 이 지역 문화의 성격을 재구성하는 자료로 활용해야 할 단계에 왔다는 것이다. 《역사도시 경주》의 경우, 종래의 연구성과를 어느 정도 반영한 서술이었지만 그 주제 선정상의 문제가 보인다. 최병헌의 〈고신라적석목각분의 변천과 편년〉(《한국고고학보》 10·11합집, 1981)은 많은 발굴조사 보고서를 두루 활용한 논문이다.

경주지방에 살고 있는 연구자와 타지방의 연구자들 간에는 보다 활발한 학문적 교류가 이루어져야 할 것이다. 이 지방의 지리나 문화적인 특징에 익숙하지 못한 연구자들은 이 지방 연구자들이 이룩한 성과에 도움을 얻어야 할 것이고, 또한 향토사가들은 각 방면 연구자들의 견해를 검토 수용해야 할 것이다.

중요 유적이나 어떤 주제에 대한 공동연구나 학술세미나가 보다 활발하게 이루어져야 한다. 한국과학사학회가 주최했던 '첨성대토론회'(1981), 경주박물관이 주최한 '안압지에 대한 학술세미나'(1982), 동국대학교 신라문화연구소가 개최했던 '토함산 석굴암의 재조명'(1984) 등의 학술세미나가 있었다. 이들 세미나는 어떤 주제에 대한 다방면의 조명을 시도하고 토론했다는 점에서 의의가 크다. 그러나 아직도 각

분야의 전공자들이 공동으로 참여하는 공동연구나 학술토론을 필요로 하는 주제는 많다. 예컨대 경주 남산, 황룡사, 안압지 능묘 등의 문제 등이 그렇다.

경주 남산의 경우를 그 한 예로 살펴보자. 조선총독부가 1940년에 간행한 경주 남산의 불적은 일인들에 의해 15년에 걸쳐 조사된 성과였다. 그 후 정영호(鄭永鎬)는 20여 건의 새로운 자료를 소개했고(〈경주남산불적보유〉,《사학지 1》, 1967), 이호관(李浩官)은 금오산(고위산) 및 마석산 일대의 지역을 조사, 새로 확인한 44건 중 19건을 발표했다. (〈경주 남산 금오산·마석산 신발견 불적〉,《문화재 7》, 1977) 일인들의 조사에서 누락되었던 상당수의 불적을 찾아낸 이들의 노력은 주목되어 마땅하다. 또한 윤경렬(尹京烈)의 수십 년에 걸친 노력으로 이룩된《경주남산고적순례》(1979)는 남산 이해의 폭과 깊이를 더했다. 남산의 유물·유적에 대한 개별적인 연구 논문도 20여 편이 발표되었다.

그러나 아직도 남산의 종합적인 연구는 이루어지지 못했다. 유물·유적의 정밀한 실측과 발굴 등의 문제가 남아있다. 지표조사의 경우, 종래의 연구 성과를 종합한다면 큰 어려움은 없을 것이지만, 중요 유적에 대한 발굴조사는 간단한 문제가 아니다. 불적을 중심으로 하는 미술사적인 연구 외에도 정치, 종교, 국방, 건설 등과 관련된 여러 문제들도 종합적으로 재해석되어야 할 것이다. 경주시가 남산에 대한 학술조사를 위한 계획을 하고 있다는 소식은 고무적인 일이고 그 기대 또한 크다. 종합적이고 장기적인 계획이 이루어져야 할 것이다. 일반인의 남산 순례나 탐방에 대한 안내에 대해서도 관심을 가져야 한다. 학술조사를 토대로 한 남산의 안내서가 간행·유포되어야 할 것이고 더 많은 안내판을 설치해서 일반인의 탐방에 편리를 제공해야 할 것이다.

(5) 경주 연구에 있어서 앞으로 규명하고 해결해야 할 과제는 적지

않다. 첨성대, 석굴암, 김유신 묘, 금성의 위치 등에 대해서는 학계의 상당한 논란이 있었지만, 아직도 각기 다른 견해들이 대두되어 있을 뿐이다. 앞으로도 더 많은 토론이 이루어져야 할 것이다.

많은 유물들이 원래의 위치로부터 이동했다. 경주지역에 있으면서도 박물관, 학교, 개인의 집으로 옮겨진 것이 있는가 하면, 이 지역을 멀리 벗어난 중요 유물도 많다. 예컨대, 고선사에 있던 서당화상비의 경우는 국립중앙박물관과 동국대학교 박물관에 각각 소장되어 있기도 하다. 원래의 위치를 벗어난 모든 유물의 소장처를 밝히기란 지극히 어려운 일이겠지만, 중요 유물에 대해서만이라도 이를 밝혀 정리하는 일도 한 과제라고 생각된다.

경주지역의 금석문에 대한 정리와 연구도 남아있는 과제다. 《조선금석총람》, 《한국금석유문》, 《한국금석총목》, 《고대조선일본금석문자료집성》 등이 이 연구에 참고될 것이지만 개별적인 연구 논문도 폭넓게 활용되어야 한다.

이 지방과 관련된 설화는 앞으로 더욱 연구되어야 할 것이다. 경주지방에 전해진 설화는 다양하다. 《삼국유사》에는 만파식적설화, 김현감호설화, 사금갑설화, 사복설화 등 이 지역에서 전승되고 있던 많은 설화가 수록되어 있다. 이들 설화들은 그 후에도 문헌에 수록되었고, 지금도 현지에는 적지 않은 설화들이 전승되고 있다. 대판육촌(大坂六村)의 《경주의 전설》(1927), 박관수의 《경주의 사적과 전설》(1937), 최상수의 《경주의 고적과 전설》(1954), 윤경렬의 《경주전설집》(1980) 및 《신라이야기》(1981) 등은 이 지방 설화를 소개한 것이다. 한국정신문화연구원이 전국의 설화를 채록하여 간행한 《한국구비문학대계》(1980) 중의 경주·월성편 3책과 최진원의 〈삼국유사소재 서라벌설화의 현지조사보고〉(1982) 등은 현지에서 채록한 설화라는 점에서 주목된다. 이 지방 설화의 채록과 소개 못지않게 중요한 것은 설화 연구 방법에 입각한 분석적인 검토가 수반되어야 한다. 사금갑설화의 경우,

서출지의 유래를 설명하는 단순한 것이 아니다. 이 설화는 세시풍속과도 관련이 있지만, 신라불교 수용의 문제와도 밀접한 연관이 있기 때문이다.

(6) 이 지방 문화에 대한 연구는 곧 경주의 발전과 직접적인 관계가 있다. 따라서 경주지방 문화의 홍보나 신라문화의 선양을 위한 방안이 모색되어야 하고, 이 지역에 있는 연구기관이나 유관 단체 등이 공동의 노력을 기울여야 할 것이다. 보다 활발한 연구를 유도하고 이 지방 문화의 선양을 위해서는 일차적으로 보다 많은 서적이 간행 유포되어야 한다. 경주 연구의 자료집이나 연구문헌목록, 경주의 문화를 종합적이고 체계적으로 알릴 수 있는 개설서, 석굴암, 안압지, 황룡사, 남산 등에 대한 개별적인 단행본, 사진도록 등을 간행할 필요가 있다. 동시에 외국어 번역본이 이루어져야 마땅하다. 또한 슬라이드, 비디오 등의 제작도 계획해 볼 만한 것인데, 이 경우 전문가의 참여가 있어야 할 것이다.

II. 단군신화, 그리고 풍류정신

Ⅱ. 단군신화, 그리고 풍류정신

1. 문화의 보편성과 특수성

(1) 문화를 보는 시각

한국문화의 현위치를 보다 정확하게 파악하고 동시에 그것이 지향할 방향을 모색하려 할 때, 문화의 보편성과 특수성이라는 문제에 눈을 돌리게 된다. 그리고 문화의 보편성과 특수성이라는 문제에 접근하기 위해서는 문화 형성의 기본적인 원리를 이해할 필요가 있게 된다. 또한 문화의 모든 양상이 사회 구성원으로서의 인간에 의하여 얻어진 것일진대, 인간과 사회에 대한 본질적인 이해를 토대로 하지 않고서는 문화의 기본적인 성격들을 이해하기가 어렵다.

필자는 인간과 사회에 대한 근본적인 이해를 연기론(緣起論)에 입각하여 살펴보고자 한다. 그리고 문화에 대해서도 이와 같은 이해를 토대로 하여 검토하고자 하는 것이다. 인간이든 세계이든 혹은 문화든 간에 연기의 도리에서 비추어 보지 않고서는 그것이 쉽게 이해되지 않기 때문이다. 이 세상의 모든 존재는 어떤 조건으로 말미암아 발생

한다. 이것이 인연소기(因緣所起)고 곧 연기다. 인간까지를 포함한 일체의 사물 혹은 인간이 만들어 내는 여러 가지 창조적인 업적들도 모두 연기의 도리를 벗어나 있지 않다. 일체의 모든 것은 독립적이고 개체적으로 존재하지 않는다. 모든 구성원 혹은 구성부분들 간의 불가분리의 유기적 관계로서 존재한다. 이것이 연기의 뜻이다. 이와 같은 연기의 도리에서 볼 때, "어떤 문화도 홀로 존재하는 것이 아니라 하나의 문화란 언제나 다른 여러 문화와 제휴한 상태로 존재한다."는 견해는 의심없이 받아들여도 좋을 것이다.

연기의 의미를 보다 깊이있게 밝히고 있는 것으로 화엄교학(華嚴敎學) 중의 중요한 테마의 하나인 육상(六相)의 이론이 있다. 육상은 곧 총상(總相)·별상(別相)·동상(同相)·이상(異相)·성상(成相)·괴상(壞相)이 그것인데, 만유의 모든 법에는 낱낱이 육상이 있다는 것이다. 총상은 전체적인 모습을 , 별상은 개별적인 모습을, 동상은 동질적인 양상을, 이상은 서로 다른 양상을, 성상은 이루어진 상태를, 괴상은 각각 본위(本位)를 잃지 않는 상태를 말하는 것이다.

하나의 집을 예로 들어보자. 하나의 집 그 전체는 총상이다. 그 집을 구성하는 각 요소들, 기둥과 대들보, 그리고 기와 등을 하나하나 보면 그것은 별상이다. 그런데 집을 구성하는 제요소들은 서로 뿔뿔이 흩어지지 않고 조화를 이룸으로써 집을 이룬다. 그 동질적인 모습이 곧 동상이다. 그렇다고 기둥과 대들보 등이 꼭 같은 모습을 갖고 있지는 않다. 기둥은 서 있고 대들보는 걸쳐 있듯이. 이것은 상이성(相異性)이고 특수성인 이상이다. 기둥과 대들보 등은 서로 의지하며 하나의 집을 이룩하고 있다. 이루어진 모습, 그것이 곧 성상이다. 그러나 기둥은 기둥대로, 대들보는 대들보대로 자기의 역할을 지키되 그 기능을 바꾸지 않는다. 이것이 괴상이다.

총·동·성상이 전체에 관한 양상이라면 별·이·괴상은 부분의 양상이다. 그런데 이 전체와 부분은 즉(卽)과 중(中)의 관계로 설명된다. 하나가 곧 일체고, 일체가 곧 하나다. 하나 속에 전체가, 그리고 전체 중에 하나가 있다.

즉 일(一)과 다(多)의 관계는 상즉상입(相卽相入)의 관계에 있는 것이다. 이와 같은 관계는 동상과 이상, 성상과 괴상 사이에도 꼭 같이 적용되는 원리다. 인간은 수많은 개별적인 기관이 모여서 이룩한 하나의 전체다. 그러나 인류라는 집합체인 또 하나의 총상의 입장에서 보면 인간은 하나의 별상이다. 하나의 미세한 세포로부터 거대한 우주에 이르기까지 전체와 부분은 중첩적으로 구성되어 있다. 전체와 그 전체를 이룩하는 부분은 다 같이 독립된 개체가 아니다. 유기적인 관계에 의해서 이루어질 뿐이다. 이와 같은 원리는 다수의 개별적인 존재로 이룩된 한 전체, 그것이 한 인간이건, 한 사회건, 한 국가건, 인류건 간에 두루 통하는 연기의 도리다. 중국의 화엄학자들은 물론이고 우리나라의 원효와 의상 그리고 의천과 지눌 같은 이들은 인간과 사회 그리고 세계를 이와 같은 육상의 이론에 입각해서 이해하고 있었다. 이같은 원리는 불교의 이론으로 끝나는 것이 아니라 정치, 사회, 문화 등 그 어느 분야에도 적용이 가능한 보편적인 도리다.

이제 육상의 도리에 입각해서 문화의 성격을 이해해 보기로 하자. 문화의 다양성은 일반적으로 지적되고 있다. 그것은 시간과 공간과 인종에 따라 서로 다른 특수성을 가지고 형성된 것이기 때문이다. 그러나 문화는 시간과 공간, 그리고 인종의 거리를 뛰어넘어 조화로운 하나의 전체를 형성하고 있기도 한 것이다. 이것이 문화의 보편성과 특수성이다. 대들보와 기둥 등의 요소가 자기의 특수성을 버리고 하나의 집을 이룩하지 않듯이, 문화의 보편성이 다양성이나 특수성을 무시한 채 논의될 수는 없다. 무수한 다양성이 모여 하나의 조화를 이룩하는 것, 그것이 문화의 보편성이다. 반대로 문화의 특수성이라고 해서 고유한 형태의 독립된 문화를 말하는 것이 아니다. 이와 같은 시각에서 한국문화와 인류문화, 문화의 보편성과 특수성에 대하여 논의하기로 한다.

(2) 문화의 특수성론

만약, 인류의 보편적인 문화를 상상할 수 있다면, 한국문화는 그 보편적 문화를 이룩하는 하나의 요소임과 동시에 그 보편적인 문화와는 구별되는 특수한 문화다. 다시 말해, 전체로서의 총상과 동상과 성상이 보편적인 문화라면, 한국문화는 이와 상즉상입의 관계에 있는 별상과 이상과 괴상으로서의 부분에 해당한다는 뜻이다. 한국문화를 보편적인 문화와 구별하여 그 특수성이나 상이성을 논의할 수 있다고 해서 그것이 곧 민족문화의 고유성이나 순수성을 의미하는 것은 아니다. 한국문화 자체에도 다양한 지방문화는 물론이고 여러 종류의, 예컨대 불교, 유교, 도교 등의 외래문화를 복합적으로 내포하고 있기 때문이다. 신라문화의 독특한 한 양상이었던 풍류도가 유·불·선 3교를 포함한 것이었음도 이 때문이다. 이처럼 우리의 전통문화 속에 당시의 보편적인 문화가 내포되어 있다고 해서, 한국의 문화는 특성이 없다거나 개성이 없다고 말할 수는 없다. 보편적인 문화의 하나인 불교가 중국이나 일본 등에 다 같이 수용되었다고 해서 중국불교나 한국불교가 같은 것이라고 말할 수 없는 것과 같은 경우다. 한국문화는 중국문화나 일본문화와 완전히 다른 것은 아니지만 또한 같은 것도 아니다. 그러나 동양문화와 서양문화로 대비할 때, 한국문화는 중국이나 일본문화와 더불어 하나의 동양문화로 불린다. 중국이나 일본의 문화와 비교할 때 한국문화는 하나의 전체가 되지만, 서양의 문화와 동양의 문화를 비교할 때의 한국문화란 동양문화권에 포함된 한 개별에 지나지 않기 때문이다.

그런데 다른 민족문화에 비해 상이성(相異性)으로 설명될 수 있는 민족문화의 특수성을 가끔 고유성(固有性)과 관련지어 논의하는 경우가 없지 않다. 그리하여 민족문화의 고유성이나 순수성을 찾으려는 노력이 비교적 문화의 교류가 활발하지 못했던 원시사회로 소급되어 샤머니즘만이 우리 민족의 순수한 문화라고 강조한다면, 이것은 납득하기 곤란한 문제다. 이 세상의 어떤 것도 독립된 개체로 존재하는 것이 없듯이 문화 또한 독립적으로 고유불변하는 것이 없고 상호 교섭함과 동시에 부단히 변화하기 때문이다.

또한 문화의 특수성이 문화의 우수성을 강조하는 논리로 이용된 경우도 있다. 서양의 우월감이 반영된 입장에서 동양문화가 정체된 것으로 평가되었던 일이나, 일제의 사학자들이 한국의 역사가 타율적인 것으로 이루어졌다고 주장했던 일, 그리고 한국문화는 세계에서 가장 우수한 것이라는 국수주의적인 견해 등이 그것이다. 그러나 자신의 문화와는 다르게 보이는 문화의 다양성이 문화 밖의 야만이나 고여있는 문화로 평가될 수는 없는 것이다. 연기의 도리는 상대주의적인 존재론이고, 따라서 이것과 저것과의 관계는 평등한 상호관계로 이룩되듯이, 문화 또한 같은 논리로 설명될 수 있기 때문이다.

문화에 보편성이 있다고 해서, 또한 고유문화(固有文化)란 없는 것이라고 해서, 민족문화 또한 부정될 수 있을 것인가? 물론 변화하지 않고 교류하지 않는 실체로서의 민족문화란 없다. 그러나 자연적 환경과 역사적 경험이 다른 민족과는 구별되는 개성과 상이성은 있다.

물론 필자가 생각하는 민족문화의 개성이라고 하는 것이 자기자아(自己自我)의 존재라는 확인을 통해서 얻은 민족문화의 주체성을 의미하는 것은 아니다. 연기의 입장에서 자아는 무아로 통하기 때문이다. 다만 일과 다의 무애(無碍), 성과 괴의 상즉상입하는 원융(圓融)의 견지에서 보면 민족문화의 특수성은 생각할 수 있다고 보는 것이다. 보편성 속에 특수성이 함몰해 버리는 것은 아니기 때문이다.

(3) 문화의 보편성론

사람들은 제각기 개성을 가지고 있으면서도 동시에 인간으로서의 공통성도 가지고 있다. 시간과 공간, 그리고 종족을 초월하여 서로 공감할 수 있는 여러 특징이 있는 것이다. 이 까닭에 인간이 창출해 낸 여러 다양한 문화는 역사적인 시간과 지역적인 공간을 뛰어넘어 서로 교류하며 공감할 수 있는 보편성이 있게 마련이다. 불교가 그렇고 기독교가 그렇다. 또한 많은 예술품이 그렇다. 보다 많은 시간과 공간을 뛰어넘어 많은 사람들에게 두루 공감되는 문화는 보편적인 성격을 띠고 있다고 할 수 있다.

한국사는 타율적으로 이루어져 왔다는 일제식민주의 사학자의 특수성 이론을 비판하며 한국사의 보편성을 강조한 경우도 있었다. 1930년대에 대두한 사회경제사학의 경우가 그것이다. 한국사도 세계사적인 일원론적 역사법칙, 즉 원시씨족사회·노예사회·동양적 봉건사회·이식 자본주의사회의 발전과정에 의해서 다른 민족들과 거의 비슷한 발전과정을 거쳤다는 주장이었다. 그러나 필자는 세계사적인 일원론적 역사법칙이란 것이 얼마나 타당한 것인지, 따라서 그것이 보편적인 것인지 하는 의문을 가지고 있다.

우리나라의 경우, 문화의 보편성에 대한 보다 구체적이고 본격적인 논의가 1970년대 초반에 제기되었다. 국적 없는 문화의 범람을 우려하면서 국적 있는 우리 문화를 되찾아야 된다는 소리가 높아져 대두되기 시작한 국수주의적 경향을 우려하던 사람들에 의해 문화의 보편성에 대한 논의가 활발하게 일어났던 것이다. 이들에 의해 민족정신론과 고유문화론이 철저히 비판되었다.

국수주의적 경향의 대두에 대하여, 문화의 배타성과 폐쇄성은 문화의 불모, 문화의 자살을 초래할 것이라는 비판은 당연한 것이기도 했다. 그러나 지나친 보편성의 강조는 문화의 다양성이나 특수성은 물론, 결과적으로는 한국문화의 특징을 논의하는 일마저 무의미한 것으로 부정해 버렸다. 이들은 "오늘날의 세계는 보편문화를 형성하고 있으며 각 문화권의 폐쇄성 유지는 불가피하게 무너지게 되었다"거나, 또는 "개별적인 가치는 보편적인 가치에 우선할 수 없는 것"이라는 등의 주장을 했다. 그런데 이들이 주장하는 세계문명, 혹은 문화의 보편성은 구체적으로 무엇을 의미하는 것인지 애매하다. 세계란 무수한 국가와 민족의 집합을 의미하듯이, 세계문명이란 제각기 자기의 독창성을 가지고 있는 여러 다양한 문화들의 공존이나 협력 이외의 것이 아니라는 주장이 있음을 상기할 필요가 있다.

세계문명이란 독창적인 문화의 집합이라고 생각하는 사람에 의하면, 절대적인 의미에서의 세계문명이란 없고 있을 수도 없다는 것이다. 이같은 주장은 필자가 앞에서 제시한 연기론의 입장과도 상통하는 바 있다. 하나의 세계란 많은 다양한 요소들을 전제하지 않을 때 의미가 없는 것이기 때문이다.

그리고 개별적인 가치는 보편적인 가치에 우선할 수 없다는 견해도 잘 납득되지 않는 것이다. 하나가 곧 전체고 전체가 곧 하나일 수 있듯이, 또한 동질적인 것과 상이한 것이 서로 그러하듯이, 개별적인 가치를 염두에 두지 않는 보편적인 가치란 있을 수가 없기에 그렇다. 개별적인 가치나 보편적인 가치가 서로 독립적으로 존재하는 것이 아니기에 어느 하나에 우선 순위를 부여할 수 있는 것이 못된다.

그리고 보편성을 강조하는 이들 중에는 서양의 고급문화는 서양의 것이라기보다 온 인류의 것이며, 그것은 또한 보편적인 것으로 이해되어야 하고, 따라서 이를 수용하는 태도가 바람직하다는 견해를 피력하기도 한다. 1세기를 훨씬 넘게 서양문화가 전세계에 보급되고 있는 것은 사실이다. 그러나 문화의 평가란 상대적인 것이라는 사실에 유의할 필요는 있다. 그리고 서양문화는 과연 보편적인 것인가에 대해서도 좀더 검토할 여지가 남아있다.

(4) 한국문화의 현실과 방향

한국문화는 오늘날 어떤 양상으로 나타나고 있는 것일까? 해결해야만 할 과제는 어떤 것이 있는가? 아직은 서구문화를 잘 소화·수용한 단계에 이르지도 못하고, 그렇다고 전통문화를 잘 계승하지도 못한 채 엉거주춤하고 어정쩡한 모습을 보여주고 있는 것이 한국문화의 현상태다. 전통적인 생활양식이 뒤집힌 채 아직도 일어나지 못하고 있는 상태다. 하루빨리 일어나 걸어야 한다. 땅에서 넘어진 자는 땅을 짚고 일어서라고 했다. 그 땅이 서양문화인가 아니면 전통문화인가, 그것도 아니면 양자의 조화인가 좀더 따져볼 일이지만, 다만 그 땅이 우리의 전통문화를 꽃피워 온 터전이라고 하는 점은 유의할 필요가 있다. 이제 한국문화가 안고 있는 보다 구체적인 문제는 어떤 것이 있는지 한두 가지라도 살펴보기로 하자.

첫째, 우리 전통문화에 대한 보다 깊고 넓은 이해에 도달해 있지 못한 사실이다. 전통문화에 대한 관심을 맹목적인 복고현상으로 몰아붙이는 이도 있지만 그것은 납득하기 어려운 주장이다. 전통문화에의 관심은 복고를 위한 것이 아니라, 내일에의 바탕을 설정하는 힘이 된다고 하는 것은 상식이 아니겠는가?

둘째, 외래문화의 수용 문제가 있다. 이에 대해서는 후술하고자 하지만, 여기서는 우리 문화에 일본문화나 서양문화의 찌꺼기들이 지나칠 정도로 범람하고 있음은 반성의 과제라는 사실만을 지적해 둔다.

셋째, 남북의 분단으로 인해 야기된 문화의 양분 현상이다. 남북간에는 한 세대가 훨씬 더 지나도록 서로 다른 정치체제하에서 상이한 문화가 축적되어 가고 있음은 참으로 심각한 문제가 아닐 수 없다. 정치, 경제, 사회 등에 비해 문화의 동질성 회복이란 더욱 어려운 과제로 등장할 것이다. 양분 이전에 있었던 전통문화의 동질성이 이 문제의 해결에 어느 정도의 도움이 되겠지만, 복고적인 동질성 회복 또한 생각하기 곤란한 문제 중의 하나다.

넷째, 한국문화 속에는 너무나 다양하고 상이한 문화들이 내포되어 있다. 특히 종교의 문제가 그렇다. 어떤 이는 보편적인 문화에서의 지양을 위해 더 많은 다양한 문화를 접촉하고 수용하는 것이 바람직하다고 주장하지만, 종교의 경우는 결코 간단한 문제가 아니다. 그렇다고 단일한 종교가 있어야 한다는 것은 결코 아니다. 아무리 많은 다양한 문화가 있고, 종교가 있다고 하더라도 서로 조화를 이룩할 수만 있다면 문제될 것이 없다. 조화와 관용이 필요한 것이다.

이상에서 제시한 것 외에도 한국문화가 안고 있는 문제는 많을 것이다. 하지만 한국문화가 나아가야 할 방향에 대해 한두 가지를 생각해 보는 것으로 이 글을 맺고자 한다. 우선 문화의 특수성과 보편성이라는 문제와 관련지어 생각할 때, 한국문화의 특수성은 인류문화의 보편성과 유리되지 않은 상태에서, 그리고 한국사의 독자성은 세계사의 흐름 위에서 파악되어야 한다는 지극히 당연한 결론에 도달하게 된다. 다만 필자가 한번 더 강조하고 싶은 것은 한국문화의 특수성이나 인류문화의 보편성은 정체적인 입장이 아닌 동적인 입장에서 파악되어야 한다는 것이다. 이 세상 모든 존재들이 다 그러하듯이, 한국문화도 인류문화도 끊임없이 변화하고 있기 때문이다. 그리고 한국문화의 특수성을 보다 선명히 밝히는 과제는 아직도 남아있다. 어떤 이는 멋의 문화가, 어떤 이는 한(恨)의 문화가, 또 어떤 이는 샤머니즘이 한국적인 문화의 특징이라고 한다. 그러나 이같은 주장들을 뒷받침할 만한 실증적인 자료가 많지 못한 것도 문제로 남아있다.

사실 한국문화의 특징을 밝히기 위해서는 더 많은 문화현상과 비교할 필요는 있지만, 외부의 문화권에서 빌려온 자[尺]로 한국문화를 재려 해도 문제는 있다. 만약 자로 잰 듯하지도 않고 벽돌처럼 규격진 것 같지도 않은 것이 한국문화의 한 특성이라면 이를 재는 자 밖의 길이는 잴 수가 없게 되는 것이다.

한국문화의 특수성을 밝히는 일 못지않게 한국문화 속에 내재되어 있는 보편적인 성격이 어떤 것인지도 살펴볼 필요가 있다. 그런데 세계의 많은 사람들에게 가장 한국적인 것이 크게 주목받게 된다는 사실도 염두에 둘 필요는 있다. 특수한 것과 보편적인 것은 더불어 있는 것이기 때문이리라.

2. 단군신화의 계승과 민족의식

단군신화(檀君神話)는 우리 민족의 시조인 단군(檀君)과 최초의 국가인 고조선(古朝鮮)에 대한 이야기를 담고 있기에 매우 중요한 의미를 부여받고 있다. 따라서 많은 사람들에 의해 주목받아 왔고, 이 신화의 암호를 해독하기 위한 다방면의 연구가 축적되었다. 때문에 본 소고에서는 단군신화의 내용에 대한 검토를 피하고 그 계승에 나타나는 민족의식이 어떠한 것이었던가를 살펴보고자 한다. 단군신화를 전해 주고 있는 현존 최고의 문헌은 《삼국유사》이지만, 그 이전과 그 이후에도 이 신화는 면면히 전승되어 민족의 구심력이 필요할 때면 언제나 문제되곤 했다.

단군신화를 전해 주고 있는 문헌은 13세기 후반에 쓰여진 《삼국유사》이고, 거의 동시대에 쓰여진 《제왕운기(帝王韻紀)》에도 이 신화가 수록되어 있다. 단군신화의 조작설을 주장하는 견해도 있지만, 이를 새삼스레 논의할 필요는 없다. 단군신화가 《삼국유사》 이전부터 전승되어 왔던 것임은 분명한 사실이기에 그렇다.

《삼국유사》에서는 단군신화의 대부분을 고기(古記)로부터 인용했고, 또한 《단군기(檀君記)》도 보인다. 또한 《제왕운기》에서는 《단군본기(檀君本記)》로부터의 인용임을 밝히고 있다. 《단군본기》가 《구삼국사(舊三國史)》의 기록일 것이라는 견해도 있다. 그리고 《단군기》 및 《단군본기》에서 단군이 하백(河伯)의 딸과 결혼하여 부루(夫婁)를 낳았다고 한 것에 주목할 필요가 있다. 물론 《삼국사기(三國史記)》 및 《동명왕편(東明王篇)》에는 천제(天帝)의 아들인 해모수가 하백의 딸과 결혼하여 주몽(朱夢)을 낳았다고 했다. 이에 대해 일연(一然)은 해모수와 단군을 동일인으로 이해하고, 부루와 주몽은 배다른 형제일 것이라고 하면서, '주몽은 단군의 아들'이라고 하는 설이 있음을 밝힌 바있다. 과연 주몽이 단군의 아들이었을까 하는 문제는 있지만 주몽 즉, 동명왕설화와 단군설화가 서로 관련이 있었을 것임과 동명왕신화가 유포되어 있던 고려사회에 단군신화 또한 이미 유포되어 있었을 가능성을 배제할 수 없다.

무엇보다도 이승휴(李承休)가 《제왕운기》를 쓰던 당시의 구월산(九月山)에 단군의 사당(祠堂)이 남아오고 있었다는 것은 단군신화가 충렬왕 이전부터 전승, 유포, 신앙되고 있었음을 알게 해준다. 1427년에 이 예(李芮)가 삼성사(三聖祠)의 내력에 대해 조사·보고한 중에는 문화현(文化縣)에 보관되어 있는 송(宋) 경덕(景德) 3년 병오(丙午 : 1006) 5월 의주(儀註)가 인용되어 있다. 떡과 밥과 술과 아(鵝)로써 제사한다고 했다는 이 기록으로 10세기 이전부터 단군사당이 있었음을 확실히 알 수 있다.

13세기 이후 고려사회는 몽고의 침입으로 시련을 겪는다. 야만적인 이민족에 대한 항쟁과 분노는 민족의식의 심화를 가져다 주는 계기가 되었다. 민족의식의 고조는 새로운 역사의식으로 나타났다. 민족공동의 시조인 단군에 대한 새로운 인식은 역사의 유구함과 독립성, 그리고 문화민족으로서의 긍지를 강조해 주었음은 물론 한국고대사에 대한 이해의 폭을 넓혀 주었다. 단군으로부터 비롯된 우리 민족 역사의 유구함에 대한 자긍은 훗날 백문보(白文寶)가 공민왕에게 올린 글 중의 "우리 동방(東方)은 단군으로부터 지금까지 이미 3,600년입니다."는 구절에서도 엿볼 수 있다.

우리 민족이 이민족과 구별되는 시조와 국경을 가지고 발전해 온 민족임을 단군신화를 통해 강조한 것은 민족의 자주적 독립의식의 발로였다. 이승휴가 "요동에 한 별천지 있어 중국과는 뚜렷이 구별된다."고 읊은 것은 이같은 인식에 터전하는 것이었다. 공민왕 19년(1370) 이성계(李成桂) 등이 요동의 동녕부(東寧府)에 진격, "본국은

요(堯) 임금과 함께 나라를 세웠다…… 서쪽으로 요하(遼河)에 이르기까지 대대로 강역을 지켰다. 무릇 요하 동쪽 본국 경계 내의 백성과 대소 두목들은 스스로 내조(來朝), 함께 작위와 녹봉을 받을 것"이라는 방문을 붙일 수 있었던 배경 또한 단군신화의 전승에 있었다.

단군신화가 《삼국유사》 등에 수록된 이후 계속적으로 그것이 전승되고 있었음은 앞에 인용한 백문보, 이성계 등의 말을 통해 알 수 있을 뿐만 아니라 고려 말 이 색(李穡)의 시를 통해서도 입증된다. 그는 서경(西京)이라는 시에서 "단군은 그 기풍이 뛰어나 군웅의 우두머리 되었다네."라고 했고, 또한 마니산 참성단(摩尼山 塹星壇)에 그가 지은 시가 걸려 있기도 했던 것이다.

조선이라는 새로운 왕조를 개창한 태조 및 개국공신들의 여러 가지 개혁 중에서도 국호(國號)의 개정은 중요한 의미를 갖는다. 조선이라는 국호를 처음 쓰기 시작한 것은 태조 2년(1393) 2월부터였다. 권 근(權近)이 '조선국태조 ……신도비명(朝鮮國太祖……神道碑銘)'에서 "구변도십팔자(九變圖十八子)의 전설, 즉 이(李)씨가 왕이 되리라는 비결이 단군 때부터 있어 수천 년을 지났는데 지금에 와서 징험되었다."고 한 것은 곧 조선왕조가 단군조선을 계승했다고 하는 것을 강조하고 있다.

이와 같이 조선왕조가 우리나라 최초의 국가인 단군조선에 그 연원이 있다는 역사계승의식은 대외적으로도 분명히 천명된 바 있다. 즉 권 근이 태조 5년(1396)에 명나라 홍무제의 명으로 지은 〈시고문벽동이주(始古門闢東夷主)〉라는 시의 주(註)에서, "옛날에 신인(神人)이 단목(檀木) 아래에 내려오자 나라 사람들이 그를 임금으로 세우고 따라서 단군이라 호하였다."고 했던 것이 그것이다. 단군신화를 주제로 읊은 이 시에는 민족자주정신이 당당하게 표출되기도 했다.

그리고 왜적이 침략했을 때 왕실에서는 마니산의 참성단에 제사를 드리면서, "마니산은 단군을 제사하는 곳이라 성조(聖祖)로부터 백성을 위하여 법을 세워 옛 예절을 이어 아름다움을 드리우게 하였고, 후왕(後王)에 미쳐서는 오랑캐를 피하여 도읍을 옮겨 또한 이를 힘입어 나라를 보전하였습니다. 그러므로 우리나라에서는 그 예절을 지켜서 떨어뜨리지 않았고 소자는 받들어 더욱 정성을 다하겠습니다."라고 사직의 안전을 빌었던 사실은 단군숭배를 입증해 주고 있다.

고려시대로부터 조선시대에 이르기까지 단군을 제사지내는 사당은 세 곳에 있었다. 구월산의 삼성사와 평양의 단군사(檀君祠), 그리고 강화도 마니산의 참성단(塹星壇) 등이 그것이다. 황해도 문화현 구월산의 삼성사는 환인(桓因), 환웅(桓雄), 단군(檀君)의 목상(木像)을 봉안하고 제사모시던 사당이었다. 이 사당이 이미 10세기 이전부터 있었던 것은 앞에서 말한 바와 같다. 이곳에 삼성사가 세워지게 되었던 것은 단군이 훗날 도읍을 옮겼다는 아사달(阿斯達)이 곧 구월산이었기 때문이다. 구월산에 대해서는, 조선시대에는 아사란 방언으로 구(九)이고, 달(達)은 방언으로 월(月)이기에 아사달이란 곧 구월(九月)의 방언이었다는 설과, 구월산의 원래 이름은 궐산(闕山)으로 궁궐터가 있기 때문이었는데, 뒤에 발음이 늦추어져서 구월산으로 잘못 발음되었다는 설 등이 있었다. 조선시대에는 이곳 삼성사에 국가에서 봄·가을 두 차례 향과 축문을 내려 제사를 지내는 것이 연례적인 행사였다. 최근에는 단군이 처음 조선을 건국하고 평양에 도읍을 정했다는 그 평양이 지금의 평양이 아니라 통구(通溝)에 있던 지명이라는 설이 있지만, 조선시대에는 지금의 평양으로 비정하고 있었다. 이 때문에 단군을 제사지내는 단군묘(檀君廟)가 조선 초기에 세워져 국가에서 향과 축문을 내려 봄·가을 두 차례 중사(中祀)를 지냈다.

강화도 마니산의 참성단은 일찍이 고려 원종 5년(1264)에 제사를 지냈다는 기록으로 보아 그 연원이 오래다. 단군의 제천단(祭天壇)이었던 이곳 참성단의 힘을 입어 몽고의 난을 피해 도읍을 옮겼던 고려 왕조가 나라를 보전할 수 있었다고 한다. 일찍이 고려의 이 강(李岡 : 1333~1368)은 이곳에서 "제사지내는 신령스런 자리는 중흥한 뒤요,

돌로 쌓은 영단(靈壇)은 태고 적의 일일세."라고 읊었다. 또한 이 색(李穡)의 시 중에는 "참성에 제사하여 사람들로 하여금 태평을 누리게 하면 어떠하랴.", "제천단에 밤 기운이 맑았는데 축문을 아뢰고 나니 티끌 생각 잊었다네." 등의 구절이 보인다. 또한 강화도의 전등산(傳燈山)에는 삼즉성(三郞城)이 있어 단군이 세 아들을 시켜 쌓았다는 전설이 전해짐은 《고려사》에서 밝힌 바 있다.

이처럼 단군을 우리 민족의 시조신(始祖神)으로 숭상하면서 제사해 오기는 그 역사가 오랜 것이 분명하고, 이것은 단일민족으로서의 민족의식을 고취시키는 중요한 구심점이 되고 있었던 것이다. 비록 단군신화가 현존 문헌에는 13세기 후반의 《삼국유사》 등에 수록되어 전해지고 있지만, 그 전승은 그 이전으로 거슬러 올라갈 뿐만 아니라 오늘에 이르도록 면면히 이어져 오고 있다. 이 신화는 그 내용에서 보여주고 있듯이 우리 민족이 하늘의 자손이라는 선민의식은 물론, 그 역사의 뿌리가 깊고, 그 터전이 대륙에 걸쳐 있다는 등의 민족적 구심력이라는 생명력을 가지고 먼 훗날에까지도 오래오래 전승될 것이다. 뿌리 깊은 나무는 바람에 흔들리지 않듯이, 역사의 뿌리가 깊은 민족은 스쳐가는 수난에도 결코 흔들리지 않을 것이다.

3. 단군신화의 불교적 변이

단군신화에 대한 연구는 여러 방면으로 진행되었고, 그 연구사적 정리가 쉽지 않을 정도로 많은 성과가 축적되고 있다. 본 소고에서는 단군신화가 문헌에 정착되기 이전의 전승과 그 과정에서의 불교적 변이(變異)에 대하여 간단히 살펴보려고 한다.

단군신화에 보이는 불교적인 윤색이 마치 일연(一然)에 의해서 된 것인 양 이해하는 경향이 있다. 그러나 그것은 훨씬 이전에 있었던 것으로 생각된다.

13세기 이후 고려사회는 몽고의 침입으로 시련을 겪는다. 야만적인 이민족에 대한 항쟁과 분노는 민족의식의 심화를 가져다 주는 계기가 되었다. 민족의식의 고조는 새로운 역사의식으로 나타났다. 민족공동의 시조인 단군에 대한 새로운 인식은 역사의 유구함과 독립성, 그리고 문화민족으로서의 긍지를 강조해 주었고, 동시에 한국고대사에 대한 이해의 폭을 넓혀주었다. 그 새로운 역사 인식이 일연이나 이승휴 등으로부터 있었음은 두루 다 아는 일이다. 그러나 이들의 단군 인식도 이미 그 이전의 전승이 있었기에 가능했다. 이승휴가 《제왕운기》에서 인용하고 있는 본기(本記)에서도 이미 "신라, 고구려, 남북옥저, 동북부여, 예, 맥은 모두 단군의 자손"이라는 인식이 있었음에 주목할 필요가 있다. 이 사실에 유의할 때, 일연이나 이승휴의 단군에 대한 인식도 완전히 새로운 것은 아니었다고 하겠다.

일연은 고기 중의 환인(桓因)을 제석(帝釋)으로 이해했다. 이승휴도 환인을 석제(釋帝)라고 인식했다. 그런데 《제왕운기》에서 인용하고 있는 본기(아마도 단군본기인 듯 함)에는 환인을 상제(上帝)라고 했다. 따라서 우리는 환인에 대한 인식에 변화가 있었음을 알 수 있다. 본기에서의 상제가 13세기 일연 및 이승휴에 이르러 제석으로 달리 표기되고 있기 때문이다. 상제가 유가적인 표현이라면 제석은 불교적인 것이다. 물론 환인을 석제환인(釋帝桓因)과 관련지어 이해하면 이미 환인이란 명칭에 불교적인 윤색이 포함되어 있었다고도 하겠다. 단군신화를 일연이 불교적으로 이해하려 했다고 보는 견해가 없지 않다. 이러한 견해를 틀렸다고 보기는 어렵다. 다만 환인이라는 명칭에서 볼 수 있듯이, 일연 이전부터 불교적인 이해나 윤색이 있어 왔다고 보는 것이 정당할 것이다.

불교에서 제석천(帝釋天), 혹은 석제환인이라 부르는 '인드라'는 인도신화에 등장하는 신이었다. 이 석제환인에 대한 현존하는 최고의 기록은 점토판에 새겨진 조약문으로 기원전 1400년경에 해당한다. 베다에서의 제석천은 악귀나 원적을 물리치는 상징적 무용신이었다. 그러나 이것이 불교에 수용되는 과정을 거치면서 상당한 변화를 했다. 불교에서의 제석천은 도리천(이를 삼십삼천이라고도 한다)의 천왕으로 되어 있다. 그리고 제석천은 세상을 수호하는 천신이고 인간의 선악에 깊이 관계하는 신일 뿐만 아니라 불법에의 귀의자로도 나타난다. 특히 제석이 삼십삼천과 더불어 선법당에서 인간사를 논의하고, 인간의 선악을 살핀다는 경전의 내용은 주목할 만하다.

제석신앙은 이미 신라시대부터 행해지고 있었다. 진평왕(579~632)은 내제석궁(內帝釋宮)을 창건했다. 천주사(天柱寺)라고도 불렸던 이 절은 제석신앙에 토대하고 있었던 것 같다. 그리고 신라 사회에는 김유신(金庾信)의 탄생설화가 불교적으로 윤색되기도 했는데, 그가 삼십삼천의 한 아들이었다는 것이 그 경우다. 일관(日官) 김춘질(金春質)이 신문왕에게 "김유신은 삼십삼천의 한 아들로 인간세상에 내려와 대신이 되었다가 죽어서는 다시 천신이 되었다."라고 한 내용의 설화가 있었다. 삼십삼천은 석제환인이 사는 도리천이기에 김유신은 환인의 아들이 되는 셈이었다. 제석천의 무용신적인 성격이 삼국통일의 영웅 김유신에게 부회된 설화인 듯하다. 또한 신라의 옛 기록에 의하면, 묘향산에는 석제환인이 항상 꽃을 흩고 있는 산화대가 있다는 것이다. 선덕여왕은 경주 남산의 남쪽을 도리천이라고 하면서 그곳에 장사지내 줄 것을 일렀다는 이야기가 전한다. 백율사의 관세음보살상은 도리천에 올라갔다가 돌아와 법당에 들어갈 때 밟았던 돌 위에 발자국을 남겼다는 설화도 있다. 또한 보천은 50년 동안이나 열심히 수행했는데 도리천신에 삼시(三時)로 청법했다고도 한다.

이처럼 신라 사회에는 제석과 관련된 여러 설화가 유포되어 있었던 것이다. 도리천의 천주인 제석은 불법을 옹호하는 호법의 신이었는데, 이 신이 꽃을 흩기도 하고 진평왕에게는 옥대를 선물하기도 했으며, 보천의 설법을 듣기도 했다는 것이다. 선덕여왕은 도리천에 묻히기를 원했고, 삼십삼천 즉, 도리천의 한 아들인 김유신은 신라에 태어나 삼국통일을 완수하고 다시 천신이 되었다는 등 신라인들은 이미 제석과 가까이 하고 있었다.

단군신화에 나타나는 환인이 비록 불교의 석제환인으로부터 채용된 용어라고 하더라도 그것의 본래 의미는 '하늘님'이었을 것이다. 이것이 불교의 영향을 받아 환인으로 표현됨에 이르러 이미 불교적인 변이가 생겨났다고 하겠다. 이러한 변화가 일연에 의해 되었다기보다는 이미 그 이전이었을 것으로 생각된다. 석제환인과 관련된 제석신앙은 일찍이 신라시대부터 두루 행해지고 있었기 때문이다.

본지수적설(本地垂迹說)이 있다. 불보살이 인간을 구하기 위해 여러 가지 신의 모습을 빌어 나타난다는 설이다. 불보살이라는 본체가 역사 속에 그 모습[迹]을 나타낸다[垂]는 것이다. 본지수적설과 단군신화는 통로가 없지 않다. 환인의 아들이 인간세상에 내려와 인간을 두루 이롭게 했다는 단군신화의 내용은 곧 불교의 본지수적설과 그 궤를 같이 하고 있기 때문이다. 적어도 단군신화를 《삼국유사》에 수록했던 일연의 인식 저변에는 이 본지수적설이 없지 않았을 것이다. 사실 홍익인간(弘益人間)이라는 표현에도 불교적인 윤색의 흔적은 있다. 홍익인간은 불교의 요익중생이라는 의미와 연결되기 때문이다.

4. 풍류정신(風流精神)의 현대적 조명

(1) 상마도의(相磨道義)

풍류도는 우리 민족의 고유사상이었다. 이 때문에 최치원은 "우리나라에 현묘한 풍류도가 있다."고 했던 것이다. 풍류도를 수행하던 집단의 '리더'를 화랑(花郞), 그 무리를 낭도(郞徒)라고 했다. 그들은 모든 사람들이 '선(善)에 옮기고 의(義)에 옮겨 대도(大道)에 나아가도록' 교화했다. 그리고 이들의 기풍은 '서리를 모르는 잣나무' 만큼이나 높고 싱싱했다. 당시의 신라인은 그들의 '꽃다운 이름과 아름다운 행동'을 받들어 섬기고 본받기를 즐겨했다. 때문에 풍류도 사상은 널리 파급되어 삼국통일은 물론 문화의 융성을 가능케 한 시대정신이었다. 풍류도를 수행하던 화랑도, 그들 중에서 어떻게 '어진 재상과 충성스러운 신하, 훌륭한 장수와 용감한 병사가 배출될 수 있었는지' 알아보기로 한다.

화랑도는 '도의(道義)를 연마(鍊磨)하고, 노래와 음악을 즐기며, 명산대천을 두루 여행하는 것'으로 수행하고 있었다. 이상의 세 가지 수련 방법은 풍류도를 수행하던 화랑들의 모습을 개관한 것으로 생각된다.

도의의 연마란, 막연한 표현이지만 사람으로서 마땅히 지켜야 하는 도리나 의리를 함께 연마했다는 의미일 것이다. 그들이 추구하던 도의를 세속오계에 나타나는 충(忠)·효(孝)·신(信)·용(勇)·인(仁) 등의 구체적인 덕목과 관련지어 볼 수도 있지만, 각훈(覺訓)의 말과 같이, "선(善)과 의(義)에 옮기고 대도(大道)에 나아가는 데" 그 본래의 뜻이 있었다고 생각된다. 이처럼 그들의 마음이 '인간 본연의 대도'를 추구하는 쪽으로 향해 있었던 것은 중요하다. 모든 사람은 구도

정신(求道精神)에 의해 바른 진리를 깨닫고, 실천에 발을 들여놓을 수 있기 때문이다. 구도정신이란 모든 사람에게 보편적으로 있는 것이다. 그러나 시대나 사회, 혹은 개인에 따라 그 농도는 다르다. 원효의 말처럼 '사람들의 번뇌에는 두텁고 엷음이 있기 때문이며 사람마다 만나는 외적인 요인에는 많은 차이가 있기 때문'이다.

화랑도의 가슴에는 구도정신이 충만해 있었다. 몇 가지 사례를 들어보자.

세속오계에 대한 종래의 논의는 원광 쪽에 치우쳐 있었다. 그러나 진평왕 때의 귀산과 추항이 원광을 찾아가기 전에 나눈 다음의 대화를 통해 그들의 구도정신을 살펴볼 필요가 있다.

"우리들이 사군자(四君子)와 교유하기를 기약하면서, 먼저 마음을 바르게 하고 몸을 닦지[正心修身] 않는다면 치욕을 면치 못할까 두렵다. 어찌 어진 사람을 찾아서 도(道)를 묻지 않겠는가."

이들의 대화에 나타나듯이 그들은 정심수신(正心修身)으로 군자가 될 것을 기약했고, 바른 도리를 구하고자 구도의 문을 두드렸던 것이다.

진평왕 34년으로 추정되는 임신년 여름 어느날, 이름을 알 수 없는 신라의 두 청소년이 그들의 희망과 맹세를 돌에 새겨 남겼다.

임신년 6월 16일에 두 사람이 함께 맹서하고 기록한다. 하느님 앞에 맹서한다. 지금부터 3년 이후 충도(忠道)를 지켜 과실이 없기를 맹서한다. 만약에 맹서를 저버리면 하늘의 큰 벌을 받을 것을 맹서한다. 만약 나라가 불안하고 세상이 크게 어지러우면, 가히 행할 것을 맹서한다.

또 따로 (3년 전인) 신미년 7월 22일에 맹서했다. 시경·상서·예기·춘추·좌전 등을 차례로 3년에 습득할 것을 맹서했다.

이상은 임신서기석(壬申誓記石)의 내용이다. 유가의 중요 경서를 배워 익히고 충도를 지키며, 과실이 없고 국가와 이 세상의 어려움을 건지겠다는 맹서는 구도정신의 발로다. 흔히 이러한 맹서를 '화랑집단 특유의 서약'으로 설명하지만, 이는 단순한 서약이거나 타율적인 맹서가 아니다. 자기 스스로 다짐하고, 친구와 더불어 약속하고, 하늘에 맹서하고 돌에까지 새기는 맹서를 통해 불 같은 구도정신을 볼 수 있기 때문이다.

15세에 화랑이 된 김유신이 수행하던 진평왕 때의 신라는 적국의 잦은 침략으로 불안하기 짝이 없었다. 이에 그는 혼자 중악(中嶽) 석굴로 들어가 하늘을 우러러 맹서하고 기도했다.

"적국이 침략하여 평안한 해가 없습니다. 저는 한낱 미약한 몸이지만, 난을 평정하고자 하오니 하느님은 나에게 힘을 빌려 주소서."

기도를 계속하니 4일만에 문득 난승(難勝)이라는 노인이 나타났다. 김유신은 그 노인에게 방술(方術)을 가르쳐 주기를 6~7차례 눈물로써 간청했다. 이에 노인은 "아직 어린 그대가 삼국통일의 뜻을 가졌으니 장한 일이 아닌가."라고 하면서, "조심하고 함부로 전하지 말라. 불의(不義)에 쓴다면 오히려 재앙을 받을 것이다."고 당부했다. 비록 설화 형식으로 쓰여진 기록이지만, 이 이야기를 통해 화랑 김유신의 가슴 속에 차오르던 삼국통일에의 염원을 짐작할 수 있다.

이상에서 우리는 진평왕 때의 화랑도를 중심으로 그들의 구도정신을 살펴보았다. 구도정신은 꺼지지 않는 불씨다. 스승의 점화에 의해 활활 타오를 불씨다. 신라의 화랑도는 그 불씨를 간직하고 있었던 사람들이다. 구하고자 하는 마음에 이끌려 문을 두드렸고, 그래서 원광과 난승을 만날 수 있었다. 진정한 구도정신은 개인의 영욕이나 삿된 견해를 벗어나 도리와 정의를 향해 갈 수 있는 힘이 된다. 화랑도들이 추구하는 인생의 목표가 자신의 영달이나 명예, 혹은 권력 따위가 아니었던 것은 중요하다. 그들의 이상은 군자(君子) 혹은 인인(仁人)이 되는 것이었고, '나라를 구하고 어지러운 세상을 평정하는 것'이었으며, '삼국을 통일하는 것'이었기 때문이다.

진평왕 때의 근랑(近郎)의 낭도 검군(劍君)은 "나는 풍류도를 수행하고 있으므로 참으로 옳은 일이 아니면 천금의 이익이 있더라도 마음을 움직이지 않는다."라고 하면서 죽음으로써 이를 관철했다. 이는 풍류도를 수행하고 있던 화랑이나 낭도들이 얼마나 의롭게 살려고 노력했던가를 알게 해주는 좋은 실례가 된다.

화랑도의 행동은 헛된 명예를 구하는 데 있지 않았다. 이는 문노(文奴)의 낭도 김흠운(金歆運)의 말을 통해 알 수 있다. 무열왕 2년(655) 조천성에서의 백제와의 전쟁에서 "대장부가 이미 몸을 국가에 허락하였으니, 사람들이 알아주거나 알아주지 않는 것은 마찬가지다. 어찌 감히 이름을 구할 것이랴."고 하면서, 어둠 속에서 장렬히 전사했다. 진평왕 때의 화랑 호세랑(好世郎)의 낭도 중에 혜숙(惠宿)이라는 승려가 있었다. 어느 날 혜숙이 사냥을 즐기는 화랑 구참공을 향해, "공은 오직 살륙을 즐기고 남을 해쳐 자기의 몸을 기를 뿐이니 어찌 인인(仁人)이나 군자라고 하겠는가. 공은 우리들의 무리가 아니다."라고 꾸짖었다. '인인 군자가 못되기에 우리 화랑도의 무리가 아니다.'라고 한 혜숙의 이 말을 통해, 그들이 추구하던 이상적인 인간상은 자기를 희생해서 남에게 이익을 끼치는 어진 사람이었다고 하는 사실을 알게 된다. 이는 곧 풍류도의 이념이 '뭇 생명을 접해 교화함[接化群生]'에 있다고 한 최치원의 말과도 통하는 것이다. 구도(求道)의 정신, 그것이 실천으로 전개될 때, 그리고 실천은 구도 즉, 지혜(智慧)의 완성을 그 바탕으로 할 때 의미있는 것이 된다. 자기 충실을 기하지 못한 상태에서의 참여나 실천은 어리석은 짓이 될 수 있고 실천을 수반하지 않는 자기 수련이란 탐욕으로 이끌어 가기 때문이다.

화랑도의 구도정신은 곧 실천으로 이어지고 있었다. 귀산과 추항은 죽음으로써 임전무퇴계를 지켰다. 검군 또한 죽음을 통해 불의에 동요하지 않는다는 풍류도의 정신을 꽃피웠다. 임신서기석에도 도(道)를 지켜 잘못이 없을 것과 나라와 세상을 구하겠다고 맹세했다. 김유신은 삼국통일을 이룩함으로써 화랑 시절의 그 염원을 이룩했다.

우리는 지금까지 화랑도의 상마도의(相磨道義)에 대하여 구도정신과 그 전개라고 하는 측면에서 살펴보았다. 그 진실과 바른 도리, 그리고 정의를 추구하는 열정이 타오를 때, 진실과 정의는 그 문을 연다. 이 열정이 있을 때 허위와 불의는 그 꼬리를 감춘다. 그 구도정신이 실천으로 전개될 때 그 빛을 발한다. 풍류도를 수행하던 화랑도가 많은 사람들의 존경과 찬양의 대상이 될 수 있었던 배경에는 구도정신이 불타고 있었다.

(2) 풍류도론(風流道論)

화랑과 낭도 즉, 화랑도가 수행하던 도(道)는 풍류도, 혹은 풍월도(風月道)였다. "우리나라에 현묘한 도가 있어 풍류라고 한다."는 기록을 비롯한, "진흥왕이 나라를 흥하게 하고자 풍월도를 일으켰고, 검군(劍君)이 풍월도의 마당에서 수행했다."는 등의 기록이 이를 알게 해준다. 뿐만 아니라, 화랑을 풍월주(風月主)라고 부른 적이 있고, 화랑도의 명부를 '풍류황권(風流黃卷)'이라고 하기도 했다. 이 때문에 현묘지도(玄妙之道)인 풍류도가 체(體)라면, 상마도의(相磨道義) 상열가악(相悅歌樂) 유오산수(遊娛山水) 등으로 풍류도를 수행하던 화랑과 낭도는 상(相), 그리고 접화군생하던 화랑도의 활동은 용(用)이라고 할 수 있다.

화랑도가 추구하던 도를 풍류라고 했던 그 어의(語義)에는 이미 심상치 않은 의미를 내포하고 있음에도 불구하고, 이를 무시한 대부분의 연구자들이 화랑도(花郞道), 국선도(國仙道), 부루도, 선풍(仙風), 낭가(郞家), 화랑도(花郞徒) 등의 새로운 용어를 만들어 씀으로써 풍류도 및 화랑의 성격을 오해하는 결과를 초래했다. 연구의 시각을 풍류도에 두지 않고 풍월도, 원화(源花), 화랑, 국선 등으로 변화한 리더의 명칭 중의 하나인 화랑이나 국선 등에 도(道)자를 붙이고, 거기에 초점을 맞춘 것은 체와 상, 본(本)과 말(末)을 뒤바꾼 격이 되었기 때문이다. 혹 어떤 사람은 언어풀이를 통해 풍류도 풍월도가 한자의 뜻으로 쓰인 것이 아니라, 우리나라 옛말로서 '부루' 혹은 '붉그네'의 음차라고 한다. 그러나 이는 '위험한 주장'이 될 수 있다. 풍류나 풍월은 지금까지도 동양사회에 널리 쓰이고 있는 한자일 뿐만 아니라, 화랑도의 성격이나 활동에는 풍류적인 요소가 강하게 나타나고 있기 때문이다.

풍류도의 성격을 규명하기 위해서는 '풍류', '현묘지도', '포함삼교' 등의 의미를 화랑도의 성격이나 활동과 관련지어 살펴볼 필요가 있다. 유교를 중정지도, 불교를 원명지도, 도교를 현허지도 등으로 표현하듯이, 풍류도를 '현묘지도'라고 했던 것이 매우 의미있다고 하는 사실은 이미 김범부(金凡夫)에 의해 강조된 바 있다. 그러나 풍류도의 성격을 살펴본 뒤에라야 '현묘'라는 형용이 적절한지 그렇지 못한지를 알 수 있게 될 것이다.

풍류도가 유·불·선 삼교를 포함했다고 하는 것은, 삼교를 조화·절충·통합·집합했다는 것이 아니라, 우리나라 고유의 사상인 풍류도가 삼교의 성격을 포함하고 있다는 의미임은 이미 알려진 사실이다. 그럼에도 불구하고 종래의 연구는 풍류도의 성격을 유교나 불교, 혹은 도교적인 것으로 풀이하는 경우가 매우 많았다. 특히 풍류도의 사상을 원광의 세속오계로부터 찾는 경우가 많았고, 따라서 유교나 불교의 영향으로 설명하려는 이들이 있었다. 그리고 화랑을 국선이라고 했던 것과 풍류도의 역사를 기록한 책을 《선사(仙史)》라고 했던 것 등과 관련하여, 풍류도의 연원을 도교로부터 찾으려고 한 노력도 많았다. 그러나 이러한 노력들은 원효의 말과 같이, "잎을 중하게 여겨 줄기를 망치는, 소매를 깁기 위해 옷깃을 자르는" 격이었다. 풍류도는, "멀리 진한 때에도 들을 수 없었고 가까이는 당송 때에도 보지 못했다."는 이규보의 말과 같이 우리나라 고유의 사상이었기 때문이다. 물론 풍류도에는 유교나 도교, 불교의 성격이 나타나고 있음도 사실이고, 삼교의 전래 후에는 삼교의 많은 영향을 받은 것도 사실이다.

그러나 풍류도는 삼교의 전래 이전, 그 영향 없이도 삼교의 가르침과 같은 요소를 가지고 있었고 영향을 받았다고 해서 근본 성격이 바뀐 것은 아니었다. 하나의 예를 들어보자. 화랑 김유신, 죽지랑 등의 경우에서 볼 수 있듯이 풍류도가 불교의 미륵신앙의 영향을 받은 것은 사실이다. 그러나 승려이면서 동시에 풍류도를 수행했던 승려 낭도의 경우, 불교보다도 오히려 풍류도에 더 비중을 둔 사례가 있다. 월명(月明)이 경덕왕에게 "승은 국선의 도에 속해 있어, 다만 향가는 알지만 범성(梵聲)에는 익숙치 못합니다."고 했던 것과 진자(眞慈)라는 승려가 법당의 미륵불 앞에서 "부처님께서는 화랑으로 화신하여 제가 항상 모시도록 하여 주소서."라고 기도했던 것 등이 그것이다.

풍류나 풍월의 의미는 다양하다.

첫째, 인품이 속되지 않고 고아하다는 의미로 쓰인다.

둘째, 그 행동이 형식적인 인습의 굴레에 얽매여 있지 않고 활달 무애하다는 의미가 있다.

셋째, 청풍명월의 자연의 아름다움을 의미한다. 자연을 즐기는 사람이 곧 풍월주인이다.

넷째, 예술과 깊은 관련이 있다. 풍월과 음풍영월(吟風咏月)의 준말이기도 하고 음악의 옛스러운 표현이 풍류이기도 하기 때문이다.

이 밖에도 남녀의 한정사(閒情事)를 뜻하기도 하지만, 풍류란 결국 시나 음악 등의 예술이나 대자연의 아름다움을 즐기면서 세속적인 일이나 형식적인 일이나 인습의 굴레에 집착하지 않는, 고아한 인격을 가진 사람이 멋스럽게 노는 일을 일컫는다고 할 수 있다.

그리고 화랑도의 풍류도 수행방법은 다분히 놀이[遊]로 나타나고 있다. 유취군유(類聚群遊) · 화랑지유(花郞之遊) 등의 표현이나, 상열

가악·유오산수가 중요 수행 과목이었던 사실, 그리고 화랑 중에서도 가장 전형적인 화랑인 사선(四仙)의 행적이 세속적인 일에 집착하지 않고 호방불기(豪放不羈)하게 산수에 여행하며 풍류도를 수행했던 것은 화랑도의 수행이 놀이[遊]를 주로 했음을 잘 알게 해준다. 사선 즉, 영랑(永郎), 술랑(述郎), 남랑(南郎), 안상(安詳) 등의 4국선이 화랑의 전형이었음은, 이들의 비가 여러 곳에 세워졌고 영랑호(永郎湖) 사선봉(四仙峰), 삼일포(三日浦) 등의 지명이 생겨났으며, 《해동고승전》 및 《파한집》에서 "사선의 문도가 가장 번성했다."고 했고, 고려시대에는 사선이 곧 화랑을 지칭하는 뜻으로 쓰였던 등의 사실로 알 수 있기 때문이다.

화랑의 놀이[遊]가 단순한 유희만을 의미하는 것은 아니다. 유(遊)는 여행, 교유 등을 뜻하기도 하고 학문이나 수행을 의미하기도 한다. 특히 '유'가 자적(自適)하고 번거롭지 않거나 한가무사(閑暇無事) 함을 뜻할 때는 풍류와도 그 뜻이 통한다. 때문에 풍류도의 의미는 풍류라는 의미와 화랑도의 '놀이'를 통한 수행과는 서로 표리상응(表裏相應)하고 있음을 알 수 있다.

풍류도를 수행하던 화랑도들은 속되지 않은 고상한 인격을 도야하고 있었다. 진흥왕 때의 사다함(斯多含)이 화랑으로 추대될 수 있었던 것은 그의 풍모와 의표가 맑고 준수할 뿐 아니라, 지기(志氣) 또한 방정(方正)했기 때문이다. 그는 또한 가야국 정벌 때 세운 공으로 국가로부터 받았던 토지를 남에게 주고 포로 200명을 양민으로 풀어주는 미덕을 가진 인물이기도 했다. 진흥왕 때의 미시랑(未尸郎)은 낭도들을 화목하게 하고 예의와 풍교(風敎)가 다른 사람과 달라, 풍류를 빛냈다. 진평왕 때의 김흠춘(金欽春)은 어질고 신의가 두터워[仁深信厚] 여러 사람의 마음을 얻을 수 있었다. 그리고 근랑의 낭도 검군은 불의(不義)에 굴하지 않는 장부다운 장부였다. 문무왕 때의 화랑 관창(官昌)은 그 의표(儀表)가 고상할 뿐 아니라 남과 더불어 잘 사귀는 성품이었고, 효소왕 때의 화랑 죽지랑에게는 선비를 중하게 여기는 풍이 있었다.

헌강왕 때의 화랑 응렴(膺廉)은 어진 마음씨로 해서 신라 48대의 왕이 되었다. 헌강왕이 응렴에게 화랑이 되어 사방을 여행하며 수련할 때 특별히 배운 것이 없느냐고 물었을 때, 그는 겸손한 사람, 검소한 사람, 권력을 휘두르지 않는 사람 등 행동이 아름다운 세 사람을 보았다고 한다. 왕은 어진 마음을 알고 사위를 삼은 뒤 48대 경문왕이 되게 했던 것이다. 정강왕 때의 화랑 효종랑(孝宗郎)은 낭도들과 함께 어머니 봉양을 위해 종이 된 효녀 지은(知恩)을 도와 양민이 되게 했다. 이를 전해들은 왕은 효종랑이 비록 나이는 어리지만 노성한 사람으로 보인다고 하며 조카사위로 삼았다. 경덕왕 때의 화랑 기파랑(耆婆郎)은 '밝은 달', '서리를 모르는 잣나무'에 비유되어 찬양되기도 했다. 이처럼 화랑도의 인격이 '꽃다운 이름, 아름다운 행동'이란 평이 무색하지 않을 만큼 고상했음은 그들의 수행이 풍류정신의 체득에 있었기 때문이다.

(3) 풍류정신의 현대적 의미

풍류도는 예술과 깊은 관련이 있다. 풍류도가 곧 시와 음악을 뜻할 때도 있기 때문이다. 그리고 화랑도는 시와 음악을 그들의 중요한 수행 과목으로 삼고 있었다. 그들은 향가와 친숙했고 노래와 음악을 즐겼다. "나는 국선도(國仙徒)이므로 다만 향가를 알 뿐 범성(梵聲)에는 익숙하지 못한다."라고 했던 승려 낭도 월명(月明)의 말은 화랑도와 향가와의 깊은 관계를 시사해 주고 있다. 향가 중에는 화랑도와 관련된 것이 많다. 즉 제망매가, 도솔가, 모죽지랑가, 찬기파랑가, 혜성가 등이 그것이다. 이 외에도 가사가 전하지 않는 사내기물악(思內奇物樂), 도령가(徒領歌), 대도곡(大道曲), 문군곡(問群曲), 현금포곡(玄琴抱曲) 등도 화랑도가 지은 향가였다. 화랑도가 노래와 음악을 즐기고 있던 당시 신라사회에는 음악으로 업을 삼는 자가 한두 명이 아니었고, 역대의 왕들 또한 음악에 대한 관심을 가지고 있기도 했다. 신라에 '노래 부르는 기풍이 성행했다'고 지적되는 것도 이 까닭이다.

신라인들은 향가나 음악은 '능히 천지귀신(天地鬼神)도 감동시킬 수 있다'고 생각했다. 음악이 갖고 있는 주술적이고 마력적인 힘을 인식하고 있었던 것이다. 그렇다고 그들의 음악관이 단순히 주술적인 것에 머물러 있었던 것은 아니다. 그들은 이미 유가의 정치이념인 예악사상(禮樂思想)을 이해하고 있었다. '소리로써 천하를 다스린다'는 내용의 만파식적설화(萬波息笛說話)는 예악사상을 담고 있다. "즐거우면서도 어지럽지 아니하고 슬프면서도 비탄에 젖지 아니하면 가히 바른 음악"이라고 했던 우륵(于勒)의 말은 곧 이 시대의 음악사상이 예악사상과 통하고 있음을 알 수 있게 해준다.

음악을 통해 정서와 덕성을 함양하려 했던 화랑도의 수행 방법은 주목할 만하다. 음악은 인간 감정의 표출인 동시에 인간의 심정에 감동을 주는 것이다. 사실 사람을 감화시키고 풍속을 바꾸는 데 음악만큼 큰 것이 없다. 화랑도의 음악적 인생관은 조화를 바탕으로 하는 평화였다. 음악은 천지간(天地間)의 화기(和氣)고, 그 기능은 다양성을 조화시키는 것이다. 시가와 음악과 무용이 표출적 예술이라면, 건축과 조각과 회화는 구성적 예술이다. 신라시대의 대표적인 건축과 조각인 석굴암이나 불국사, 그 밖의 많은 이 시대 작품들이 조화로운 아름다움을 간직하고 있는 그 밑바탕에는 풍류정신의 숨결이 스며있다.

화랑도는 책상머리에서 인생을 배우려 하지 않았다. 사전을 펼쳐 찾아낸 처세법은 이미 낡은 것이라고 하는 사실을 그들은 알고 있었다. 그들은 대자연의 아름다움을 사랑하고 즐기던 풍월주인(風月主人)이었다. 따라서 명산대천을 찾는 그들의 발길이 닿지 않은 곳이 없었다. 그들이 즐겨 찾던 경주 남산을 비롯한 언양 반구대, 삼척의 두타산과 월송정, 강릉의 경포대와 한송정, 속초의 영랑호와 삼일포, 총석정, 금강산 등지와 백령도, 아랑포, 지리산 등지는 화랑도와 관련되어 생겨난 지명으로 산수간에 유유히 노닐던 그들의 모습을 생각나게 해 주고 있다.

화랑도는 여행을 통해서 스스로의 인생을 체험하고 단체생활을 익히며 새로운 견문을 넓혔다. 그들이 산수간에 노닐며 여행하던 것을 유학(遊學)이라고 표현했던 것은 명산대천이 단순한 행락의 마당이 아니라 배움의 터전이라고 인식했기 때문이다. 맑은 바람 밝은 달[淸風明月], 그것은 인간의 마음을 조용하고 평화롭게 이끌어준다. 향가에 나타나는 달, 별, 구름, 시냇물, 산, 잣나무 등의 시어가 풍기는 아늑한 정서 그것은 곧 자연의 아름다움을 사랑하던 화랑도의 정서 그것이기도 하다.

풍류도, 그것을 단순히 종교단체, 교육단체, 군인단체 등으로 설명할 수는 없다. 종교적이고 교육적인 성격을 가지고 있지만, 순수한 종교나 교육만을 위주로 하는 것 같지는 않다. 화랑도가 인생의 도리나 의리를 추구하고 있었던 것은 사실이지만, 고답적 철학을 깊이 문제삼지는 않았다. 또한 그들이 선(善)과 의(義)를 추구하고 있었지만 형식적인 윤리에 집착하지는 않았다. 그들이 비록 세속적인 것으로부터의 초월을 추구하고 있었다고 해서 현실을 부정했던 것은 아니다. 오히려 현실생활 속에서의 체험과 실천을 통해 인간이 즐겁게 살아가는 길을 모색하고 있었다. 이 점 "문화란 단순하게 사상과 관조에 의하여 표상되는 것이 아니고 체험과 실천을 통해서 모습을 찾는 것"이라는 호이징가의 말과 관련지어 이해할 필요가 있다.

그들은 여행을 단순한 오락이나 행락으로 생각하지 않고 배움이자 수행이라고 생각했다. 위대한 사상가 원효(元曉)가 노래와 춤으로 대중을 교화했듯이, 화랑도의 놀이를 통한 풍류도의 수행은 궁극적으로 즐겁고 신나는 인생을 그 목표로 하고 있었다. 즐거움, 그것은 모든 사람이 추구하는 궁극적인 목표이다. 불교의 가르침이 이고득락(離苦

得樂)을 목표로 하고 있듯이 말이다.

풍류라는 말에는 예법에 구애되지 않고 자유스럽게 행동한다는 의미가 포함되어 있다. 형식적인 인습의 굴레에 얽매여 현실적이고 세속적인 일에 집착하지 않는다는 뜻이다. 집착을 버릴 때, 자유의 문은 열리고 무애(無碍)의 길은 뚫린다. 화랑도는 세속오계 등의 구체적인 덕목에 고집스레 매달려 있지 않았다. 풍류는 자유스러운 놀이이기에 그렇다. 그러나 그것이 무질서는 아니다. 놀이는 조건 없는 질서를 요구하기 때문이다.

우리가 살고 있는 이 시대의 가장 큰 고뇌는 인간의 비인간화이고 소외이며 자기 상실이라고 지적되고 있다. 산업사회, 조직사회로 특징 지워지는 현대사회에서 빚어지는 인간의 자기 소외에는 여러 가지 복잡한 원인이 있고, 또 매우 다양한 문제가 있을 수 있다. 일하는 즐거움의 상실, 전통적인 윤리나 도덕의 억압으로 인한 인간성의 상실, 기계적인 조직과 제도로 인한 비인간화의 경향 등에 대하여 우리의 풍류도사상(風流道思想), 풍류정신(風流精神)은 많은 것을 시사해 주고 있다.

┌─────────┐
│ 저자와의 │
│ 협약에 의해 │
│ 인지 생략함 │
└─────────┘

한국불교사 산책

1995년 4월 21일 인쇄
1995년 4월 25일 발행

김 상 현 著

펴낸이 / 김동금
펴낸곳 / 우리출판사
　서울 서대문구 충정로 3가 1-38

☎ 313 – 5047 · 5056
FAX. 393 – 9696
등록 서울 9 – 139호

잘못 제작된 책은 교환해 드립니다.

정가 7, 000원

ISBN 89 – 7561 – 057 – 8　03220

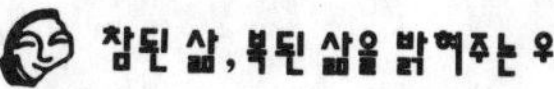